55ᵉ ANNÉE

POPULATION

N° 6–2000

NOVEMBRE-DÉCEMBRE

INSTITUT NATIONAL D'ÉTUDES DÉMOGRAPHIQUES
133, boulevard Davout, 75980 PARIS Cedex 20
Tél. : 33(0)156062000 – Fax : 33(0)156062199
http://www.ined.fr — e-mail : ined@ined.fr

ISBN 2-7332-3022-0   ISSN 0032-4663

Avertissement

Les Éditions de l'Ined se réservent le droit de reproduire et de représenter les textes qu'elles publient sous quelque forme que ce soit : réimpression, traduction, ou édition électronique au moyen de tout procédé tech-nique et informatique actuel ou futur. Ce droit porte sur tous les modes de transmission : réseaux propriétaires, réseaux publics (type Internet) et support de type CD-Rom, CDI ou DVD par exemple. En conséquence, les Éditions de l'Ined engageront les actions nécessaires contre les auteurs d'éventuelles reproductions non autorisées.

POPULATION

Fondateur : Alfred Sauvy

Directeur de la publication : François Héran
Rédacteur en chef : Henri Leridon
Assistante de rédaction : Catherine Guével
Gestion et diffusion : Dominique Paris

Comité de patronage

Jacques Desabie – Maurice Febvay
Nathan Keyfitz – Peter Laslett
Emmanuel Le Roy Ladurie – Massimo Livi Bacci
Jean-Guy Mérigot – Georges Morlat
Léon Tabah – Guillaume Wunsch

Comité de rédaction

Didier Blanchet (Ensae/Insee)
Michel Bozon (Ined)
Béatrice Collignon (Université Paris I)
Éva Lelièvre (Ined)
Henri Leridon (Ined)
Maryse Marpsat (Insee/Ined)
Francisco Munoz-Pérez (Ined)
Jean-Marie Robine (Inserm)
Paul-André Rosental (Ehess)
Dominique Tabutin (Université de Louvain-la-Neuve)

Édition

Assistante d'édition et fabrication : Françoise Milan
Couverture et infographie : Nicole Berthoux

Population 2000, n° 6– 278ᵉ livraison.
Directeur : M. François HÉRAN – N° d'inscription à la Commission paritaire : 0904 B 05407
Imprimé par JOUVE, 18, rue Saint-Denis, 75001 Paris
N° 292212F - Dépôt légal : Mars 2001

SOMMAIRE

F. Héran, M. Livi Bacci, R. Lee	—Hommage à Georges-Photios Tapinos	879
M. Ély	—Bibliographie de G. Tapinos	886

•

M. Ní Bhrolcháin	—La flexibilité du marché matrimonial	899
B. Kuate-Defo	—L'évolution de la nuptialité des adolescentes au Cameroun et ses déterminants	941
A. Gautier	—Les familles esclaves aux Antilles françaises, 1635-1848...	975
G. Pison, B. Kodio, E. Guyavarch, J.-F. Etard	—La mortalité maternelle en milieu rural au Sénégal...	1003

Note de recherche

F. Daguet	—L'évolution de la fécondité des générations nées de 1917 à 1949 : analyse par rang de naissance et niveau de diplôme ...	1021

Bibliographie critique

Analyses

De Sandre P., Pinnelli A., Santini A.	—Nuzialità e fecondità in trasformazione : percorsi e fattori del cambiamento	1035
Le Bras H.	—Naissance de la mortalité. L'origine politique de la statistique et de la démographie	1036

Comptes rendus

Blum A., Guérin-Pace F.	—Des lettres et des chiffres : des tests d'intelligence à l'évaluation « du savoir lire » un siècle de polémiques	1039
Brasme P.	—La population de la Moselle au XIXe siècle	1040
De Gans H. A.	—Population Forecasting 1895-1945. The Transition to Modernity.............................	1041
Domenach H., Picouet M.	—Population et environnement	1042
Feingold J., Fellous M., Solignac M.	—Principes de génétique humaine..........................	1043
Franconi G.	—Moralia conongolia ou de l'impossible sacralité du mariage à l'époque de la raison 1750-1791..	1045
Kligman G.	—The politics of duplicity. Controlling reproduction in Ceaucescu's Romania......................	1046
Rubellin-Devichi J. (dir.)	—The international survey of family law 1996	1047
Informations	—10e colloque de l'Aidelf, Byblos (10-13 octobre 2000).......................	1049
Informations bibliographiques		1057

CONTENTS

F. Héran, M. Livi Bacci, R. Lee	—Homage to Georges-Photios Tapinos	879
M. Ély	—Bibliography	886
M. Ní Bhrolcháin	—Flexibility in the marriage market	899
B. Kuate-Defo	—Adolescent nuptiality in Cameroon: change and its determinants.....................	941
A. Gautier	—Slave families in the French Antilles, 1635-1848..	975
G. Pison, B. Kodio, E. Guyavarch, J.-F. Etard	— Maternal mortality in rural Senegal	1003

Short papers

F. Daguet	—Fertility change in the generations born 1917 to 1949: analysis by birth order and level of educational qualification	1021

Bibliography 1035

Informations 1049

English and Spanish summaries can be found after each paper

Revue *Population*

NOTE AUX AUTEURS

Population publie des articles inédits apportant des éléments nouveaux à l'étude des populations humaines, y compris dans les causes et les conséquences de leurs évolutions.

Leurs auteurs s'engagent à ne pas les proposer à une autre revue avant la réponse du Comité, et en tout cas durant un délai de quatre mois. La longueur d'un article ne doit pas excéder 24 pages de *Population*, y compris les tableaux, graphiques et résumés (soit l'équivalent de 76 000 signes au total). Chaque article doit être accompagné d'un résumé (en français) de 160 à 200 mots, et d'une liste de 4 à 6 mots-clés.

Toute proposition *d'article* est examinée par l'ensemble du Comité de rédaction, qui se réunit tous les deux mois, l'un des membres du Comité étant chargé de préparer un rapport ; l'article est soumis anonymement à au moins un lecteur externe qui prépare aussi un rapport. La rédaction informe l'auteur de la décision du Comité ; en cas de rejet, ou de demande de modifications, ceux-ci sont motivés à l'auteur sur la base des rapports reçus et de la discussion en Comité.

La section *Notes de recherche* (anciennement : « Notes et documents ») accueille des articles courts, traitant un thème particulier au moyen de données inédites ou sous forme de synthèse comparative. Elles sont examinées en Comité, qui peut aussi faire appel à des lecteurs externes. Elles ne doivent pas dépasser 10 pages de Population (soit l'équivalent de 32 000 signes au total).

La rubrique *Commentaires* est destinée à accueillir des réactions à des articles parus dans la revue, ainsi que les réponses des auteurs (si possible dans le même numéro). La décision de publier tout ou partie d'une proposition relève de la Rédaction. Tout commentaire est limité à 3 pages (soit 10 000 signes), sauf développement méthodologique dûment justifié et approuvé par le Comité.

Les *Comptes rendus* ou *Analyses d'ouvrages* sont publiés par décision de la Rédaction et n'engagent que leurs signataires ; ils n'ouvrent pas droit à réponse de la part des auteurs concernés, ni à commentaires.

Pour tout texte publié, la Rédaction se réserve le droit d'apporter des modifications portant sur la forme ; les changements éventuels sur le fond seront effectués en concertation avec l'auteur, qui recevra dans tous les cas un bon à tirer.

Présentation des manuscrits

Le manuscrit doit être envoyé (avec le résumé et les mots-clés) à la Rédaction de *Population* en deux exemplaires. Après acceptation, l'auteur devra accompagner la version finale de son texte d'une copie électronique (sur disquette ou par email), de préférence en MS-Word ou en *Tex* pour les articles à contenu mathématique. Il sera ensuite en relation avec Catherine Guével assistante de rédaction (tél. : 33 (0)1 56 06 20 15 ; email : guevel@ined.fr) et avec Françoise Milan, assistante d'édition (tél. : 33 (0)1 56 06 20 59 ; email : milan@ined.fr).

• *Tableaux et figures*

Ils sont respectivement regroupés en fin d'article, numérotés séquentiellement en chiffres arabes et appelés dans le texte à l'endroit où ils doivent être insérés. Les auteurs veilleront à ce que les légendes des figures et les titres des tableaux soient clairement indiqués sur ceux-ci. Les figures doivent être fournies à l'échelle double selon des dimensions compatibles avec le format d'une page de *Population* (11,51 x 8,5 cm).

• *Formules mathématiques*

Elles sont numérotées à droite et doivent être manuscrites d'une façon lisible.

• *Notes*

Les notes en bas de page sont numérotées séquentiellement et ne comportent ni tableaux, ni graphiques.

• *Références bibliographiques*

Elles sont disposées en fin d'article, par ordre alphabétique d'auteurs (éventuellement numérotées entre crochets), pour chaque auteur dans l'ordre chronologique, et appelées dans le texte sous la forme (Laslett, 1977) ou par les numéros entre crochets. La présentation sera la suivante :

— Pour un article dans une revue :

BOURGEOIS-PICHAT Jean, 1946, « Le mariage, coutume saisonnière. Contribution à une étude sociologique de la nuptialité en France », *Population*, 1 (4), p. 623-642.

— Pour un ouvrage :

LASLETT Peter, 1977, *Family Life and Illicit Love in Earlier Generations. Essays in Historical Sociology*, Cambridge/London/New York, Cambridge University Press, 270 p.

Tirés à la suite

— *Articles* : 50 tirés à la suite sont envoyés gratuitement à l'auteur.

S'il en désire davantage (sous réserve d'acceptation), l'auteur est prié d'en informer la rédaction au moment du retour des épreuves.

— *Notes de recherche* : l'auteur reçoit une vingtaine de tirés à la suite sauf s'il en fait la demande expresse auprès de la Rédaction.

Les auteurs ne sont en aucun cas rémunérés.

Population est référencé dans les bases de données ou bibliographiques suivantes

— *Francis (CNRS)*, accessible par le serveur Questel, par CD-ROM, ou par Internet (http://services.inist.fr) dans la base article-inist ;

— *Revue des revues démographiques/Review of population reviews*, Cicred (http://www.cicred.ined.fr) ;

— *Current Contents* (http://www.isinet.com) ;

— *Social Sciences Citations Index* (http://www.isinet.com) ;

— *Sociological Abstracts* (http://www.socabs.org) ;

— *Population Index* (http://popindex.princeton.edu) ;

— *Popline* (http://www.nlm.nih.gov).

Par ailleurs, l'édition annuelle en anglais (*Population—An English Selection*) est disponible en texte intégral dans la base J-STOR (http://www.jstor.org).

Georges-Photios TAPINOS
(1940-2000)

La nouvelle a frappé de stupeur tous ses amis économistes et démographes : Georges Tapinos est décédé subitement dans la nuit du 19 au 20 novembre 2000. Rien ne laissait présager cette fin prématurée, tant il rayonnait d'intelligence et de vivacité jusqu'au dernier jour.

Georges Tapinos était né à Athènes le 16 mars 1940. Son père était originaire de Konya, en Anatolie centrale, sa mère de Alep, en Syrie. Mariés à Constantinople, ils avaient séjourné à Athènes avant de gagner la France au lendemain de la seconde guerre mondiale. G. Tapinos aimait rappeler cette double origine, tout en rabrouant amicalement ceux qui tentaient de l'y ramener : le fait d'être très attaché à sa maison natale, qu'il continuait d'entretenir peu de temps avant sa mort, ne l'empêchait pas de se sentir irrémédiablement Français, tout en élargissant sans limite sa curiosité et ses pérégrinations à l'ensemble de la planète.

Le destin de Georges Tapinos a été longtemps lié à l'Ined, où il était entré comme chargé de mission en février 1964, avant de rejoindre l'Université en décembre 1971. Après avoir soutenu sa thèse sur l'économie des migrations internationales (mars 1973) et passé l'agrégation de sciences économiques (décembre 1973), il avait été élu professeur des Universités à l'Institut d'études politiques de Paris, sans cesser d'occuper à l'Ined des fonctions de conseiller de la direction ou de chercheur associé. C'est ainsi qu'il avait assuré jusqu'en 1999 la direction d'une unité de recherche consacrée à ses deux passions, la démographie économique et l'histoire de la pensée économique.

Georges Tapinos multipliait les missions d'enseignement et d'expertise à l'étranger, que ce soit aux États-Unis, en Amérique latine, en Afrique, en Extrême-Orient. De 1981 à 1989, il avait occupé les fonctions de secrétaire général et trésorier de l'Union internationale pour l'étude scientifique de la population (UIESP), où son dynamisme avait fait merveille. C'est à lui que l'on doit le lancement de la prestigieuse collection des « International studies in demography » chez Oxford University Press. Massimo Livi-Bacci, dans les pages qui suivent, revient sur l'intense activité de cette période.

Entretenant un intérêt constant pour le développement des migrations internationales, Tapinos avait aussi la fibre historienne : on lui doit de nombreuses études sur l'histoire de l'économie et de la démographie aux XVIIIe et XIXe siècles, dont il collectionnait les ouvrages au cours de ses missions. Il ne dissociait pas ces deux thèmes de recherche. Parmi les questions qui avaient retenu son attention figurait celle de savoir pourquoi les économistes libéraux en étaient venus en France à traiter de façon aussi dissymétrique la liberté de circulation des capitaux et la liberté de circulation des hommes. En témoigne le dernier article qu'il a publié dans *Population*, en janvier-février 1999. Il y retrace le parcours intellectuel de Paul Leroy-Beaulieu, l'économiste français le plus en vue sous la IIIe République, et dénonce – en songeant évidemment à des dérives françaises plus récentes – la tendance à confondre « l'analyse scientifique des interactions démo-économiques » avec « la préoccupation, légitime, des évolutions démographiques ». Plus généralement, la vision libérale du système économique, qu'il partageait pour l'essentiel, lui semblait incompatible avec les formes de volontarisme démographique qui prétendent régénérer la famille et la nation en portant des jugements moraux sur les comportements individuels.

Économiste et démographe de façon indémêlable, Georges Tapinos était aussi et avant tout un grand universitaire. Ronald Lee évoque ci-après sa réputation internationale comme enseignant et spécialiste de démographie économique. Son manuel de démographie a été traduit en plusieurs langues. On lui doit la création d'une formation doctorale en démographie économique, basée à Sciences Po, qui constitue à l'heure actuelle un pôle d'excellence pour la formation des jeunes démographes sur la place de Paris. Par son charisme d'enseignant, sa totale ouverture d'esprit, sa disponibilité, sa capacité à recruter les meilleurs assistants, il était très populaire auprès de ses étudiants et de ses collaborateurs, qui sont aujourd'hui bouleversés par sa disparition.

François HÉRAN,
Directeur de l'Ined

Au moment de mettre sous presse, nous apprenons que la direction de l'Institut d'études politiques a décidé de supprimer, dès la fin de l'année en cours, le programme de DEA en démographie économique que dirigeait G. Tapinos. Il faut souhaiter que cette décision reste provisoire, avant la mise en place rapide d'une formule de remplacement.

Un esprit libre

Georges Tapinos nous a quittés sans prévenir. Esprit toujours en éveil, doté d'une grande intelligence, cultivé mais non conformiste, il faisait honneur à son métier de chercheur. Sa vivacité intellectuelle saisissait rapidement la complexité des phénomènes qu'il étudiait, et grande était sa souffrance quand le débat s'attardait sur les menus détails. Théories et modèles l'enthousiasmaient pour l'esthétique de la logique et l'élégance des algorithmes mais, conscient de leurs limites pour rendre compte de phénomènes complexes, il discernait immédiatement leurs contradictions, avançait les contre-preuves et appréciait les critiques fondées. Son humanisme de souche hellénique se trouvait souvent en porte-à-faux avec la réalité de la recherche moderne, organisée dans la bureaucratie, ultra-spécialisée et étranglée par les carcans disciplinaires. Économiste de formation, démographe par profession, humaniste par penchant naturel, Georges était un homme intellectuellement inquiet en quête d'explications sur les événements d'un monde complexe et en mutation. Il retrouvait peut-être sa paix intérieure dans l'étude des doctrines des économistes des XVIIe et XVIIIe siècles – Cantillon, Quesnay, Say. Bibliophile érudit, lors de ses innombrables voyages, il ne manquait jamais de visiter une librairie, voire un plus modeste bouquiniste, à la recherche de quelque plaisante surprise. À Athènes, ville où il avait des affinités affectives et un appartement, il put ainsi acquérir l'édition originale du *Dictionnaire Larousse du XXe siècle*; bien des amis furent chargés, lors de leur passage à Athènes, de transporter un volume pesant plusieurs kilos à la faveur de leur retour vers Paris...

Je ne me souviens pas où j'ai rencontré Georges pour la première fois. Mais je me souviens bien quand nous avons « établi le contact » pour la première fois : ce fut à Florence, en 1973, à l'occasion d'une visite qu'il fit pour organiser un séminaire sur les migrations internationales, qui se tint en 1974 à Buenos Aires et dont le parrain était Jean Bourgeois-Pichat. Le contact initial devint bientôt sympathie réciproque, puis amitié sincère. En 1981, au terme de mon second mandat comme Secrétaire général de l'Union internationale pour l'étude scientifique de la population, il fut approché, choisi comme candidat et élu à ce poste, avec Mercedes Concepción à la présidence. Il fut réélu en 1985, à la Conférence générale de Florence pour un autre mandat qui prit fin à la Conférence de La Nouvelle-Delhi de 1989. Durant cette seconde période, le président de l'Union était Bill Brass – mathématicien et statisticien, natif de la très septentrionale Aberdeen, aux idées aussi profondément enracinées qu'exprimées vigoureusement ; il formait avec le souple, brillant, imprévisible Georges un singulier contraste. Le duo trouva vite son efficacité et son harmonie en dépit du choc des cultures et des tempéraments.

Ce fut d'ailleurs une période de transition difficile pour une organisation scientifique qui avait beaucoup développé ses activités mais qui demeurait une petite structure : l'Union tenait néanmoins un rôle de premier plan sur une scène internationale où les problèmes démographiques étaient mis en avant dans le débat −tant politique que scientifique− sur le développement du monde. Jusqu'à la décennie 1960, les scientifiques opérant au niveau international se connaissaient tous entre eux et les activités d'une organisation comme l'UIESP pouvaient encore être conduites selon le modèle traditionnel (développé à partir du XIXe siècle) propres aux sociétés savantes. Mais au cours des années 1960 et 1970 les choses évoluent rapidement : les centres de recherche se multiplient ; plusieurs fondations et bailleurs de fonds −privés et publics− placent la question démographique en tête de leurs priorités ; les aspects politiques deviennent de plus en plus importants ; les organisations internationales, et d'abord les Nations unies, entrent dans la mêlée. L'Union éprouve alors des difficultés à maintenir son statut d'indépendance dans un débat où les acteurs se multiplient et les enjeux politiques prennent une importance croissante. S'il est vrai qu'il y a plus d'argent pour les activités scientifiques, il est également vrai que les donateurs imposent leurs propres priorités de recherche et attendent des résultats exploitables sur le plan politique. Il devient ardu de financer la recherche fondamentale en démographie historique, anthropologie démographique, théories et doctrines, ou méthodologie. En revanche, les études sur la planification de la famille, la démographie et le développement dans le Tiers-Monde, l'économie démographique reçoivent un soutien substantiel. Au sein de l'Union, Georges Tapinos multiplie les miracles pour maintenir l'équilibre scientifique et financier, déployant sans cesse les initiatives et gérant les fonds de manière adroite. Avec Bruno Remiche −lui aussi prématurément disparu− il forme un tandem efficace en dépit de leurs différences de caractère, de personnalité et de méthodes de travail.

Georges est dans la fleur de l'âge : c'est un intellectuel, plein d'énergie et de curiosités. Il se rend souvent à Liège, où se trouve le siège de l'Union, rencontre les donateurs en Europe et aux États-Unis, participe aux travaux des commissions scientifiques de l'Union, apportant toujours des idées originales et peu conformistes et stimulant le débat. Lors de ces colloques, sa vive intelligence et sa rapidité de réaction surprennent souvent les autres participants. Les moins avertis et les moins éveillés peinent à imaginer les stratégies et les concepts que Georges insuffle dans les discussions. Il lance des ballons d'essai −des hypothèses dont il est le premier à douter de la pertinence− pour changer soudainement d'avis et choisir la bonne solution. Il poursuit en parallèle ses tâches universitaires à l'Institut d'études politiques de Paris et ses activités de recherche à l'Ined. Il voyage partout −Europe et Amériques, Afrique et Asie. Sa vitesse de déplacement, ses continuels changements de plan de voyage deviennent légendaires : sa mobilité est « une hygiène de vie », dira un jour son collaborateur et ami Marc Lebrun. Il noue les premiers contacts avec les milieux académiques chinois qui viennent de s'ouvrir au monde et reçoit plusieurs délégations chinoises soit à Paris soit à Liège. Ses premières démarches aboutiront à l'organisation de la Conférence générale de Pékin de 1997. C'est à lui aussi que l'on doit le lancement de la prestigieuse série de monographies de l'Union publiée par les Presses universitaires d'Oxford (OUP). Il vise inlassablement, en dépit d'un dialogue difficile, à jeter un pont institutionnel avec les économistes.

Il est facile de mettre en relation son thème de recherche principal –les migrations internationales– avec son origine grecque et ses souvenirs d'enfance. Mais je crois que c'était surtout la complexité des phénomènes migratoires qui l'attirait : pour les expliquer, les modèles économiques les plus sophistiqués n'étaient pas suffisants ; la démographie, tout en ayant un rôle explicatif, n'était pas prédominante ; la politique, l'histoire, la sociologie devenaient les ingrédients indispensables d'une démarche cognitive.

Cosmopolite, mais solidement ancrée dans les milieux culturels français et européens, l'activité internationale de Georges ne peut être réduite à la luxuriante phase de travail avec l'Union. Il fut consultant, coordinateur de projets de recherche, responsable d'enquêtes ou de missions d'évaluation de programmes d'enseignement ou de politiques démographiques aux quatre coins du monde. Ainsi, nous le trouvons aux États-Unis, en Chine ou au Mexique mais aussi conseiller pour le recensement d'Andorre... Il a collaboré, à maintes occasions, avec les grandes organisations internationales : FAO, Onu, OCDE, BIT. Il a enseigné à plusieurs reprises à l'Université de Californie à Berkeley, mais ses étudiants se retrouvent partout dans le monde.

Avec Georges, beaucoup ont perdu un ami cher. Nos disciplines ont perdu un esprit libre, de ceux qui sont le sel et le levain de la recherche.

Massimo LIVI BACCI,
Université de Florence

Georges Tapinos
et la démographie économique

Les démographes économistes du monde entier ont perdu avec Georges Tapinos un collègue estimé et un ami. J'avais fait la connaissance de Georges à l'Ined en 1970. C'était un jeune chercheur, et je séjournais à l'Ined comme « post-doctorant » cette année-là. Nous avions un point commun, assez rare : nous étions tous deux des démographes économistes, à une époque où il en existait très peu, et où ce champ de recherches était encore peu connu en France. Bien que l'essentiel du grand classique d'Alfred Sauvy, *La théorie générale de la population*, traite de démographie économique, cette œuvre majeure était visiblement le fruit de l'imagination fertile de Sauvy, sans grands liens avec les travaux d'autres démographes économistes. C'est sans doute en partie pour cette raison que l'ouvrage reçut, de la part des économistes et des démographes, moins d'attention qu'il n'en méritait. Et c'est Georges Tapinos qui a fait entrer les travaux français de démographie économique sur la scène internationale, et qui a introduit les travaux internationaux sur ce thème en France.

La démographie économique étudie les causes et les conséquences des comportements démographiques – fécondité, mariages, divorces, migrations, santé et mortalité. Elle analyse aussi les conséquences économiques des structures et des évolutions démographiques – par exemple les effets d'une croissance démographique rapide ou de rapports de dépendance élevés sur le développement économique et l'environnement, ceux du vieillissement de la population sur les équilibres économiques, ou encore les conséquences économiques de l'immigration dans le pays d'accueil. De tels sujets sont évidemment d'un grand intérêt pour des raisons tant théoriques que pratiques, et elles sont importantes pour les décisions politiques.

L'une des contributions majeures de Georges Tapinos a été de lancer le premier programme d'enseignement de la démographie économique en France, et probablement en Europe : l'enseignement de troisième cycle (DEA) en démographie économique de l'Institut des sciences politiques de Paris. Ses fréquents voyages à travers le monde et ses multiples contacts avec les démographes économistes dans de nombreux pays l'ont conduit tout naturellement à élaborer un programme ayant de fortes liaisons internationales. Le cursus était ainsi conforme à ce que la communauté internationale des chercheurs dans le domaine reconnaît comme faisant partie du champ d'étude, et ceci de façon très extensive. Après avoir formé des générations d'étudiants, dont certains ont entrepris ensuite une carrière de chercheurs, il s'est attaché la collaboration d'excellents spécialistes, comme Didier Blanchet et Antoine Bommier. De plus, il invitait régulièrement les meilleurs démographes ou économistes à travers le monde à participer aux enseignements : ses invités vinrent de Chine, de Norvège, du Mexique, d'Italie, d'Allemagne, de Belgique, des États-Unis, de Grèce, du

Royaume-Uni ou du Canada. Et puisque ces visiteurs étaient invités à parler de leurs propres thèmes de recherche, ils ajoutaient quelques piments très personnels à l'équilibre habituel des programmes. Mais le mouvement n'était pas à sens unique : Georges Tapinos a lui-même enseigné dans des universités étrangères, comme à Berkeley où il est venu deux fois donner des cours sur les migrations. Enfin, les enseignants étrangers étaient souvent invités à participer à l'évaluation et aux jurys des thèses de doctorat.

Une autre dimension internationale de ce programme était essentielle. Chaque étudiant de DEA doit passer trois mois dans un laboratoire de recherche, pour travailler sur son mémoire sous la supervision d'un chercheur du laboratoire. Les lieux de séjour étaient souvent choisis hors de France : j'ai moi-même accueilli trois étudiants à Berkeley. Georges Tapinos encourageait aussi ses étudiants en doctorat à passer quelque temps à l'étranger pendant la préparation de leur thèse.

À vrai dire, la plupart des démographes économistes, au moins aux États-Unis, viennent d'autres spécialités au sein de l'économie et ont bien peu de connaissances en démographie. Une bonne partie des travaux dans la discipline consiste à appliquer des théories économiques et des modèles économétriques aux variables démographiques, comme la fécondité et la nuptialité. C'est évidemment intéressant, mais le démographe regrettera souvent le manque de vision proprement démographique. Le programme de formation construit par Georges Tapinos était vraiment interdisciplinaire, les étudiants apprenant à la fois l'économie et la démographie. De tels programmes sont rares et donc particulièrement utiles, mais ils sont difficiles à mettre en œuvre. De plus, les diplômés ne sont pas toujours bien accueillis dans un monde professionnel vivant encore sur des schémas trop classiques, où l'on attend des recrues qu'elles soient ou des économistes, ou des démographes, mais pas les deux à la fois ! Et pourtant, on voit que ceux qui parviennent vraiment à travailler à l'interface entre les deux disciplines peuvent apporter des contributions majeures aux connaissances et aux choix politiques. Les stages de DEA ont sans aucun doute beaucoup aidé les étudiants à intégrer les deux dimensions de leur formation.

Ce programme a été un succès. Même après que les étudiants avaient achevé leurs études et commencé leur carrière, Georges Tapinos continuait de les encourager et de les aider dans leurs recherches. Ces anciens étudiants, en France et ailleurs, font partie de l'héritage qu'il nous laisse, tout comme les liens construits entre les démographes économistes du monde entier qui sont appelés à durer.

Ronald LEE,
Université de Californie (Berkeley)

Travaux et publications

Livres

Auteur

1974 — *L'Économie des migrations internationales*, Armand Colin-Presses de la Fondation Nationale des Sciences Politiques, Paris, 289 p. (traduction partielle en croate, Centre d'Études des Migrations, 2 vol., n° 34 et 43, Zagreb, 1977 et 1978).

1975 — *L'Immigration étrangère en France. 1946-1973*, Travaux et Documents de l'Ined, Cahier n° 71, Paris, Ined/Puf, 154 p.

1977 — *Introduction à la méthode économique*, Paris, Les Cours de Droit, 200 p.

1978 — TAPINOS Georges, PIOTROW Phyllis T., *Six Billion People. Demographic Dilemnas and World Politics*, Mc Graw Hill, Book Company, New York, 218 p. (traduction chinoise, Shanghai).

1985 — *Éléments de démographie. Analyse, déterminants socio-économiques et histoire des populations*, Paris, Armand Colin, 367 p., réimpression en 1991 (traduction espagnole : *Elementos de Demografia*, Espasa-Calpe, Madrid, 1990 ; traduction grecque Papazizis, Athènes, 1993 ; édition italienne : *Elementi di Demografia*, sous la direction de Carlo Maccheroni, Egea, Milan, 1995).

1997 — *La Démographie. Population, économie et sociétés*, Paris, Éditions de Fallois, Le livre de poche, 266 p. (traduction italienne, *La Demografia*, Francoangeli, Milan, 1999, 220 p. ; traduction grecque en cours).

— *Europe méditerranéenne et changement démographique. Existe-t-il une spécificité du Sud ?* Torino, Edition Fundazione Giovanni Agnelli, 92 p., versions espagnole et catalane, Edition Institut Catala de la Mediterrania, Barcelona, 1999.

Éditeur

1974 — *International Migration*, Proceedings of a Seminar on Demographic Research in Relation to International Migration, edited by G. Tapinos, Cicred, Paris, 304 p., (version française : *Les Migrations Internationales*, Cicred, Paris, 326 p.).

1981 — *L'Argent des immigrés. Revenus, épargne et transferts de huit nationalités immigrées en France*, sous la direction de J.-P. Garson et G. Tapinos, Travaux et Documents de l'Ined, Cahier n° 94, Paris, Ined/Puf, 352 p.

1991 — *Conséquences de la croissance démographique rapide dans les pays en développement* (sous la direction de G. Tapinos, D. Blanchet et D.-E. Horlacher); Ined/Division de la population des Nations unies,

367 p., (version anglaise : *Consequences of Rapid Population Growth in Developing Countries*, New York, Taylor et Francis).

1992 — *La France dans deux générations. Population et société dans le premier quart du XXIe siècle* (sous la direction de G. Tapinos), Paris, Fayard, 360 p.

1993 — *Inmigración y integración en Europa* (sous la direction de G. Tapinos), Fundación Paolino Torras Domènech, Barcelone, 295 p.

1995 — *La société grecque à la fin du 20e siècle. Démographie, famille, emploi, santé, sécurité sociale, éducation* (sous la direction de G. Tapinos et G. Kontogiorgis), direction de l'édition : I. Lambiri-Dimaki et N. Kyriazis, Éditions Papazizis (en grec).

— *Demographic Responses to Economic Adjustment in Latin America* (sous la direction de Georges Tapinos, Andrew Mason et Jorge Bravo eds.), Oxford University Press, 251 p.

2000 – *Sharing the Wealth. Demographic Change and Economic Transfers between Generations* (sous la direction de Andrew Mason et Georges Tapinos), Oxford University Press, 408 p.

Articles

1964

— « Le circuit économique chez Richard Cantillon », Faculté de Droit et des Sciences économiques, octobre 1964, ronéotypé, 76 p.

1965

— « L'immigration étrangère en France de 1959 à 1964 », *Population*, 20 (4), p. 675-686.

— « La population juive dans le monde », *Population*, 20 (2), p. 295-300.

1966

— « Migrations et particularismes régionaux en Espagne », *Population*, 21 (6), p. 1135-1164.

— « Les statistiques espagnoles d'émigration vers l'Europe, 1959-1965 », in *Recherche Méditerranéenne*, bulletin d'échange et d'information du Conseil méditerranéen de Recherches en Sciences sociales, n° 3, p. 23-30.

1968

— « L'immigration étrangère en France en 1967 », *Population*, 23 (6), p. 1107-1114.

— « La pensée économique en Espagne à l'avènement de Philippe II », Faculté de Droit et des Sciences économiques, ronéotypé, 94 p.

— « Problèmes posés par les enfants des travailleurs migrants. L'ampleur du problème : ses aspects économiques et démographiques », Paris, Ined, 22 p. dactylographiées.

1969

— « L'immigration étrangère en France depuis 1966 et la nouvelle politique de l'immigration », *Population*, 24 (6), p. 1169-1186.
— Rapport introductif au Séminaire sur les problèmes posés par les enfants de travailleurs migrants, « L'ampleur du problème, ses aspects économiques et démographiques », in *Informations Sociales*, n° 5-6, p. 9-20 (Centre international de l'Enfance).
— « Le rôle de l'émigration dans la phase de démarrage de la croissance économique », in *Revue Tunisienne de Sciences Sociales*, juin-septembre, p. 587-595. Repris dans *Migrations dans le Monde*, 1969, n° 4 ; *Hommes et migrations*, Documents, n° 773, p. 3-9, et traduction anglaise dans *Migrations News*.
— « Les statistiques françaises d'immigration », *Hommes et Migrations*, Études, n° 113, juillet 1969, p. 4-7.

1970

— *Rapport sur la politique d'immigration*, Groupe d'étude des problèmes démographiques, Commissariat général au Plan, janvier 1970.

1971

— « Compte rendu critique » pour le *Journal of Economic History*, décembre 1971, p. 967-969.
— « L'immigration étrangère en France en 1969-1970 et Vue d'ensemble 1966-1970 », *Population*, 26 (5), p. 933-952.
— « Les problèmes posés par la nature de la science économique quant au contenu de l'enseignement économique, en particulier dans les pays en voie de développement », communication au *Colloque International sur l'Enseignement des Sciences sociales*, Alger, 19-23 avril 1971.
— Rédaction de la rubrique « États-Unis » pour *L'Année économique dans le Monde en...*, publication du Service d'étude de l'activité économique : 1970 et 1971.

1972

— Préface au *Traité d'Économie politique de Jean-Baptiste Say*, p. X-LIII, Calmann-Lévy (traduit en portugais).

1973

— *The Economic and Social Consequences, Advantages, Disadvantages and Mechanisms of Highly Skilled Migration from Developing Countries into France*, 28 p. + XXXVI (rapport pour l'Onu).

— *Les enfants de travailleurs migrants en Europe*, rapport au Colloque du Centre international de l'Enfance, mars 1973.

— «International Migration in Western Europe in Migration», Report of the Research Conference on Migration, Ethnic Minority Status and Social Adaptation, Rome, juillet 1973, p. 9-15.

1975

— «Les migrations internationales de travailleurs», in *The Population Debate : Dimensions and Perspectives*, Papers of the World Population Conference, Bucharest, 1974, Vol. I, p. 518-553, New York, United Nations.

1976

— «Economic Fluctuations and Labour Migration», *Labour and Society*, janvier, p. 95-103.

— *Immigration et balance des paiements. Étude par sondage du comportement de transfert de fonds de la population immigrée*, sous la direction de G. Tapinos, Paris, Fondation nationale des Sciences politiques, Service d'étude de l'activité économique, 124 p. multigr.

— *Les méthodes d'analyse en démographie économique*, Dossiers et Recherches, n° 1, Ined, 288 p. ronéotées. Recueil des communications présentées à une réunion internationale organisée à l'Ined par G. Tapinos en février 1976.

— *La population française à l'étranger et les flux d'émigration française*, étude sous la direction de G. Tapinos, 1 vol. ronéoté.

1978

— «Les déséquilibres démographiques», in *Encyclopaedia Universalis*, Paris, p. 85-91, 2e édition 1985.

— «Enquête sur les perspectives des migrations à long terme en RFA et en France», *Studi Emigrazione*, juin, n° 50, p. 212-245.

— «Frankreich», article en allemand sur la politique d'immigration en France, in *Auslanderpolitik im Konflikt*, E. Gehmacher, D. Kubat, U. Mehrländer, Ed. Bonn, p. 139-152 (en collaboration).

— «Migrations internationales et nouvelle division internationale du travail», in Actes du Congrès sur les *Mutations économiques et démographiques : perspectives pour les années 1980*, Helsinki, 1978, UIESP, Liège, vol. III, p. 193-205.

— *Possibilités de transferts d'emploi vers les pays d'émigration en tant qu'alternative aux migrations internationales de travailleurs. Le cas français*, sous la direction de G. Tapinos, World Employment Programme Research, Working Papers n° 24, 25 et 26, Bureau International du Travail, Genève.

— « La prospective de l'emploi », rapport pour le ministre du Travail et de la Participation, in *Pour une politique de l'emploi*, Paris, La Documentation française, 1979, p. 37-98.

1979

— « Les aspects économiques de la fécondité », VIe Colloque national de démographie, Lille, 24-26 avril 1979, 17 p. multigr.
— « La baisse de la natalité en Europe occidentale », in *Encyclopaedia Universalis*, Paris, p. 229-231.
— LE BRAS Hervé, TAPINOS Georges, « Perspectives à long terme de la population française et leurs implications économiques », *Population*, numéro spécial, p. 1391-1452.

1980

— « Migrations de travailleurs, développement industriel et spécialisation internationale », symposium sur la *Politique industrielle dans la décennie des années 80*, Madrid, mai, dactyl. 19 p. (traductions anglaise et espagnole).
— Préparation et présentation du numéro spécial, n° 6, novembre 1980, de la *Revue Économique* sur la « Démographie économique ».

1981

— « De l'utilité des perspectives démographiques. Perspectives de population, d'emploi et de croissance urbaine », *Chaire Quételet 1980*, Louvain, Ordina, p. 15-33.
— « Issues in Economics of International Migration and Development », *Population Bulletin of the ECWA*, n° 20, juin, p. 39-46.
— « Les perspectives d'évolution de la population mondiale », in Actes du *Colloque national sur la démographie française*, Travaux et Documents de l'Ined, Cahier n° 92, Paris, Ined/Puf, p. 77-87.
— « Population et division internationale du travail », in *Congrès international de la population*, communications sollicitées, Manille, 1981, UIESP, Liège, vol. 3, p. 165-183.

1982

— « The Economic Effects of Intra-Regional Migration », in *International Migration in the Arab World*, United Nations, Economic Commission for Western Asia. Beirut, 1982, vol. I, p. 563-589 (traduction arabe et version française sous le titre « Les migrations internationales au Moyen-Orient et leurs effets économiques », *Chroniques d'Actualité de la SEDEIS*, tome XXV, n° 81, 15 octobre 1981, p. 630-640. Repris dans *Problèmes économiques*, La Documentation française, n° 1749, 25 novembre 1981.

—*Migration and Rural Development*, FAO, Contribution to the Expert Group on Migration, Rome, décembre 1982.

1983

— « European Migration Patterns: Economic Linkages and Policy Experiences », in *U.S. Immigration and Refugee Policy. Global and Domestic Issues*, edited by M. Kritz, Lexington Books, Lexington, p. 53-70. Repris dans *Studi Emigrazione*, octobre 1982, n° 67, p. 339-361.

— Schumpeter (J.A.), Histoire de l'analyse économique. Trad. de l'anglais sous la direction de J.-C. Casanova, Paris, Gallimard, 1983, 3 vol., 519, 499 et 710 p. (participation à la traduction).

1984

— Numéro spécial de la *Revue française des Affaires sociales*, « Population, équilibres économiques et systèmes sociaux », Paris, juin (coordination).

1985

— « The Incorporation of Population Components in Agriculture and Rural Development », Expert Consultation on *Rural Development Policies and Strategies in the Caribbean*, Barbados, décembre.

— « Seasonal Foreign Migrants and Migration Policy in France », in *Migrant Labor in Agriculture. An International Comparison*, Philip L. Martin, ed., University of California, p. 47-59.

1986

— TAPINOS Georges, TURCI M. C., « Esperienze e problemi di paesi d'immigrazione », in G. Fua (a cura di) *Consequenze Economiche de l'Evoluzione Demografica*, Bologna, Il Mulino, p. 117-131.

— « Les déterminants économiques de la fécondité. Aperçu de quelques tentatives récentes d'explication de la fécondité dans les pays développés », communication au Colloque national de démographie de Lille, avril 1979, in VI° Colloque national de démographie *La fécondité dans les pays industrialisés*, Paris, Éditions du CNRS, p. 179-187.

1987

— « L'immigration étrangère dans la France contemporaine. Une approche démographique », in *La Mosaïque France (Histoire des étrangers et de l'immigration en France, V^e-XXe siècle)*, sous la direction d'Yves Lequin, Larousse, 1988, p. 429-447. Une version de ce texte est parue également dans *Studi Emigrazione*, n° 90, juin 1988, p. 179-201, et une version abrégée dans *Commentaire*, n° 43, automne 1988.

— *Rapport sur l'immigration en Andorre. Diagnostic et perspectives*, 10 décembre 1987, multigraphié, 95 p.

— TAPINOS Georges, BLANCHET Didier, EKERT-JAFFÉ Olivia, « Population et demande. Changements démographiques, demande et structure de consommation », communication au Symposium on *Population Change and European Society*, Florence, 7-10 décembre 1988. Une version de ce texte a été publiée dans Dossiers et Recherches, Ined, n° 23, 1989, 43 p.

1989

— BLANCHET Didier, TAPINOS Georges, « Conséquences des facteurs démographiques pour le niveau et la structure de l'emploi et du chômage », communication au Séminaire de l'OCDE sur la *Démographie et le marché du travail.*

— « Il caso francese : l'immigrazione straniera nella Francia contemporanea », in *Abitare il planeta. Futuro demografico, migrazioni e tensioni etniche*, Éditions de la Fondazione Giovanni Agnelli, Torino, p. 495-518.

— « Les Français et leur logement. 1789-2089 », rapport introductif au Congrès de la CNAB, octobre 1989, Toulouse, publié in *Administrer*, revue professionnelle des Administrateurs de biens, décembre.

— « Les migrations internationales, perspectives européennes », in *Annals de la V° Universitat d'Estiu*, Andorra 86 (français, espagnol, catalan), Gouvernement de l'Andorre.

— « Tendances migratoires actuelles et impact des politiques », in Actes du séminaire scientifique sur les *Tendances migratoires actuelles et l'insertion des migrants dans les pays de la francophonie*, Québec, p. 35-45.

1990

— « Development Assistance Strategies and Emigration Pressure. Europe and Africa », Diaz-Briquets et S. Weintraub, eds., *The effects of receiving country, policies on migration flows*, Westview Press, Boulder, 1991, p. 259-274. Repris sous le titre « The Unstoppable Immigrant », in *The European Journal of International Affairs*, 4/1990, p. 108-120.

— « Female Migration and the Status of Foreign Women in France », communication au Colloque *Migration Policies and the Status of Female Migrants* organisé par la Division de la population des Nations unies, San Miniato, mars 1990. Paru dans *Proceedings of the United Nations Expert Group Meeting*, New York, 1995, p. 99-115. Version française : « L'immigration féminine, statut des femmes étrangères en France », *Revue française des Affaires sociales*, décembre 1992, p. 29-60. Version italienne : « Immigrazione feminile e stato giuridico delle donne straniere in Francia », *Rassegna informativa sulle iniziative relative al problemi dei lavoratori immigrati extracomunitari e delle loro famiglie*, anno II, n° 8, settembre 1991, p. 46-51.

— « Il futuro delle migrazioni Sud-Nord nel bacino mediterraneo », in *I movimenti migratori in Italia in un quadro di riferimento internazionale* (sous la direction d'Eros Moretti), Clua Edizioni, Ancona, septembre.
— « Les implications économiques des changements démographiques et en particulier du vieillissement », in *Colloque franco-hellénique de démographie*, Institut français d'Athènes, Athènes, 1990, p. 196-209.
— « Migrations internationales. La fin des illusions », in *L'État du Monde 1991*, Paris, Éditions La Découverte p. 511-512.
— « Population ageing and policies responses in France », communication présentée au Symposium *Crisis in 2020. Seeking solutions to the declining birthrate*, Tokyo, novembre 1990, 6 p.

1991

— « Croissance démographique et dynamisme économique », in *Suisse 2000 – Enjeux démographiques*, Lausanne, mars 1991, contributions recueillies par Olivier Blanc et Pierre Gilliand, p. 31-39.
— *Déséquilibres Nord-Sud, développement et perspectives migratoires*, sous la direction de G. Tapinos, avec la collaboration de Marion Gauthier, Christine Poursat, Anne de Rugy, Isabelle Virem, Paris, Fondation nationale des Sciences politiques, Service d'étude de l'activité économique, 227 p. (étude financée par la Fondation de l'Arche de la fraternité).
— « L'économie américaine a-t-elle profité de l'immigration ? », *Analyse de la SEDEIS*, mars, p. 11-14.
— « Les migrations européennes de main-d'œuvre », *Revue économique et sociale*, n° 1, mars, p. 34-43.
— Préface à Didier BLANCHET, *Modélisation démo-économique. Conséquences économiques des évolutions démographiques*, Ined/Puf.
— « Une seconde transition démographique ? La population et l'emploi », in *Entre l'État et le Marché. L'économie française des années 1880 à nos jours*, ouvrage collectif sous la direction de Maurice Levy-Leboyer et Jean-Claude Casanova, Paris, Gallimard, p. 93-113.

1992

— « Les enjeux de l'immigration » (nouvelle éd. *La Mosaïque France. Histoire des étrangers et de l'immigration en France, V^e-XXe siècle*, sous la direction de Yves Lequin), Larousse, p. 421-472.
— « Les migrations extra-communautaires et l'avenir des populations étrangères », in Actes de la conférence sur le *Capital humain européen à l'aube du XXIe siècle*, Eurostat, p. 125-135. Repris dans *Commentaire*, n° 59, automne 1992, p. 581-589 ; version espagnole : « Europa, entre la

inmigración y la cooperación al desarrollo», *Itinera Cuadernos*, n° 4, octobre, 45 p., Fondación Paolino Torras.

— «Migratory pressure: an expression of concern or analytical concept?», in Tapinos G., Keely C.B., *Migration and population: two views on international migration*, Genève, International Labour Organisation (World Employment Programme Research, Working Paper MIG WP 68.E). Version française : «La pression migratoire : sentiment d'inquiétude ou concept analytique?», BIT.

— Tapinos Georges, Keely C. B., *Migration et population. La migration internationale : deux approches*, BIT, 36 p.

1993

— «Commentaires sur l'article de Marc Termote : "Effets de l'intégration économique de l'espace nord-américain sur les flux migratoires"» in G. Bertin et A. Raynauld, *L'intégration économique en Europe et en Amérique du Nord*.

— «La coopération internationale peut-elle constituer une alternative à l'émigration de travailleurs?» in OCDE, *Migrations internationales : le tournant*, Paris, OCDE, p. 195-203 (repris dans *Problèmes économiques*, n° 2333, juillet 1993, p. 9-14). Version anglaise : «Can international co-operation be an alternative to the emigration of workers?», in OCDE, *The changing course of international migration*.

— «Démographie et économie : quelles relations?», in *La France et sa population*, Cahiers français, n° 259, janvier-février, p. 66-68.

— «The dynamics of international migration in post-war Europe», in *Migration Policies in Europe and the United States* (G. Luciani, ed.), Kluver Academic publishers, Dordrecht, p. 127-143.

— «Évolution démographique et immigration dans l'Europe de demain. Quelles perspectives?», in *Migration et Population, Programme mondial de l'emploi*, BIT, MIG/WP.73, avril, p. 1-15.

— «L'intégration économique régionale, ses effets sur l'emploi et les migrations», rapport pour la Conférence sur *Migrations et coopération internationale : les enjeux pour les pays de l'OCDE*, Madrid, OCDE, 1993, p. 241-256. Version anglaise : «Regional economic integration and the effects on employment and migration». Également, in *Les Migrations internationales*, Ed. Payot/Librairie de l'Université de Lausanne, p. 41-70.

— «Les populations au-delà de leurs frontières nationales», in *Politiques de développement et croissance démographique rapide en Afrique*, Congrès et Colloques, n° 13, Ined, p. 171-186.

— Tapinos Georges, Lacroix Pauline, Rugy Anne de, *Population, emploi et migration en Europe*, communication à l'AIECE, Bruxelles, octobre 1993, multigraphié, 69 p.

1994

— « Crecimiento demografico y crecimiento economico », in *Politicas de población en Centro-América, el Caribe y Mexico* (sous la direction de Raul Benitez Zenteno et Eva Gisela Ramirez Rodriguez), Mexico, p. 65-71.

— « Démographie et développement sous l'angle économique », in *Démographie et Développement*, Parlement européen, Direction générale des études, Bruxelles, W-8, p. 47-65. Version anglaise : « Demography and development from the economic point of view ».

— « François Quesnay, toujours actuel. De l'agrarianisme désuet au triomphe du libéralisme économique », in *Le Figaro*, 3 juin 1994.

— « International Migration and Development », *Population Bulletin of the United Nations*, n° 36, p. 1-18. « Migrations internationales et développement », *Bulletin démographique des Nations unies*, n° 36, p. 1-21.

— *Libre échange et migration au Maghreb* (sous la direction de Georges Tapinos), rapport pour la CEE, 123 p.

— *Les politiques migratoires dans les pays de l'OCDE, particulièrement en Europe*, rapport au Séminaire OCDE-Ministère du Travail et de la Politique sociale polonais, Varsovie, 15 p.

— Préface à J. Bourgeois-Pichat : *La dynamique des populations*, Ined/Puf, Paris.

— « "Richard Cantillon: Pioneer of Economic Theory", by Anthony Brewer, 1992 », compte rendu pour *Economica*, volume 61, n° 242, mai, p. 260-261.

— « Science économique et démographie », in *Sciences humaines et sociales en France*, ministère des Affaires étrangères, Sous-Division du livre et de l'écrit, Paris, p. 63-79.

— Tapinos Georges, Rugy Anne de, « L'impact macro-économique de l'immigration. Revue critique de littérature depuis le début des années 80 », in SOPEMI, *Tendances des migrations internationales*, rapport annuel 1993, Paris, OCDE, p. 173-195. Traduction anglaise : « The Macro-Economic Impact of Immigration. Review of the Literature published since the mid 1970's » (Georges Tapinos et Anne de Rugy), in *Trends in International Migration*, Annual Report 1993, Paris, OECD, p. 157-177.

— « La transicion demografica en América Latina y el Caribe », Contribution à la *IV Conferencia Latino-Américana de Poblacion*, volume I, Mexico, p. 285-287.

1995

— Cogneau Denis, Tapinos Georges, « Libre-échange, répartition du revenu et migration au Maroc », *Revue d'économie du développement*, 1,

p. 27-52. Version brésilienne : « Livre cambio, distribuicao da renda e migraçoes no Marrocos », in *Migraçoes Internacionais*, Herança XX, Agenda XXI, Programa Interinstitucional de Avaliaçao e acompanhamento das migraçoes internacionais, No Brasil V. 2, coordenaçao Neide Lopes Patarra.

— « L'immigration maghrébine en Europe : une ouverture au libre-échange ? », in *La Méditerranée. Nouveaux défis, nouveaux risques* (sous la direction de Jean-François Daguzan et Raoul Girardet), Paris, Publisud-Case, p. 67-80.

— TAPINOS Georges, LACROIX Pauline, RUGY Anne de, *Les méthodes de l'évaluation de l'immigration clandestine dans certains pays étrangers*, FNSP, 71 p.

1996

— « Les enjeux socio-économiques des migrations : impact sur le marché du travail et intégration sociale dans quelques pays de l'OCDE », in *Migration et marché du travail en Asie à l'horizon 2000*, Tokyo, OCDE, 32 p.

— « La globalizzazione dei fenomeni migratori », in *Rivista Italiana di Economia Demografia e Statistica*, Vol L. n° 2, Aprile-Giugno, p. 11-19.

— « Les migrations maghrébines dans la nouvelle problématique de la migration internationale », in *Migration internationale*, ministère de la Population, Rabat, Maroc, p. 25-53.

1997

— COGNEAU Denis, TAPINOS Georges, *Migrations internationales, libre échange et intégration régionale*, intervention au Commissariat général au Plan, Paris, 18 p.

— « Démographie, immigration et zone de libre-échange », in *La Méditerranée à l'heure de la mondialisation*, Cahiers de la Fondation Abderrahim Bouabid, n° 7, juillet-août, p. 34-41.

— « Développement, coopération et migrations internationales : l'Union européenne et le Maghreb », *Conférence méditerranéenne sur la population, les migrations et le développement*, Éditions du Conseil de l'Europe, Strasbourg, p. 319-364. Version anglaise : « Development, Cooperation and International Migration », p. 319-364.

— « Libéralisation des échanges : ses effets sur l'économie, l'emploi et les migrations dans le Bassin méditerranéen », *Mouvements*, Omi, Paris, p. 8-12.

— « Les mouvements de population et libre-échange à l'horizon 2010. La nouvelle problématique de l'alternative aux migrations », in *L'annuaire de la Méditerranée 1997*, GERM-Publisud, p. 158-183.

— « New Thinking on Migration », in *Migration, Free Trade and Regional Integration in Central and Eastern Europe*, Gudrun Biffl ed, Verlag Osterreich, Wien, p. 373-377.

— « La "question de la population" en France », in *La France dans deux générations : population et société dans le premier tiers du XXe siècle*, Paris, Fayard, p. 15-43.

1998

— DELAUNAY Daniel, TAPINOS Georges, *La mesure de la migration clandestine en Europe*, rapport pour Eurostat, Vol. I : rapport de synthèse, 104 p., vol. II : rapport des experts.

1999

— « Immigration clandestine et marché du travail », in *L'Observateur de l'OCDE*, n° 219. Version anglaise : « Illegal immigrants and the labor market », *Observer*, p. 35-37.

— « Migration clandestine : enjeux économiques et politiques, » in *Tendances des migrations internationales*, SOPEMI, édition 1999, OCDE, p. 247-277. Version anglaise également.

— « Migration, Trade and Development. The European Union and the Maghreb countries », in *Eldorado or Fortress? Migration in Southern Europe*, edited by Russell King, Gabriella Lazaridis and C. Tsardanidis, Londres, Mac Millan, p. 277-297.

— LIVI-BACCI Massimo, TAPINOS Georges, « Économie et population », in *Histoire des populations de l'Europe* sous la direction de Jean-Pierre Bardet et Jacques Dupâquier, Fayard, p. 93-124.

— « Paul Leroy-Beaulieu et la question de la population. L'impératif démographique, limite du libéralisme économique », *Population*, 54 (1), p. 103-124.

— « Préface à Étienne Piguet », *Les migrations créatrices. Étude de l'entreprenariat des étrangers en Suisse*, Paris, L'Harmattan, p. 3-5.

2000

— « Les enjeux économiques et politiques des migrations clandestines », in *Combattre l'emploi illégal d'étrangers*, OCDE, p.13-44. Version anglaise également.

— « Légitimer la politique d'immigration par le débat démocratique », in *Hommes et Migrations,* n° 1223, janvier-février, p. 72-78.

— « La migration clandestine : enjeux et perspectives », in *Actes du colloque AMERM*, avec le concours de la Fondation Hassan II, Al Karama, Rabat.

— « Mondialisation, intégration régionale, migrations internationales », in *Revue internationale des sciences sociales*, n° 165, septembre. Version anglaise également.
— « Policy Responses to Population Ageing and Population Decline in France », Conférence *Policy Responses to Population Ageing and Population Decline*, Division de la population, Nations unies, New York, octobre 2000.
— *Le rôle des migrations dans l'atténuation des effets du vieillissement démographique*, OCDE, 13 p. Version anglaise également.
— TAPINOS Georges, DELAUNAY Daniel, « Peut-on parler d'une mondialisation des migrations internationales ? », in *Mondialisation, migrations et développement*, OCDE, p. 37-51. Version anglaise également.

Ouvrage en préparation

— *Défis démographiques majeurs et développement durable en Côte d'Ivoire* (sous la direction de Georges Tapinos, Philippe Hugon et Patrice Vimard). À paraître au 1er trimestre 2001.

La flexibilité du marché matrimonial

Máire Ní BHROLCHÁIN*

> *Louis Henry a montré, il y a plus de trente ans, qu'un déficit apparent de conjoints potentiels, comme celui qui a pu exister après la première guerre mondiale en France, n'entraîne pas forcément une forte hausse du taux de célibat final dans les générations concernées. Pourtant, l'idée de « marché matrimonial déséquilibré » en raison d'une pénurie de conjoints potentiels (marriage squeeze) continue d'être largement répandue, en particulier dans la littérature démographique anglo-saxonne : elle repose sur l'hypothèse d'une certaine rigidité des préférences des hommes et des femmes pour l'âge de leur partenaire. En fait, suggère ici Máire Ní BHROLCHÁIN, démographes et sociologues tendent à surinterpréter le simple constat des écarts d'âge existants ; les préférences seraient beaucoup moins rigides qu'on ne le pense. On peut le voir simplement en constatant de larges variations au cours du temps dans les distributions des âges des conjoints, et l'absence d'effets négatifs importants pour les générations en surnombre. Máire Ní BHROLCHÁIN montre aussi que la structure des préférences féminines et masculines serait assez différente de celle généralement admise (implicitement) par les démographes et (explicitement) par les sociologues.*

Le contexte

Les années 1960 et 1970 ont été riches en études visant à élaborer un modèle de population ou de nuptialité qui prenne en compte les deux sexes (Keyfitz, 1968 ; Hoem, 1969 ; Pollard, 1969, 1977 ; Fredrickson, 1971 ; Feeney, 1972 ; McFarland, 1972 ; Parlett, 1972 ; Henry, 1969a, 1972, 1975 ; Schoen, 1977). Keilman (1985) et Pollack et Höhn (1993) ont passé en revue les propriétés qu'exige une fonction de mariage (c'est-à-dire retraçant le nombre de mariages d'hommes et de femmes de chaque âge) réaliste présentée dans ces premiers travaux. Des recherches théoriques se sont poursuivies sporadiquement depuis lors (Pollak, 1986, 1990 ; Pollard et

---

* Department of Social Statistics, University of Southampton.

Höhn, 1993). Le concept de « cercles de mariage » de Henry a été beaucoup moins discuté qu'il aurait mérité de l'être, en particulier sa dimension comportementale, bien que Coale (1977) ait examiné une formulation du modèle de nuptialité de Coale-Trussell fondée sur les cercles de Henry. Une difficulté provient de ce que les résultats empiriques du modèle des cercles de mariage sont apparus à peine meilleurs que ceux des autres formulations (McFarland, 1975; Keilman, 1985). Je reprendrai plus loin l'idée des cercles de mariage. En général, l'application des modèles théoriques et les enquêtes empiriques qui y sont liées ont produit des résultats mitigés pour retracer ce qui se passe sur le marché matrimonial, qu'il s'agisse de taux de nuptialité, d'effectifs absolus, de mariages par âge ou de répartitions selon l'âge des nouveaux(elles) marié(e)s (Henry, 1969b, 1972; Hirschman et Matras, 1971; Keyfitz, 1971; MacFarland, 1975; Pollard, 1975, 1977; Schoen, 1977, 1981). Les chercheurs se sont penchés sur une hypothèse, désormais connue sous le nom de « pénurie de conjoints potentiels » (*marriage squeeze*) : à cause des variations du nombre des naissances, on pensait que les cohortes d'hommes et de femmes les plus nombreuses devaient faire face, une fois sur le marché matrimonial, à un manque de partenaires potentiels. Les adeptes de l'hypothèse de la « pénurie de conjoints potentiels » ont tenté de montrer qu'un déséquilibre de la structure par âge et sexe a des répercussions négatives sur la nuptialité effective de l'un ou l'autre sexe et ont voulu évaluer cet impact (Akers, 1967; Hirschman et Matras, 1971; Muhsam, 1974; Schoen, 1983; Schoen et Baj, 1985). Les résultats ne confirment guère cette hypothèse (Akers, 1967; Hirschman et Matras, 1971; Muhsam, 1974). Dans leur ensemble, les résultats empiriques obtenus jusqu'à présent aboutissent à une image confuse, bien résumée au milieu des années 1980 par Keilman (1985) et Fortier (1988). Une des insuffisances des premiers travaux résidait dans la mesure plutôt approximative de l'offre relative d'hommes et de femmes selon l'âge. Goldman *et al.* (1984) ont construit des indicateurs nettement améliorés des effectifs relatifs – les rapports de disponibilité – que Lampard (1993) a affinés par la suite. Ceux-ci incorporent en particulier une spécification détaillée de la concurrence qu'affrontent sur le marché matrimonial des personnes de différents âges en quête de partenaires.

Les résultats apparemment peu probants des modèles ont été perçus comme des anomalies puisqu'il semble raisonnable de supposer que l'effectif de partenaires disponibles selon l'âge limite la nuptialité de chaque sexe et qu'il semble exister de bonnes raisons de penser que le nombre de conjoints potentiels pour chaque sexe a beaucoup varié dans les pays développés au cours du dernier siècle. Durant cette période, les deux sexes auraient fait face à une pénurie de conjoints potentiels dans des circonstances générales bien spécifiques et pour de courtes périodes inhabituelles. Plusieurs raisons ont été avancées pour expliquer les résultats peu concluants des modèles. Une possibilité se trouverait dans la segmentation des marchés matrimoniaux par zone géographique ou selon des caractéristiques sociales comme le niveau d'éducation. En cas de segmentation suffisamment accentuée, on ne pourrait pas détecter les effets de l'offre relative sans décomposer les marchés matrimoniaux en leurs éléments ou tenir compte autrement de la segmentation (Goldman *et al.*, 1984; Fortier, 1988; McDonald, 1995). On suggère aussi qu'il faut disposer de données pour plus d'un point dans le temps et faire des comparaisons transnationales. Le point de vue adopté ici est qu'il n'y a pas d'anomalie. Le recours à des séries temporelles est nécessaire pour éclairer le fonctionnement du marché matrimonial. Avec de telles séries et une information par année d'âge, on peut approfondir notablement l'analyse de ce marché.

Le présent article commence par résumer une analyse descriptive de la répartition des mariages suivant les âges respectifs du mari et de la femme. Les constatations qui s'en dégagent servent de base à une discussion de plusieurs aspects centraux du marché matrimonial : le degré de sa flexibilité démographique, le caractère et le rôle des préférences d'âge, l'hypothèse de la « pénurie de conjoints potentiels » et le *pool* des candidats au mariage[1]. L'article s'achève par l'esquisse d'une nouvelle façon d'aborder la modélisation du marché matrimonial.

I. Tendances chronologiques de la distribution des différences d'âge

Cette section résume brièvement, pour des séries chronologiques longues de 36 à 68 ans, certains aspects de la distribution des différences d'âge entre générations par année-calendrier et par année d'âge des époux et des épouses en Angleterre et au Pays de Galles[2]. Les données portent sur l'ensemble des mariages. Un précédent article a montré la grande variabilité que peut afficher dans le temps l'écart d'âge moyen des époux, et cela pas seulement dans les sociétés contemporaines (Ní Bhrolcháin, 1992). Les séries par génération révèlent, au-delà des variations de cette moyenne, une variation temporelle substantielle de la proportion des jeunes qui, à chaque âge, épousent un partenaire ayant un écart d'âge donné avec eux. Cette variabilité est la plus forte aux jeunes âges de mariage et diminue avec l'âge pour les deux sexes. Les figures 1 et 2 présentent la proportion de mariages de femmes et d'hommes âgés de 21 ans (générations 1900-1967) et de 23 ans (générations 1898-1965) où l'époux était

---

[1] Le *pool* des candidats au mariage comprend toutes les personnes disponibles pour le mariage, c'est-à-dire toutes les personnes non mariées qui n'ont pas une probabilité nulle de se marier. Nous utiliserons également ici l'expression « vivier des candidats ».

[2] Les tables de nuptialité 1921-1962 proviennent des rapports annuels du *Registrar General* et celles de 1963-1988, ainsi que les données sur les générations, de l'*Office for National Statistics*. Les informations sur les différences d'âge et les proportions de non-célibataires sont tirées des données du moment sur les âges. Nous les transformons néanmoins ici en données par cohorte. Les personnes mariées à l'âge x durant l'année t sont nées entre le 1er janvier de l'année $t-x-1$ et le 31 décembre de l'année $t-x$. Cependant, la nuptialité étant saisonnière, leur génération n'est pas centrée sur le 1er janvier de l'année $t-x$, mais penche nettement vers l'année $t-x$. Pour cette raison et pour être bref, les générations sont identifiées par l'année $t-x$.

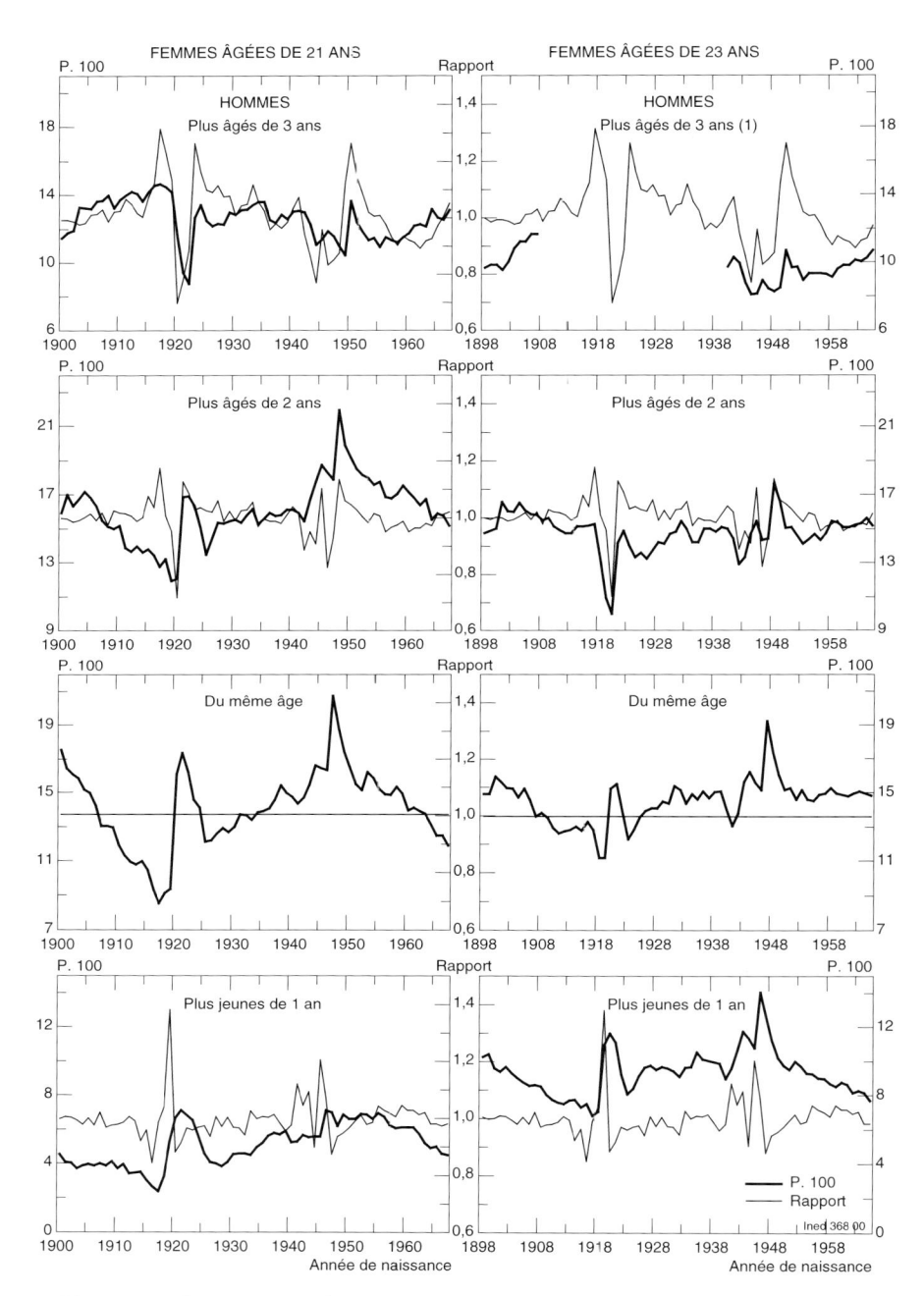

Figure 1.— Proportion de femmes âgées de 21 ans et de 23 ans ayant épousé des hommes ayant une différence d'âge avec elles de + 3 ans à − 1 an (en %) et rapport des effectifs à la naissance des générations correspondantes, Angleterre et Pays de Galles

(1) Pour les femmes de 23 ans ayant épousé des hommes âgés de 26 ans, les données ne sont pas disponibles pour la période 1931-1962.

Source : tableaux inédits fournis par l'*Office for National Statistics*.

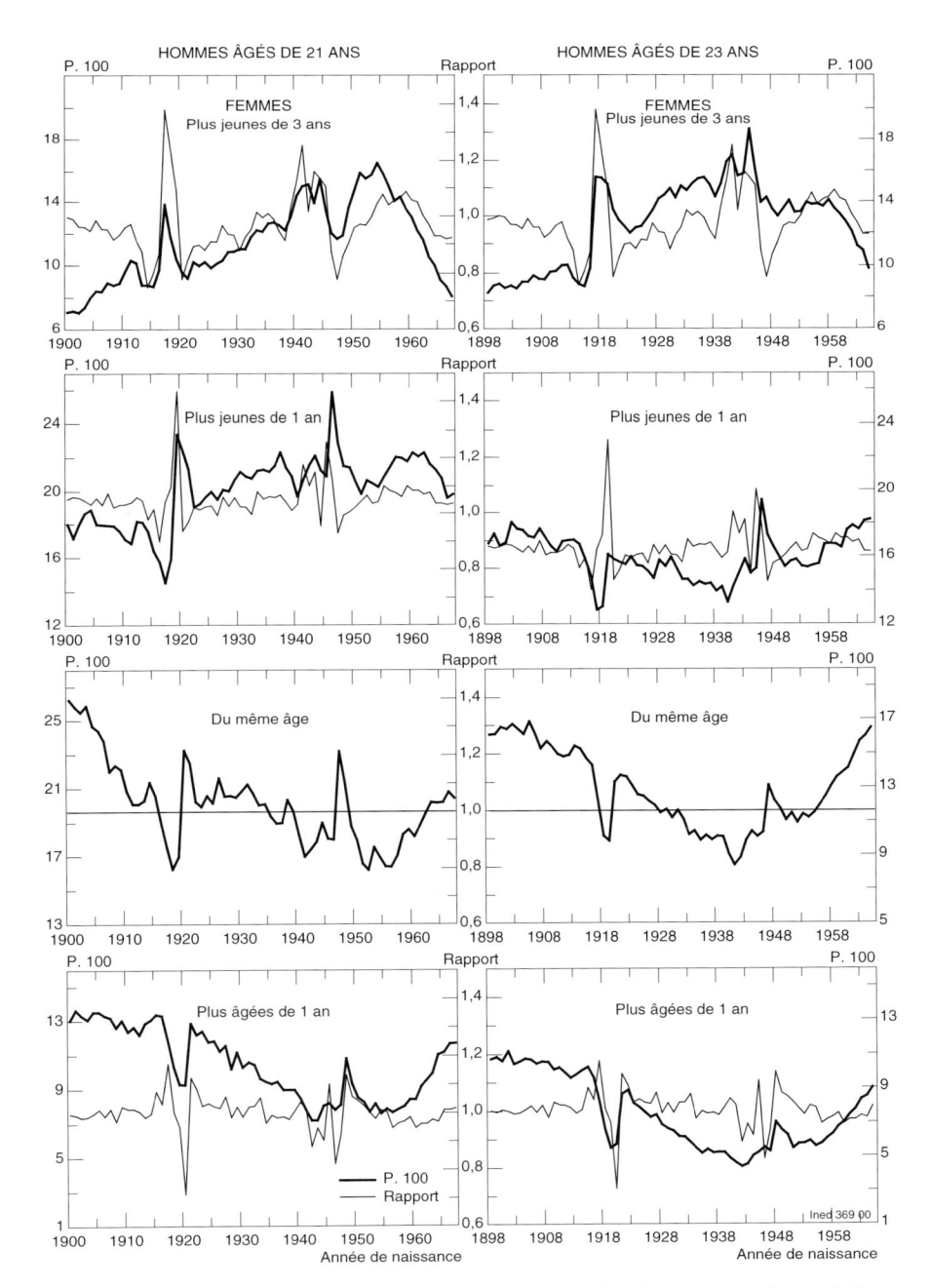

Figure 2.– Proportion d'hommes âgés de 21 ans et de 23 ans ayant épousé des femmes ayant une différence d'âge avec eux de – 3 ans à + 1 an (en %) et rapport des effectifs à la naissance des générations correspondantes, Angleterre et Pays de Galles

Source : tableaux inédits fournis par l'*Office for National Statistics*.

1 an plus jeune, ou avait le même âge ou était un peu plus âgé que l'épouse. Elles mettent en évidence de grandes variations dans le temps de ces séries de proportions et montrent que celles-ci varient en corrélation avec la taille relative à la naissance des générations correspondantes[3]. C'est dire que lorsqu'augmente par exemple le nombre relatif des hommes plus âgés de deux ans que les femmes d'un âge donné, la proportion de femmes épousant des hommes plus âgés de deux ans augmente aussi. La même chose est vraie pour les hommes : les fluctuations du nombre relatif de femmes qui ont une différence d'âge donnée avec eux se traduisent par une variation correspondante de la proportion d'hommes qui épousent des femmes ayant cet écart d'âge avec eux. De fortes fluctuations de court terme apparaissent, qui sont essentiellement liées aux creux et aux pointes de natalité des années 1917-1919 et 1920-1921 en Angleterre-Pays de Galles ainsi qu'avec le pic des naissances de 1946-1948. On rencontre aussi des mouvements de moyen terme plus graduels. Une corrélation modérée apparaît entre les proportions de mariages de conjoints ayant un décalage d'âge donné et le rapport selon le sexe des effectifs à la naissance des générations correspondantes. Dans les figures 1 et 2, les corrélations sont systématiquement plus fortes lorsque l'époux est plus âgé que lorsque l'épouse est plus âgée[4]. Les tableaux 1 et 2 présentent quelques caractéristiques supplémentaires de ces séries.

Qu'impliquent ces résultats à propos des préférences d'âge ? On peut suggérer deux hypothèses : (a) les préférences pour l'âge du partenaire (ou pour le décalage d'âge) sont flexibles et ont changé en réponse à l'évolution de l'offre de partenaires par âge ou (b) les préférences restent stables mais fonctionnent d'une telle façon qu'elles ont absorbé ou se sont adaptées à l'évolution de l'offre de partenaires par âge. Un scénario de changement de préférences paraît peu probable dans le cas présent : les tendances sont trop diverses et trop étroitement liées aux variations de la taille relative des générations. Laquelle de ces hypothèses est la plus juste et réaliste ? Cela dépend de ce que nous entendons par « flexibilité » et comment nous précisons les préférences d'âge et leur mode de fonctionnement. Que dire de l'idée de préférences d'âge rigides ? Si l'on conçoit la préférence d'âge comme un désir marqué d'avoir un partenaire de tel âge, la variabilité même des séries de proportions ainsi que leurs corrélations avec le rapport des effectifs à la naissance des générations semblent rejeter l'idée d'une rigidité de telles préférences au niveau individuel. La seule façon de rendre l'existence de préférences rigides compatible avec

---

[3] Nous utilisons les tailles initiales des générations (les naissances vivantes de l'année) à défaut de disposer d'informations plus détaillées pour la période étudiée. Idéalement, on utiliserait des estimations annuelles de population par état matrimonial et année d'âge.

[4] Pour les hommes qui se sont mariés de 21 à 30 ans, 50 % des corrélations sont égales ou supérieures à 0,4 lorsque leur conjointe est plus jeune qu'eux, mais 0 % lorsqu'elle est plus âgée. La même chose vaut, de façon inverse, pour les femmes qui se sont mariées aux mêmes âges : les corrélations sont plus élevées lorsque leur conjoint est plus âgé plutôt que plus jeune qu'elles : 58 % contre 8 % atteignent ou dépassent 0,4 ; ces résultats sont, bien entendu, parfaitement complémentaires.

TABLEAU 1. – PROPORTION DE FEMMES AYANT ÉPOUSÉ, POUR QUELQUES ÂGES AU MARIAGE, DES HOMMES AYANT UNE DIFFÉRENCE D'ÂGE AVEC ELLES COMPRISE ENTRE ± 5 ANS, ANGLETERRE ET PAYS DE GALLES (EN %)

Âge de la mariée [1]	Différence d'âge en années (âge de l'époux – âge de l'épouse)										
	-5	-4	-3	-2	-1	0	1	2	3	4	5
Proportion moyenne parmi l'ensemble des générations[2]											
21 ans	0,01	0,07	0,48	1,77	5,22	14,06	16,10	15,42	12,59	8,95	6,39
23 ans	0,19	0,69	1,99	5,47	9,42	14,56	14,79	12,72	9,77	7,28	5,30
25 ans	1,14	2,78	4,66	7,21	10,48	13,52	12,24	10,16	7,97	6,30	4,83
27 ans	2,78	4,37	6,21	7,96	9,66	11,18	9,85	8,29	6,77	5,32	4,34
Proportion minimum parmi l'ensemble des générations[2]											
21 ans	0,00	0,01	0,22	0,85	2,53	8,40	12,02	11,41	8,79	7,18	4,74
23 ans	0,07	0,31	1,02	3,59	6,86	11,19	10,03	10,69	8,12	5,90	3,92
25 ans	0,39	1,80	3,50	5,96	8,58	10,57	9,41	8,09	6,39	5,26	3,87
27 ans	1,90	3,52	4,88	6,19	7,53	8,12	7,77	6,12	5,59	4,54	3,40
Proportion maximum parmi l'ensemble des générations[2]											
21 ans	0,04	0,15	0,87	2,77	7,21	20,76	21,96	18,53	14,66	10,57	7,96
23 ans	0,39	1,29	3,52	8,61	14,13	19,33	17,61	14,79	11,70	8,82	6,12
25 ans	1,65	4,18	7,00	9,67	12,96	16,45	15,08	12,31	9,31	7,34	6,17
27 ans	4,03	6,71	7,96	10,11	13,42	15,34	12,41	9,46	8,15	6,54	5,69

[1] Pour les femmes mariées à 21 ans ou à 23 ans, les données couvrent la période 1921-1988 si elles ont épousé des hommes de moins de 25 ans et les années 1921-1930 et 1963-1988 si elles ont épousé des hommes de 25 ans ou plus. Pour les femmes mariées à 25 ans ou à 27 ans, toutes les données sont relatives aux années 1921-1930 et 1963-1988.
[2] 21 ans : générations 1900-1967 ; 23 ans : générations 1898-1965 ; 25 ans : générations 1896-1905 et 1938-1963 ; 27 ans : générations 1894-1903 et 1936-1961.

Sources : Registrar General's Review of England and Wales 1921-1962 et tableaux inédits fournis par l'Office for National Statistics pour 1963-1988.

Tableau 2. – Proportion d'hommes ayant épousé, pour quelques âges au mariage, des femmes ayant une différence d'âge avec eux comprise entre ± 5 ans, Angleterre et Pays de Galles (en %)

Âge du marié[1]	Différence d'âge en années (âge de l'épouse – âge de l'époux)										
	−5	−4	−3	−2	−1	0	1	2	3	4	5
Proportion moyenne parmi l'ensemble des générations[2]											
21 ans	1,10	4,03	11,41	18,17	20,25	20,02	10,52	5,84	3,29	1,83	1,12
23 ans	5,73	10,72	14,60	18,48	16,11	12,84	7,46	4,22	2,57	1,62	1,06
25 ans	9,45	13,16	13,68	13,48	12,01	9,64	5,88	3,64	2,40	1,63	1,11
27 ans	10,49	11,19	10,98	10,28	8,93	7,39	4,86	3,32	2,32	1,56	1,19
Proportion minimum parmi l'ensemble des générations[2]											
21 ans	0,14	1,27	7,04	13,45	14,71	16,14	7,33	3,35	1,67	0,92	0,50
23 ans	2,63	6,35	10,14	15,03	13,00	8,36	4,35	2,15	1,33	0,80	0,49
25 ans	5,64	10,21	11,76	10,50	7,84	5,28	3,20	2,00	1,29	0,96	0,60
27 ans	8,41	10,10	8,90	6,83	5,44	4,08	2,84	2,01	1,27	0,91	0,76
Proportion maximum parmi l'ensemble des générations[2]											
21 ans	2,30	6,68	16,52	24,67	26,02	26,19	13,67	8,70	5,33	2,98	2,07
23 ans	9,03	15,58	20,64	24,18	19,47	16,87	11,16	6,77	4,11	2,58	1,64
25 ans	14,76	19,47	18,28	15,05	15,57	13,66	9,00	5,54	3,86	2,48	1,60
27 ans	14,56	14,01	12,63	13,12	12,24	11,15	7,15	4,80	3,28	2,10	1,82

[1] Pour les hommes mariés à 21 ans ou à 23 ans, les données couvrent la période 1921-1988 s'ils ont épousé des femmes de moins de 25 ans et les années 1921-1930 et 1963-1988 s'ils ont épousé des femmes de 25 ans ou plus. Pour les hommes mariés à 25 ans ou à 27 ans, toutes les données sont relatives aux années 1921-1930 et 1963-1988.
[2] 21 ans : générations 1900-1967 ; 23 ans : générations 1898-1965 ; 25 ans : générations 1896-1905 et 1938-1963 ; 27 ans : générations 1894-1903 et 1936-1961.

Sources : Registrar General's Review of England and Wales 1921-1962 et tableaux inédits fournis par l'Office for National Statistics pour 1963-1988.

les données est de faire l'hypothèse (c) que les tendances diachroniques dans les séries de proportions découlent d'une autosélection. Ce serait le cas si les cohortes qui se heurtent à une pénurie de partenaires d'un âge préféré (rigidement) sont enclines à se retirer du marché matrimonial mais que certains individus se marient néanmoins, et que ces derniers forment un sous-groupe prêt à s'adapter à cette circonstance ou dont la préférence est faible. Les préférences *sont* peut-être rigides, mais le seraient-elles au point qu'on ne se marie pas du tout ou pas tant qu'un partenaire du bon âge se fait attendre ? Dans ces deux cas, les générations en question se trouveraient dans une situation de « pénurie de conjoints potentiels » (Akers, 1967 ; Hirschman et Matras, 1971 ; Muhsam, 1974 ; Schoen, 1983 ; Schoen et Baj, 1985). Examinons d'abord cette dernière hypothèse, à savoir que les préférences sont rigides et mènent soit à un retrait, soit à un encombrement du marché matrimonial lorsqu'arrive une pénurie de partenaires de l'âge ou du décalage d'âge préféré.

II. L'hypothèse de la « pénurie de conjoints potentiels »

Nous cherchons une preuve de la « pénurie de conjoints potentiels » afin de voir si l'idée de préférences rigides peut être compatible avec les données. L'hypothèse de « pénurie » suggère que les fluctuations des naissances telles que constatées au XXe siècle en Angleterre-Pays de Galles et ailleurs provoquent des déséquilibres sur les marchés matrimoniaux au détriment d'un ou des deux sexes. Dès lors, en cas de « pénurie », les personnes du sexe confronté à cette pénurie auraient des taux de nuptialité en baisse et les proportions cumulées de marié(e)s seraient donc moindres que ce n'eût été le cas sinon. La raison en est, selon la version la plus étroite de cette hypothèse, que les hommes épousent habituellement des femmes plus jeunes qu'eux de 2 à 3 ans, et que celles-ci épousent généralement des hommes plus âgés qu'elles de 2 à 3 ans (Glick *et al.*, 1963 ; Akers, 1967). Par conséquent, tant les hommes que les femmes nés dans les années de pointe de la natalité auraient moins de chances de se marier : les hommes seraient en « excédent d'offre » relatif par rapport aux générations dont ils veulent épouser les femmes nées 2 à 3 ans plus tard ; les femmes affronteraient la même difficulté puisque les générations d'hommes nés 2 à 3 ans plus tôt sont moins nombreuses. Plus généralement, l'hypothèse de la « pénurie » suggère que les femmes ont moins de chances de se marier quand les naissances augmentent, et que c'est le cas des hommes quand les naissances baissent. En supposant donc que les préférences d'âge sont rigides, les taux de nuptialité baisseraient en cas de pénurie d'offre de partenaires d'âges préférés. Par conséquent, l'existence d'une pénurie contredirait la flexibilité des préférences et son absence contredirait la rigidité des préférences. Dans les séries présentées, les effets d'une pénurie pourraient être clairement visibles en plusieurs points, en raison de larges fluctuations des naissances. Sous l'hypothèse de rigidité des préférences, les générations 1920-1921 et 1946-1948 seraient particulièrement frappées par cette « pénurie » à cause des creux de natalité en 1917-1919, du redressement de la natalité en 1920-1921 et de la pointe de natalité de 1946-1948. En 1918, les naissances atteignent 76 % de celles de 1914, restent faibles en 1919 avant de remonter de 45 % à partir de 1920 (figure 3). Les naissances de 1946 dépassent de 21 % celles de 1945, et croissent encore de 7 % en 1947.

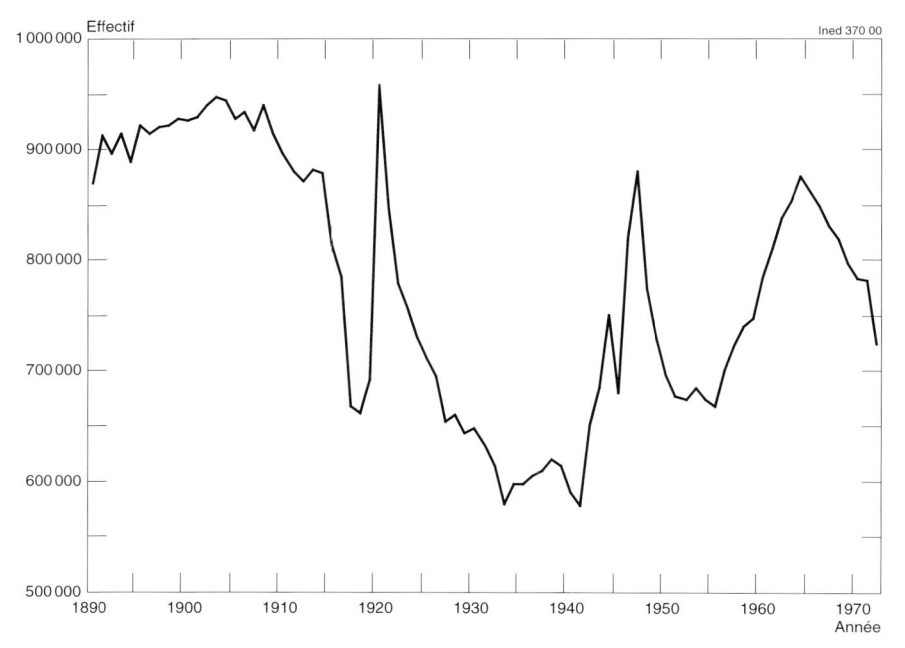

Figure 3. – Naissances vivantes en Angleterre et Pays de Galles, 1890-1972
Source : Office of Population Censuses and Surveys (1987)

1. La différence d'âge de 2 à 3 ans n'est pas majoritaire

Vérifions d'abord la validité de l'hypothèse voulant que les hommes préfèrent épouser des femmes plus jeunes de quelques années et que les femmes préfèrent des hommes plus âgés de quelques années. Elle fait partie intégrante de l'hypothèse de pénurie soumise dans la littérature jusqu'ici parce qu'il est couramment supposé que la plupart des mariages adoptent ce modèle et que la grande majorité des gens ont une préférence pour ce type de décalage d'âge (Glick, 1963; Akers, 1967; Keyfitz, 1971; Hirschman et Matras, 1971; Pollard et Höhn, 1993). Les études ne spécifient pas toujours précisément l'écart d'âge préféré, mais disons qu'il se situe aux environs de 2-3 ans. Regardons d'abord quelle est la proportion réelle de mariages dans lesquels l'époux a 2 à 3 ans de plus que l'épouse. Les figures 4a et 4b présentent à ce propos quelques données pour la génération 1953, la dernière pour laquelle nous disposons de données complètes jusqu'à l'âge de 35 ans. Elles indiquent la distribution des différences d'âge effectives par âge au mariage pour les hommes et les femmes. Ces âges vont, pour les deux sexes, de 19 à 34 ans par intervalles de trois ans, et les écarts d'âge vont jusqu'à ± 8 ans.

Nous constatons pour les deux sexes une variation des différences d'âge très marquée selon l'âge au mariage. Dans les deux cas, la dispersion augmente substantiellement avec l'âge, ce qui se traduit par un aplatissement de la courbe de distribution. Chez les hommes, la différence moyenne augmente avec l'âge alors que le contraire est vrai chez les femmes, ce qui est une caractéristique normale de la différence d'âge. Pourtant, dans la majorité des mariages de la génération 1953, les hommes n'ont pas 2 à 3 ans de plus que leur épouse : la proportion des nouveaux mariés âgés de 19 à 30 ans qui ont 2 à 3 ans de plus que leur épouse va de 36,3 % à 21 ans jusqu'à 16,2 % à 30 ans. La même chose vaut des épouses de 18 à 30 ans : la proportion de celles qui sont 2 à 3 ans plus jeunes que leur conjoint tombe d'un maximum de 35,8 % à 18 ans jusqu'à un minimum de 12,8 % à 30 ans. Ces proportions continuent de baisser aux âges plus élevés. C'est vrai de façon plus générale : la plupart des jeunes mariés au XXe siècle en Angleterre-Pays de Galles n'ont pas épousé des femmes 2 à 3 ans plus jeunes qu'eux. En effet, quel que soit l'âge au mariage, dans aucune des générations étudiées ici (1890-1972)[5], la proportion d'hommes qui étaient plus âgés que leur épouse de 2 à 3 ans ne dépasse 41,3 % et la proportion de femmes plus jeunes que leur époux de 2 à 3 ans n'est jamais supérieure à 41,2 %. Avec des maxima de 41 %, la proportion des couples mariés dans lesquels l'homme est 2 à 3 ans plus âgé que son épouse reste dans l'ensemble bien inférieure à 50 %. En outre, ces statistiques ne concernent pas des générations entières, mais des classes d'âges de chaque génération; puisque la proportion de mariages avec un faible décalage d'âge est fonction de l'âge, les statistiques pour des générations entières doivent rester bien au-dessous de ces chiffres. La supposition très répandue selon laquelle le mari serait légèrement plus âgé que sa femme dans la majorité des mariages, traduite par un décalage de 2-3 ans, est donc loin d'être vraie dans les générations du XXe siècle en Angleterre-Pays de Galles. L'erreur provient de ce qu'au cours des années

---

[5] Puisque les données disponibles sont des données du moment, l'information est incomplète pour certaines générations. Pour celles d'avant 1900, on ne dispose que des âges au mariage à 21 ans et plus ; dès lors, comme la proportion de mariages avec un écart d'âge de 2 à 3 ans décline avec l'âge, il se peut que la majorité ait fait l'expérience de cet écart à des âges plus jeunes.

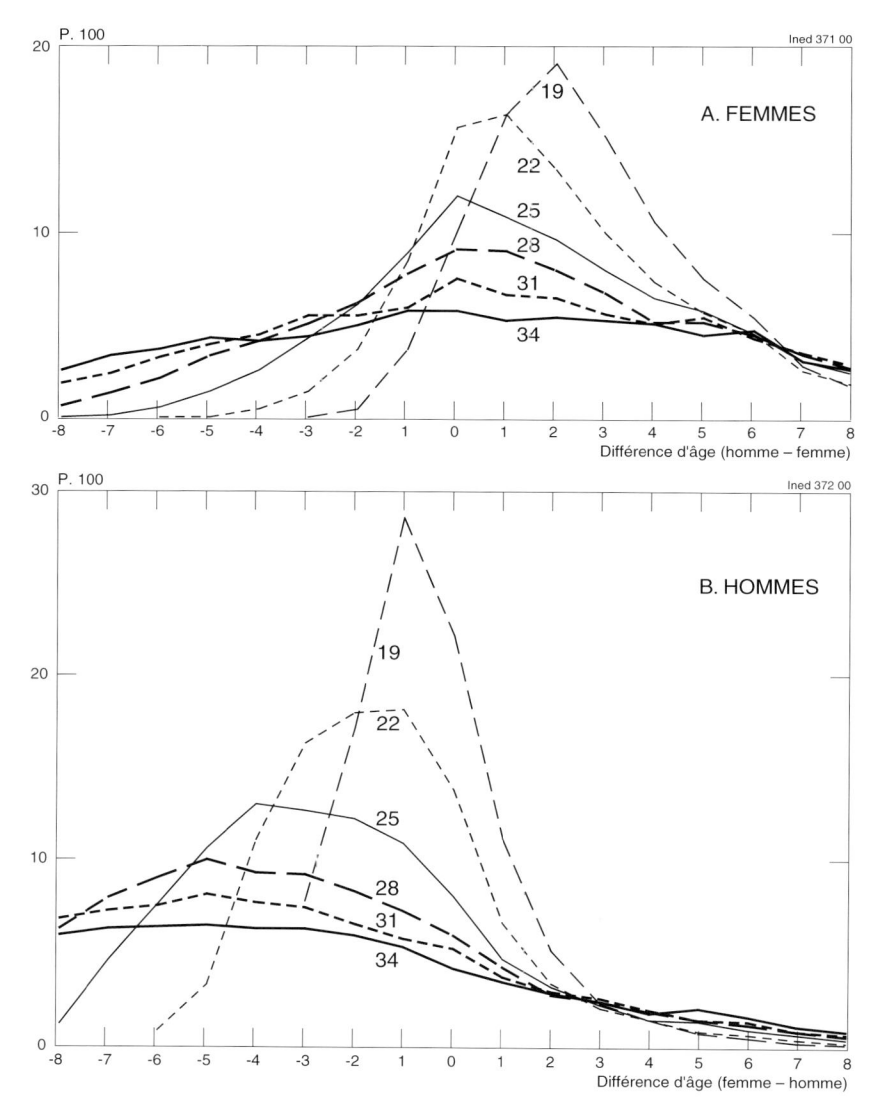

Figure 4.– Distribution des différences d'âge en fonction de l'âge au mariage des femmes et des hommes de la génération 1953, Angleterre et Pays de Galles

Source : tableaux inédits fournis par l'*Office for National Statistics*.

récentes, le décalage d'âge *moyen* dans les sociétés occidentales varie approximativement entre 2 et 3 ans. Il va cependant de soi que les écarts d'âge effectifs dans la majorité des couples ne se situent pas nécessairement à hauteur de cette moyenne ni dans son voisinage[6].

C'est dire que c'est une erreur de prendre pour acquis qu'une différence d'âge au mariage de 2 à 3 ans est et a été la « norme », et de supposer par conséquent que les générations des années de forte natalité souffrent *par là-même* d'une « pénurie de conjoints potentiels ». La notion de « pénurie » peut cependant valoir pour d'autres raisons ; c'est pourquoi nous abordons cette question directement. Les générations confrontées à un manque relatif de partenaires de 2 à 3 ans plus jeunes (hommes) ou plus âgés (femmes) ont-elles effectivement eu une nuptialité moins élevée ? En Angleterre et au Pays de Galles au XXe siècle, la réponse apparaît négative.

2. *Générations 1917 à 1922*

Les figures 5a et 5b présentent les proportions cumulées de premiers mariages à quelques âges au mariage chez les femmes et les hommes des générations nées entre 1900 et 1977 en Angleterre-Pays de Galles. Sous l'hypothèse de préférences d'âge rigides, les femmes nées en 1920 devraient avoir rencontré, en raison du creux des naissances entre 1917 et 1919, des difficultés particulières sur le marché matrimonial à cause de leur effectif particulièrement élevé au regard de celui de leurs partenaires d'âge supposé préféré. Tel n'est pas le cas, bien au contraire, puisque les proportions cumulées de premiers mariages dans la génération féminine née en 1920 dépassent celles de la génération 1919. Ceci est vrai à tous les âges jusqu'à 50 ans ; c'est aussi vrai pour les hommes nés en 1920 qui auraient dû, eux aussi, souffrir de « pénurie de partenaires » puisque leur nombre dépasse celui des générations féminines de 1922-1923 pourtant assez bien fournies. Aux âges les plus jeunes, la nuptialité des femmes augmente encore pour la génération 1921, nombreuse elle aussi, bien que moins fournie que la génération 1920. Cette forte hausse de la primo-nuptialité aux âges les plus jeunes s'observe aussi bien pour les hommes que pour les femmes des générations 1916 à 1920 ; la raison immédiate, de nature démographique, en est un simple phénomène conjoncturel, à savoir la forte poussée des taux de nuptialité aux jeunes âges juste avant et pendant les premières années de la guerre de 1939-1945. Les taux de nuptialité s'orientent à la hausse en 1933 ; ils augmentent nettement en 1939,

---

[6] Plus la dispersion d'une distribution est grande, moins un individu a de chances de se situer à ou près de la moyenne. Plusieurs auteurs trouvent une forte dispersion de la différence d'âge des conjoints (Lévy et Sardon, 1982 ; Goldman *et al.*, 1984 ; Casterline *et al.*, 1986 ; Lampard, 1993). Cette faible concentration se retrouve dans beaucoup de populations où l'écart d'âge moyen est élevé. Le tableau 1 de Casterline *et al.* révèle à l'échelle nationale une variation considérable de la dispersion autour de la médiane selon les données de l'EMF des années 1970 et 1980. Au Nigeria, l'écart médian atteignait 9,7 ans avec un écart interquartile (EIQ) du même ordre, soit 9,1 ans.

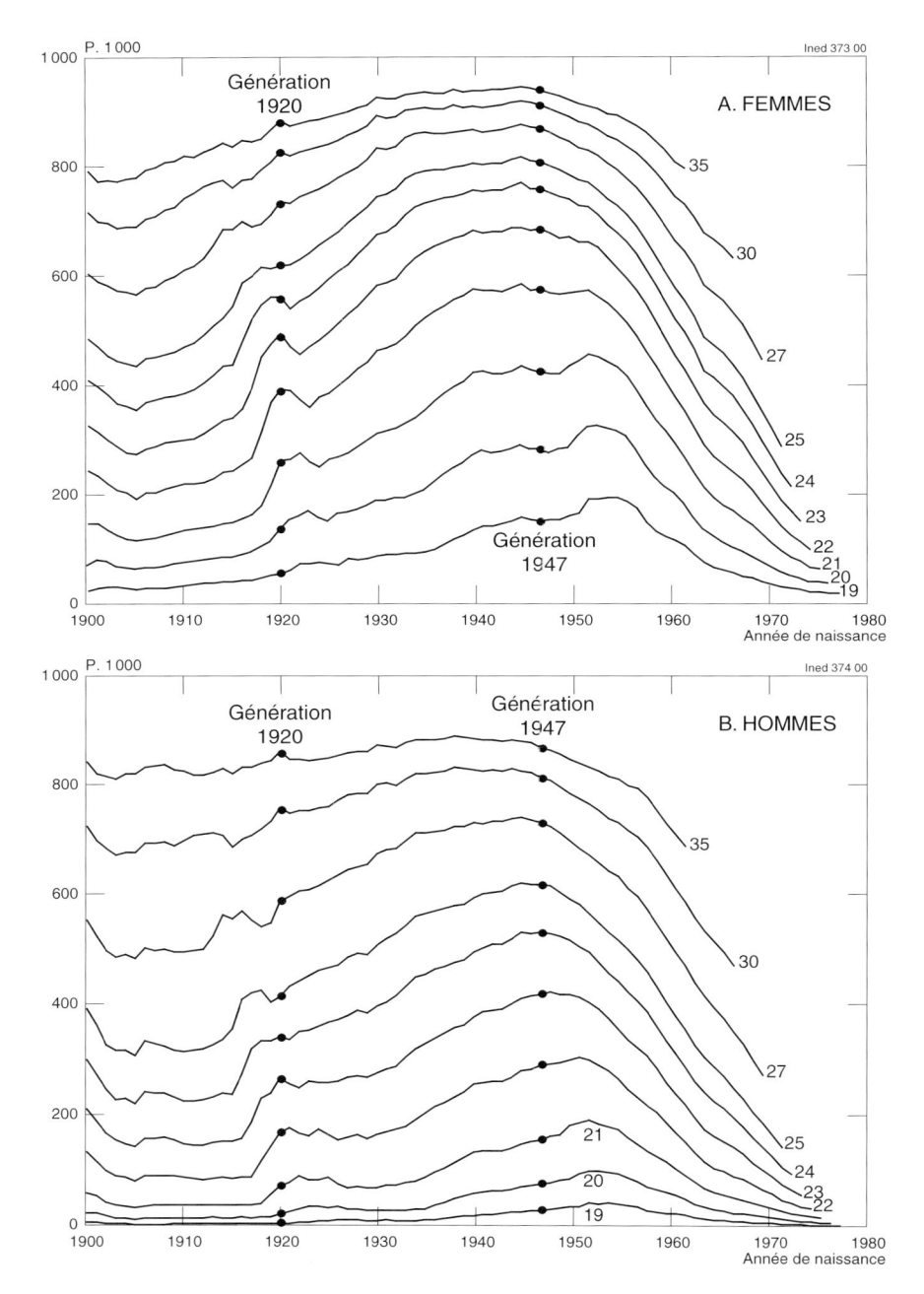

Figure 5.– Proportions cumulées de personnes non célibataires selon leur âge, Angleterre et Pays de Galles, générations 1900-1977

Source : tableaux inédits fournis par l'*Office for National Statistics*.

atteignent un maximum en 1940 avant de chuter jusqu'en 1943 (Hajnal, 1947, 1950).

Dès lors, les effectifs nombreux des générations 1920-1921 et la situation inhabituelle de leur marché matrimonial n'ont pas freiné leur nuptialité. De même, les générations masculines et féminines peu nombreuses nées de 1917 à 1919 n'ont pas tiré avantage de leurs effectifs plus réduits sur le marché matrimonial : la forte hausse des taux de nuptialité aux âges jeunes dans ces générations peu nombreuses s'explique par des facteurs du moment plutôt que longitudinaux. Les générations nées après la première guerre mondiale ne se sont pas, au total, mariées dans des proportions moindres, comme le voudrait l'hypothèse de la pénurie de conjoints potentiels, mais les taux de nuptialité ont augmenté et le modèle des appariements d'âge s'est substantiellement modifié, sans que ce dernier phénomène résulte d'une sélection induite par des renonciations au mariage. Ni la rigidité des préférences ni la « pénurie de conjoints potentiels » qui lui est associée ne valent dans ce cas.

3. *Le cas des générations 1946 à 1948*

Les mêmes constatations s'appliquent, bien que de façon moins frappante, à la génération masculine née en 1947. Dans celle-ci, avant 21 ans, la proportion cumulée d'hommes déjà mariés est supérieure à celle des générations immédiatement antérieures. À 23 ans et plus, cette proportion recule. Rapportons maintenant les taux de nuptialité par âge, de 18 à 24 ans, des générations 1941 à 1950 à ceux de la génération 1945 pris comme base 100 (figure 6b) : c'est à partir de la génération 1945 et de l'âge de 24 ans que le taux de nuptialité par âge diminue, tandis qu'aux âges de 25 à 29 ans et 30 et plus (non représentés ici), c'est respectivement à partir des générations 1944 et 1939 que ce taux par âge recule. On pourrait s'attendre à une pénurie de conjoints potentiels surtout aux âges plus jeunes, vu que les candidats au mariage plus jeunes n'ont pas eu le temps d'adapter leur comportement de « demandeurs » à cette pénurie de partenaires d'âges préférés. Pourtant, les taux de nuptialité continuent de monter après la génération 1945 aux âges inférieurs à 21 ans et, à 21 et 22 ans, ils restent assez stables ou baissent à peine jusqu'aux générations 1949-1950. À l'âge de 25 ans, 62,1 % des hommes de la génération 1947 étaient mariés, contre 62,5 % de ceux de la génération 1945, soit une différence de 0,4 point. À l'âge de 30 ans, cette différence est légèrement plus élevée, à hauteur de 1,4 point (81,8 % contre 83,2 %), tandis qu'elle n'est que de 1 point (90,9 % contre 91,9 %) à l'âge de 50 ans. Une explication alternative au recul progressif de la nuptialité aux âges plus avancés tient simplement au retournement à la baisse des taux de nuptialité du moment à partir de 1971.

Les proportions cumulées de mariages dans les générations féminines 1946-1947 affichent un recul léger mais particulièrement visible

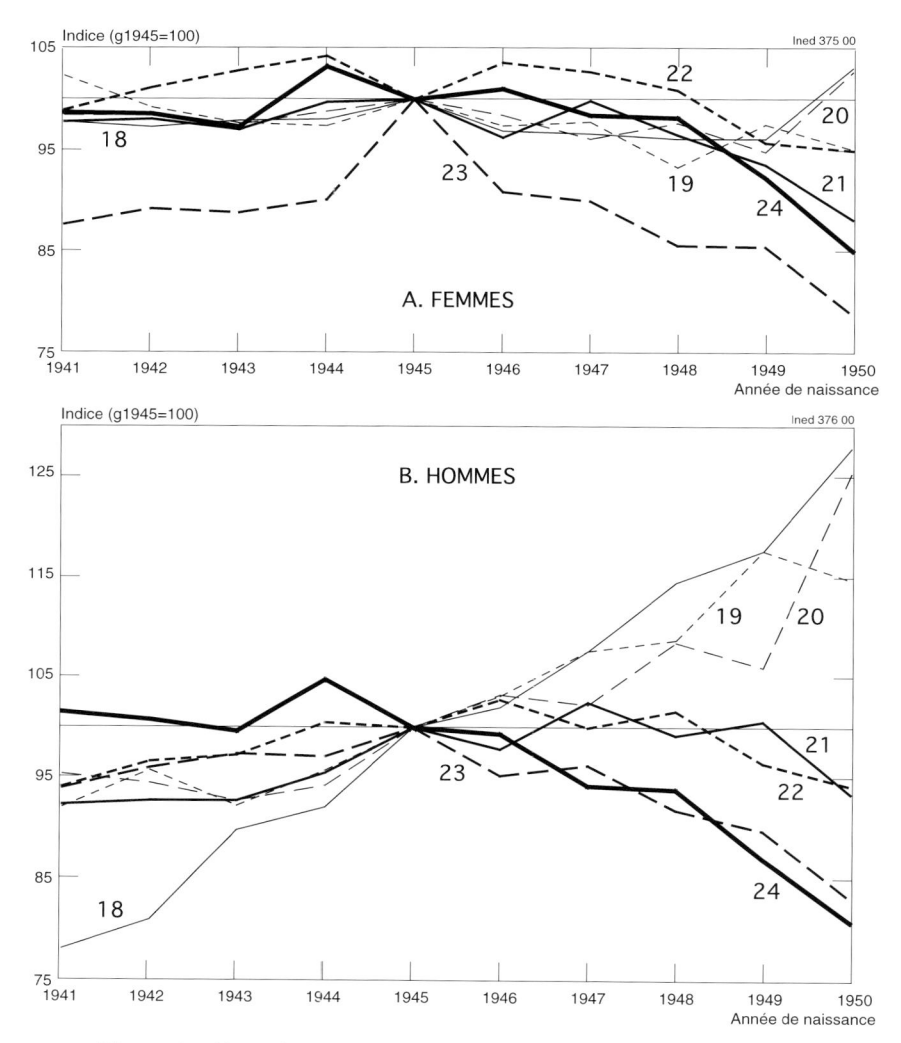

*Figure 6.– Taux de nuptialité par âge des générations 1941 à 1950
(base 100 = génération 1945), Angleterre et Pays de Galles*
Source : tableaux inédits fournis par l'*Office for National Statistics*.

(figure 5a) puisque ces proportions remontent chez les plus jeunes à partir de la génération 1950. La figure 6a en montre la raison. Par rapport à la génération 1945, celles de 1946 et 1947 ont des taux de nuptialité en baisse de 0,1 point à 3,8 points aux âges de 18 à 21 ans. C'est à 23 ans que la baisse des taux de nuptialité des générations 1946-1947 est la plus accentuée : ils s'établissent 9 à 10 points au-dessous de ceux de la génération 1945. C'est là cependant le résultat d'un phénomène conjoncturel, car presque tous les taux de nuptialité ont grimpé nettement en 1968, de sorte que la génération 1945 avait alors atteint à 23 ans un taux exceptionnellement élevé. À 21 ans, 42,2 % des femmes de la génération 1947 étaient mariées, soit à peine moins que les 43,4 % de la génération 1945. À 23 ans, les proportions sont respectivement de 68,3 % et de 68,7 %, soit un recul minime de 0,4 point. L'écart reste faible à 30 ans, à hauteur de 0,8 point (95,4 % contre 94,7 %), et à 50 ans avec 0,7 point (96,1 % contre 95,4 %).

Tout ceci suggère donc un léger recul des taux de nuptialité aux jeunes âges pour les générations 1946 à 1948. La « pénurie de conjoints potentiels » pourrait l'expliquer au vu de la hausse des taux à ces âges dans plusieurs générations nées depuis 1950. Cependant, la hausse des taux de nuptialité aux jeunes âges peut aussi s'expliquer autrement. La réforme apportée en 1969 à la loi sur la famille abaisse l'âge de la majorité de 21 à 18 ans : entre 18 et 20 ans, il n'est donc plus nécessaire d'obtenir le consentement des parents pour se marier. Le redressement de la nuptialité à ces trois âges dans les générations nées de 1950 à 1952 est particulièrement net en 1970, ce qui suggère que ce facteur a joué un rôle significatif. Au total, plusieurs constatations se dégagent. Tout d'abord, s'il y avait vraiment « pénurie de conjoints potentiels », elle n'a pas eu ici d'effets marquants. Ensuite, cette « pénurie » n'est pas la seule explication du léger recul des taux de nuptialité aux jeunes âges pour les générations 1946-1948. Enfin, la simple concomitance entre changements des taux de nuptialité et effectifs relatifs des générations ne peut seule servir de preuve à la théorie de la « pénurie de conjoints potentiels » : celle-ci se veut causale et doit donc reposer sur plus qu'une simple corrélation statistique.

Comme nous l'avons vu, dans les générations nombreuses de la fin des années 1940, il n'y a pas de preuve de « pénurie de conjoints potentiels » chez les hommes et seulement une faible possibilité de pénurie chez les femmes de moins de 21 ans, laquelle pourrait d'ailleurs s'expliquer autrement. Contraintes ou non par leurs effectifs relatifs, les femmes des générations nombreuses 1946-1948 ont *des taux de nuptialité aux âges jeunes parmi les plus élevés de ce siècle*. Aussi leur nuptialité a-t-elle été au total bien supérieure à celle des hommes des mêmes générations. La génération féminine (relativement petite) née en 1945 se caractérise à partir de l'âge de 22 ans par la plus forte proportion de premiers mariages enregistrés parmi toutes les générations masculines et féminines depuis 1900. À l'âge de 50 ans, 96 % de ces femmes étaient mariées, contre 91,9 % des hommes nés en 1945 ; ce dernier pourcentage n'est que de 1 point inférieur à celui observé pour les hommes nés en 1938, qui ont eu la nuptialité masculine la plus forte du siècle (92,9 %). Comme nous l'avons constaté, les générations féminines nombreuses nées de 1946 à 1948 ne sont pas loin derrière celle de 1945.

Le niveau de la nuptialité des générations de la seconde moitié des années 1940 est beaucoup plus élevé que celui des générations 1920-1921. Parmi les femmes nées en 1920, 60,7 % étaient célibataires à 22 ans contre 42,5 % de celles nées en 1947. Chez les hommes nés en 1920, 58,4 % n'étaient pas mariés à 25 ans contre 37,9 % de ceux nés en 1947. Ainsi donc, *même s*'il y a quelque rigidité dans les préférences d'âge, il y avait abondance de conjoints potentiels pour les générations 1920-1921 puisqu'il était facile de trouver des partenaires ayant l'âge souhaité parmi les proportions relativement élevées de célibataires. Les personnes qui tiennent absolument à trouver un partenaire dans une génération relativement peu fournie n'ont pas besoin de renoncer au mariage, compte tenu de l'offre de partenaires immédiatement disponibles. Dès lors, le maintien des niveaux de nuptialité précédents – et de leur légère tendance à la hausse – est possible, et une forte hausse parfaitement faisable, ce qui s'est effectivement produit. En tout cas, la configuration des appariements d'âges reflète clairement la disponibilité de partenaires. Par contraste, les générations de la fin des années 1940 sont proches de la saturation de leur niveau de nuptialité. Si la rigidité des préférences existe quelque part et provoque une « pénurie de conjoints potentiels », ce sera probablement plutôt le cas là où les taux de nuptialité sont déjà élevés ou subissent de fortes contraintes dues à des facteurs non démographiques qui limitent nettement la souplesse du marché matrimonial. En deux mots : *peu ou pas de « pénurie de conjoints potentiels », pas de préférences rigides.*

Jusqu'ici, nous avons raisonné comme si la préférence d'âge des partenaires était un « objectif clé » recherché avec plus ou moins de rigidité. C'est de cette façon que la littérature sur le mariage conceptualise majoritairement les préférences. Les deux sections suivantes abordent un autre aspect de ces préférences qui est probablement plus réaliste et peut élargir notre connaissance de cette question.

III. La structure des préférences

1. Distribution empirique des âges croisés et préférences

L'hypothèse de la « pénurie de conjoints potentiels » et son corollaire d'une variation de l'offre de conjoints potentiels sur le marché matrimonial reposent sur l'idée qu'il y a une configuration « normale » d'appariement des âges dans la population concernée. On stipule habituellement comme « normal » l'appariement d'âges constaté une année donnée (Henry, 1966, 1969b; Hirschman et Matras, 1971; Muhsam, 1974; McFarland, 1975; Pollard, 1977) – année dont la structure par âge et sexe de la population ne renferme apparemment et autant que possible aucune anomalie. Quatre présupposés sont sous-jacents à l'idée d'une « pénurie de conjoints potentiels » et au choix d'une année normale. *Primo,* on fait la supposition que les préférences sont *bien différenciées par âge du (de la) partenaire* – à savoir que le niveau de préférence pour différents âges du partenaire varie significativement. *Secundo,* comme nous l'avons vu, les individus sont supposés avoir des *préférences rigides plutôt que flexibles. Tertio,* ces préférences, prises globalement, sont supposées être *relativement stables dans le temps. Quarto,* le résultat – la structure d'appariement des âges observée l'année de référence – *reflète adéquatement les préférences relatives pour chaque âge du (de la) partenaire.* Laissons provisoirement de côté les trois premières suppositions, car la quatrième est pleine d'intérêt en ce qu'elle est probablement très trompeuse, et elle soulève des questions relevant des trois premières.

Il y a deux façons au moins de concevoir les préférences relatives pour l'âge du partenaire. Comme nous l'avons vu, la façon traditionnelle, présente jusqu'ici dans les discussions sur le marché matrimonial, suppose implicitement que les hommes et les femmes qui se marient à un âge donné recherchent une différence d'âge particulière, et que les préférences d'un groupe ou d'une population peuvent être représentées par une distribution de l'âge des partenaires. Dans ce schéma traditionnel, les préférences sont rigides si chaque individu accepte un âge et un seul ; elles sont flexibles dans la mesure où les individus acceptent un éventail d'âges – plus cet éventail est large, plus la flexibilité est grande. On suppose habituellement que la distribution des préférences peut être déduite de la distribution des différences d'âge réellement observée – le résultat – si la structure par âge et sexe est neutre, dans un sens habituellement non précisé (voir cependant Schoen, 1977 ; Goldman *et al.,* 1984). Bien sûr, on admet que le résultat provient aussi de l'interaction entre les préférences des deux sexes, en supposant qu'aucun des deux ne domine entièrement l'autre.

On peut formuler de façon plus générale et, selon moi, plus réaliste la préférence d'âge en termes de probabilités conditionnelles. Quelle est la probabilité qu'une personne accepte un partenaire d'un âge donné, en raison de son âge, *à partir du moment où elle rencontre un partenaire de cet âge ?* Pour chaque sexe, les préférences d'âge peuvent se définir comme un ensemble de probabilités conditionnelles d'accepter des partenaires de différents âges pourvu qu'il y ait rencontre ou qu'ils soient disponibles. Cette conception de la préférence d'âge ne repose pas sur la détermination d'un âge ou d'un intervalle d'âges cible. Elle ne spécifie pas non plus une distribution attendue, usuelle, de l'âge des partenaires. On considère plutôt qu'une personne disposée à se marier a une série de probabilités de s'intéresser à des conjoints potentiels dont les âges variables peuvent lui convenir, à condition qu'elle en rencontre à ces âges. Dans cette formulation, il y a rigidité des préférences si, pour un âge donné d'ego, les probabilités conditionnelles d'acceptation approchent 1 pour un seul âge du partenaire ou seulement très peu d'âges et que, pour tous les autres âges, elles sont nulles ou proches de 0. Il y a flexibilité dans la mesure où les probabilités d'acceptation sont élevées, en raison de l'âge, pour un éventail d'âges et que l'acceptabilité de ces âges n'est pas fortement différenciée. Une telle série de probabilités conditionnelles n'est bien sûr pas une distribution probabiliste au sens traditionnel précisé au précédent paragraphe. Vue sous l'angle des probabilités conditionnelles, la préférence d'âge prend un sens bien différent de celui que commande la formulation basée sur les données de fait, sur laquelle ont largement reposé les conceptions antérieures des préférences.

La distinction entre la formulation basée sur les données de fait et la formulation des préférences en termes de probabilités conditionnelles s'inspire des travaux des biologistes (Burley, 1983; Gimelfarb, 1988a, 1988b). Burley montre qu'une configuration (résultat) de couples effectivement appariés ne résulte pas nécessairement d'une préférence pour tel ou tel appariement, ni non plus qu'un couple « mal apparié » résulte nécessairement d'un processus d'attirance entre éléments opposés, puisque de tels résultats peuvent se produire par d'autres voies. Burley illustre son propos par un cas hypothétique d'une population dont les deux sexes sont de deux types A et B. Tous les membres des deux sexes préfèrent un partenaire du type A, qui a donc priorité, de sorte que les mâles et les femelles de ce type A s'accoupleront entre eux, ne laissant aux B d'autre choix que de s'accoupler entre eux. La matrice des résultats laisse croire à des préférences pour ce type d'appariement alors que ce n'est pas le cas puisque tous, A comme B, ont la même préférence pour un partenaire A[7]. En deux mots, Burley montre que la configuration des préférences ne peut être déduite de la matrice des résultats. Gimelfarb (1988a, b) a montré que l'inverse est également vrai. Ceci résulte du fait que la matrice des résultats ne dépend pas seulement de la structure des préférences mais aussi du processus comportemental de recherche et de choix du partenaire.

2. *Structure par âge de la population célibataire*

Par delà le caractère des préférences en soi, la disjonction entre matrice des résultats et préférences s'applique au mariage pour des raisons démographiques, comme l'illustre un exemple simplifié (tableau 3). À l'aide des effectifs relatifs approximatifs de groupes d'hommes et de femmes célibataires par année d'âge dans l'Angleterre-Pays de Galles en 1989, nous avons construit des modèles théoriques simplifiés des nombres de conjoints potentiels pour les hommes et les femmes de 23 ans. À titre d'exemple, les différences d'âge vont de – 3 à + 1 an chez les hommes et de – 1 à + 3 ans chez les femmes. Les effectifs des célibataires de 23 ans sont fixés arbitrairement à 1 000.

---

[7] Certes, dans cet exemple, le degré des unions apparemment assorties ou non assorties dépend de la distribution de chacun des types par sexe.

TABLEAU 3. – LES MARIAGES CONCLUS : RÔLE DE LA STRUCTURE PAR ÂGE
ET DES PROBABILITÉS CONDITIONNELLES D'ACCEPTATION.
SIMULATION À PARTIR DU NOMBRE DE PERSONNES NON MARIÉES À L'ÂGE DE 23 ANS
EN ANGLETERRE ET AU PAYS DE GALLES EN 1989

A – Probabilités différenciées selon l'âge du partenaire					
Préférences des hommes d'âge x					
Âge des femmes	Nombre de conjointes potentielles disponibles	Probabilité d'accepter une femme d'âge $x\pm i$ ($p_{x\pm i}$)	Nombre de mariages conclus avec des femmes d'âge $x\pm i$ ($n_{x\pm i}$)	Coefficient de préférence relative ($p_{x\pm i}/p_x$)	Nombre relatif de mariages conclus avec des femmes d'âge $x\pm i$ ($n_{x\pm i}/n_x$)
$x-3$	1 300	$2k_m$	$2\,600k_m$	2	2,6
$x-2$	1 200	$2k_m$	$2\,400k_m$	2	2,4
$x-1$	1 100	$1,25k_m$	$1\,375k_m$	1,25	1,4
x	1 000	k_m	$1\,000k_m$	1	1
$x+1$	900	$0,5k_m$	$450k_m$	0,5	0,45
Préférences des femmes d'âge x					
Âge des hommes	Nombre de conjoints potentiels disponibles	Probabilité d'accepter un homme d'âge $x\pm i$ ($p_{x\pm i}$)	Nombre de mariages conclus avec des hommes d'âge $x\pm i$ ($n_{x\pm i}$)	Coefficient de préférence relative ($p_{x\pm i}/p_x$)	Nombre relatif de mariages conclus avec des hommes d'âge $x\pm i$ ($n_{x\pm i}/n_x$)
$x-1$	1 050	$0,5k_f$	$525k_f$	0,5	0,53
x	1 000	k_f	$1\,000k_f$	1	1
$x+1$	950	$1,25k_f$	$1\,188k_f$	1,25	1,19
$x+2$	850	$2k_f$	$1\,700k_f$	2	1,7
$x+3$	750	$2k_f$	$1\,500k_f$	2	1,5
B - Probabilités non différenciées selon l'âge du partenaire					
Préférences des hommes d'âge x					
Âge des femmes	Nombre de conjointes potentielles disponibles	Probabilité d'accepter une femme d'âge $x\pm i$ ($p_{x\pm i}$)	Nombre de mariages conclus avec des femmes d'âge $x\pm i$ ($n_{x\pm i}$)	Coefficient de préférence relative ($p_{x\pm i}/p_x$)	Nombre relatif de mariages conclus avec des femmes d'âge $x\pm i$ ($n_{x\pm i}/n_x$)
$x-3$	1 300	k_m	$1\,300k_m$	1	1,3
$x-2$	1 200	k_m	$1\,200k_m$	1	1,2
$x-1$	1 100	k_m	$1\,100k_m$	1	1,1
x	1 000	k_m	$1\,000k_m$	1	1
$x+1$	900	k_m	$900k_m$	1	0,9
Préférences des femmes d'âge x					
Âge des hommes	Nombre de conjoints potentiels disponibles	Probabilité d'accepter un homme d'âge $x\pm i$ ($p_{x\pm i}$)	Nombre de mariages conclus avec des hommes d'âge $x\pm i$ ($n_{x\pm i}$)	Coefficient de préférence relative ($p_{x\pm i}/p_x$)	Nombre relatif de mariages conclus avec des hommes d'âge $x\pm i$ ($n_{x\pm i}/n_x$)
$x-1$	1 050	k_f	$1\,050k_f$	1	1,05
x	1 000	k_f	$1\,000k_f$	1	1
$x+1$	950	k_f	$950k_f$	1	0,95
$x+2$	850	k_f	$850k_f$	1	0,85
$x+3$	750	k_f	$750k_f$	1	0,75

k_m : probabilité pour un homme d'âge x d'accepter une femme d'âge x ;
k_f : probabilité pour une femme d'âge x d'accepter un homme d'âge x.

On construit arbitrairement pour chaque sexe deux séries de probabilités conditionnelles. La première, au panneau A, suppose que la probabilité qu'ont les hommes d'accepter une partenaire 2 à 3 ans plus jeune est deux fois plus forte que pour une partenaire de même âge, tandis que les femmes ont une préférence concordante. Au panneau B, les préférences des hommes comme des femmes ne dépendent pas de l'âge des partenaires. Au panneau A, on choisit des probabilités structurellement complémentaires en ce que la probabilité conditionnelle *relative* qu'un homme d'âge x accepte une femme d'âge $x-3$ est égale à celle qu'une femme d'âge x accepte un homme d'âge $x+3$. La probabilité pour un homme d'âge x d'accepter une femme d'âge x est fixée à k_m et les probabilités pour d'autres âges à des multiples arbitraires de cette valeur. La probabilité féminine correspondante est fixée à k_f. Certes, les probabilités des hommes et des femmes interagiront en pratique, avec un résultat censé être représenté par les pondérations utilisées ici. En réalité, ce sont les taux de nuptialité du groupe en question qui pondèrent ces probabilités, mais comme il s'agit là d'une constante par âge et sexe, on peut l'ignorer. La probabilité qu'une personne d'un groupe d'âge donné rencontre les personnes de l'autre sexe dans un groupe d'âge donné est censée être proportionnelle aux effectifs de chacun de ces groupes du sexe opposé. En multipliant les nombres de conjoints potentiels disponibles par les probabilités d'acceptation, on obtient le nombre de mariages conclus pour chaque différence d'âge, soit le résultat observé. On indexe ensuite les nombres de mariages et les probabilités à ceux de l'âge x pris comme base pour comparer les résultats et les préférences relatifs.

Le panneau A montre que chez les hommes, les nombres relatifs de mariages conclus avec des femmes plus jeunes dépassent nettement les probabilités relatives d'acceptation, c'est-à-dire leurs préférences. En effet, alors que le nombre d'hommes épousant une femme trois ans plus jeune est 2,6 fois supérieur à celui des hommes épousant une femme de leur âge, le coefficient de leur préférence relative pour une femme trois ans plus jeune n'est que deux fois supérieur à celui de leur préférence pour une épouse de leur âge. À l'opposé, le nombre relatif de mariages conclus avec des femmes plus âgées sous-estime leur préférence relative. La même chose vaut chez les femmes : la proportion réelle surestime leur préférence relative pour des hommes plus jeunes et sous-estime leur préférence relative pour des hommes plus âgés qu'elles. Dans le panneau B, on suppose que les hommes sont indifférents à des différences d'âge allant de −3 à +1 an, et les femmes à des différences allant de −1 à +3 ans. Là aussi, les résultats surestiment la préférence pour des partenaires plus jeunes et sous-évaluent la préférence pour des partenaires plus âgés. Dans les deux panneaux, les résultats surévaluent plus nettement la préférence pour un(e) partenaire plus jeune chez les hommes que chez les femmes, tandis qu'elles sous-estiment de façon plus marquée la préférence pour un(e) partenaire plus âgé(e) chez les femmes que chez les hommes.

Ces caractéristiques découlent simplement de la structure par âge des conjoints potentiels. En général, plus le groupe d'âges des partenaires est jeune, plus grand est le nombre de personnes célibataires. Inversement, plus le groupe d'âges des partenaires est âgé, moins il y a de conjoints potentiels disponibles comparativement au nombre de conjoints disponibles à des âges plus jeunes. Ceci vaut pour les deux sexes, mais survient chez les femmes à des âges plus jeunes que chez les hommes parce qu'elles se marient plus jeunes. On voit bien que le degré de surévaluation ou de sous-évaluation dépend non seulement des préférences relatives – c'est-à-dire des probabilités conditionnelles – mais aussi de la structure par âge de la population célibataire. En général, moins cette structure de la population célibataire (ou, strictement parlant, des candidats au mariage) est rectangulaire et plus les préférences sont diversifiées selon l'âge, plus grand sera l'écart entre les données réelles et l'éventail des probabilités conditionnelles. Plus une personne se marie tard, moins elle a de conjoints potentiels à tous âges et surtout aux âges avancés. En principe, ceci pourrait expliquer au moins en partie que la dispersion des différences d'âge s'accroît quand augmente l'âge au mariage des hommes et des femmes. Il se peut pourtant que malgré une matrice des âges au mariage donnant l'impression d'une préférence des hommes pour des femmes plus jeunes, leur préférence aille en fait aux femmes plus âgées. En d'autres termes, l'observation fréquente de différences d'âge effectives indiquant apparemment une préférence des hommes pour des femmes plus jeunes pourrait, en principe, être un artefact résultant de la structure par âge des femmes célibataires. Nous allons voir qu'il n'en est rien, mais que la configuration des assortiments d'âge en Angleterre-Pays de Galles surévalue effectivement la préférence des hommes pour les femmes plus jeunes. On s'attendrait à voir la correspondance entre préférences relatives et résultats relatifs varier selon l'âge au mariage ; les personnes se mariant les plus jeunes auraient ainsi un plus grand choix puisque l'offre de conjoints potentiels ne serait pas réduite par l'accumulation de mariages antérieurs. La candidature jouera cependant clairement un rôle et contrebalancera jusqu'à un certain point l'avantage de l'offre pour les « demandeurs » plus jeunes puisque les célibataires plus jeunes sont moins prêts à se marier que les plus âgés. En raison d'une structure par âge des célibataires habituellement non rectangulaire, la configuration des appariements d'âge ne peut donc indiquer les préférences relatives, conçues comme probabilités conditionnelles.

3. *Preuves directes des préférences d'âge*

Puisque les préférences et les modes d'appariement des âges ne peuvent être déduits les uns des autres, le seul moyen d'obtenir des informations sur les préférences passe par les quelques observations directes disponibles. Nous avons obtenu d'une agence de rencontres (Dateline) des statistiques sur les préférences d'âge de 32 326 clients enregistrés en 1996. Ceux-ci devaient indiquer, en années d'âge, leur âge personnel et les deux âges extrêmes acceptables pour leur partenaire. Les données sur leurs préférences, et ce qu'on peut en inférer, doivent être considérées comme provisoires en attendant d'être confirmées par celles de sources moins spécialisées. En effet, les données des agences de rencontre ne sont pas nécessairement représentatives de celles de l'ensemble des célibataires, et leurs préférences peuvent différer de celles de la population en général[8]. Leurs clients pourraient déclarer un éventail d'âges plus ouvert pour accroître leurs chances de trouver un(e) partenaire. Ils trouvent peut-être plus difficile en moyenne de dénicher un partenaire de façon informelle et peuvent donc vouloir élargir leurs critères de recherche. Selon une opinion contraire, les contraintes de temps qu'impose la vie moderne favorisent un recours plus fréquent à des méthodes plus formelles de rencontre par la voie d'annonces ou d'agences matrimoniales. De plus, en remplissant un questionnaire, les clients de ces agences peuvent dresser le portrait de leur partenaire « idéal » avec des spécifications qui s'adaptent mal à des rencontres informelles de personnes ne répondant pas à ce portrait idéal préfabriqué.

Avec ces données, nous avons calculé les proportions d'hommes et de femmes de chaque âge prêts à accepter un(e) partenaire d'un âge donné. La figure 7 présente, par âge des clients masculins et féminins, la courbe de l'âge le plus fréquemment souhaité pour le partenaire. Les figures 8a et 8b présentent une version abrégée de l'acceptabilité d'autres âges pour les partenaires de femmes et d'hommes âgés de 21, 23, 25, 27 et 29 ans. Pour des raisons de simplicité et de clarté, ces graphiques regroupent les proportions d'hommes et de femmes acceptant un partenaire de l'âge le plus fréquemment souhaité et les niveaux d'acceptation des âges voisins de – 4 à + 4 ans.

Nous constatons que la structure des préférences diffère entre hommes et femmes, mais pas de la manière habituellement supposée. Selon la figure 7, qui donne les âges les plus fréquemment recherchés, jusqu'à 25 ans (sauf à 24 ans) les hommes préfèrent une partenaire de même âge, tandis que ceux de 26 à 30 ans la préfèrent 1 à 2 ans plus jeune. En dessous de 26 ans, ces données démentent donc l'affirmation voulant que les hommes préfèrent de loin une femme plus jeune qu'eux plutôt que plus âgée. Les femmes affichent cependant une préférence beaucoup plus nette

---

[8] Une possibilité est que les clients de l'agence cherchent une relation à court plutôt qu'à long terme et sont donc moins exigeants quant à l'âge du (de la) partenaire. Selon les dires des intéressés, les hommes comme les femmes optent en grande majorité pour une relation à long terme. Chez les clients de 17 à 20 ans, 77 % des hommes et 76 % des femmes répondent « oui » à la question : « Cherchez-vous une relation privilégiée ? ». Chez les personnes de 21 à 30 ans, les proportions sont de 86 % et 91 % respectivement. À la question « Préféreriez-vous avoir plusieurs relations qui changent souvent ? », 16 % des hommes et 9 % des femmes âgés de 17 à 20 ans répondent « oui », contre respectivement 4 % et 3 % des personnes de 21 à 30 ans. Les clients de l'agence se sont donné la peine de s'inscrire, de remplir un questionnaire détaillé et ont payé une cotisation annuelle de 150 livres sterling. Il semble donc raisonnable de faire confiance à leurs dires.

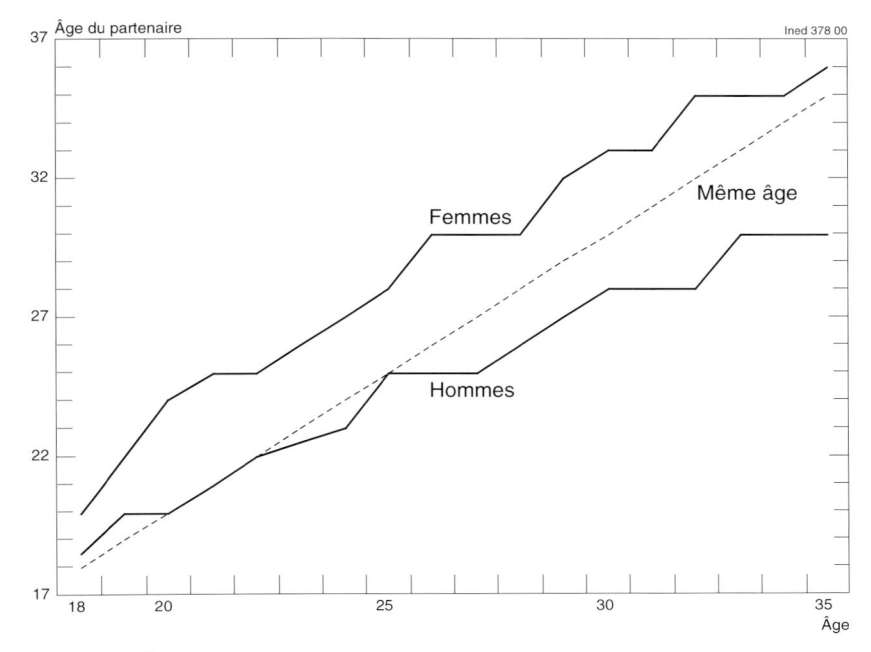

Figure 7. – Âge du partenaire le plus fréquemment souhaité parmi les clients de l'agence de rencontres Dateline, âgés de 18 à 35 ans, Royaume-Uni, 1996
Source : Dateline.

pour un conjoint plus âgé : l'écart d'âge qu'elles déclarent privilégier est de 4 ans lorsqu'elles ont 21 ans et de 3 ans lorsqu'elles ont de 22 à 27 ans. Il semble donc que la préférence pour un couple dans lequel l'homme est plus âgé que la femme est plus prononcée chez les femmes que chez les hommes. Ensuite, le niveau d'acceptation de l'âge le plus souvent souhaité par les hommes est particulièrement élevé : celui-ci est cité par 97,7 % des hommes de 25 ans et cette proportion va jusqu'à 99,5 % chez ceux de 21 ans. Chez les femmes, les pourcentages correspondants sont également élevés mais un peu moins, soit de 92,9 % à 96,1 %. Enfin, chez les hommes, le degré d'acceptation de partenaires d'âges *voisins* de l'âge de premier choix est, lui aussi, élevé, soit plus de 87 % pour les femmes dont l'âge ne dépasse pas l'âge préféré de plus ou moins 2 ans, et plus de 76 % si l'écart maximum est de 3 ans. Les femmes ont en revanche une attitude moins souple envers l'âge. La proportion des clientes de l'agence qui acceptent un conjoint d'un âge différent de celui qu'elles souhaitent le plus fréquemment baisse plus rapidement que chez les hommes : elle se situe à un peu plus de 73 % pour une marge de plus ou moins 2 ans par rapport à l'âge le plus souvent souhaité et 58 % pour une marge de 3 ans. Les hommes de 21 à 29 ans affichent donc à la fois une indifférence assez marquée envers l'écart d'âge de leur partenaire entre – 2 et + 2 ans (87 %) et

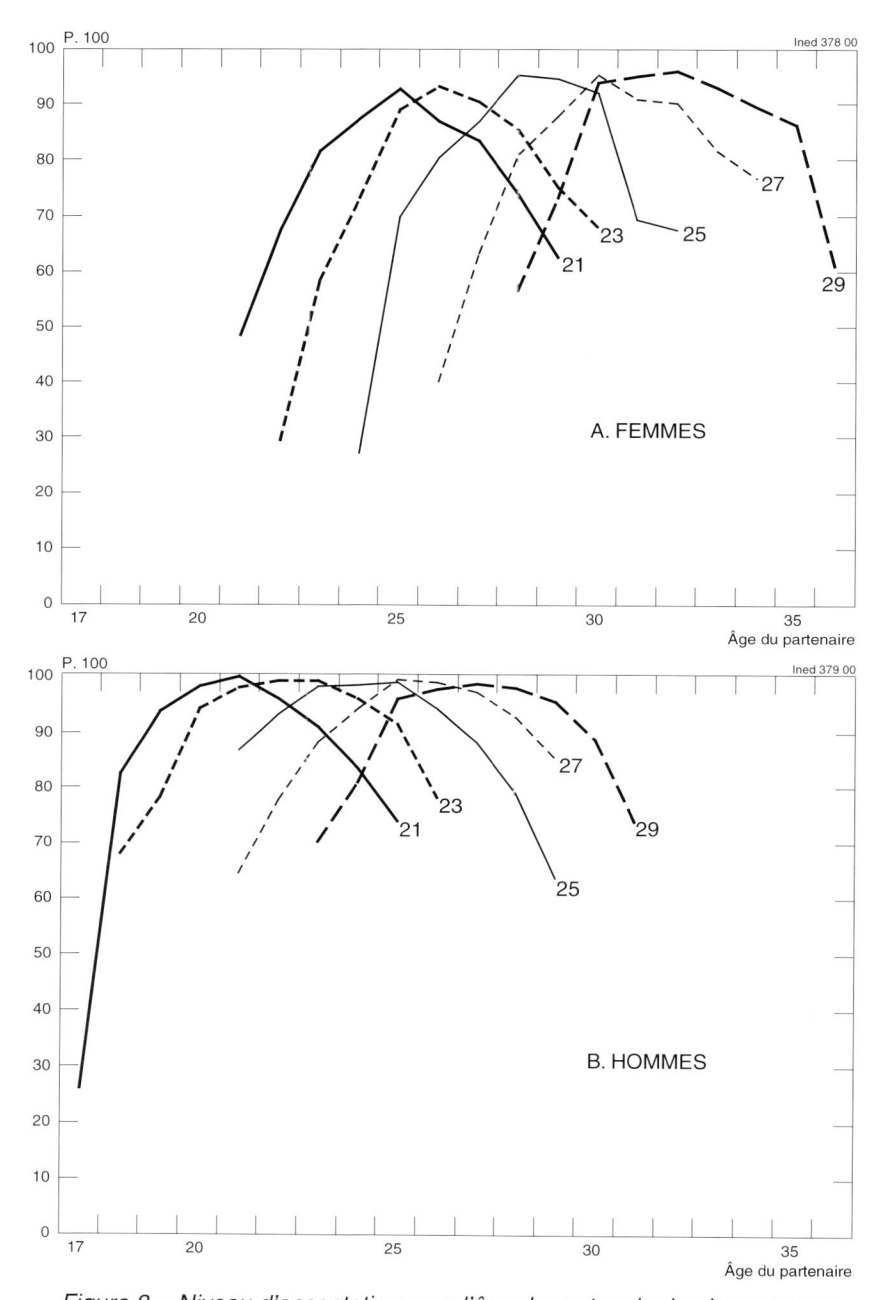

Figure 8. – *Niveau d'acceptation pour l'âge du partenaire le plus souvent souhaité et pour les âges voisins (en %), clients de l'agence de rencontres Dateline de certains âges, Royaume-Uni, 1996*

Source : Dateline.

un degré élevé d'acceptation à l'intérieur de cette marge. Même ceux qui acceptent une marge de + ou − 3 ans sont encore proportionnellement nombreux (76 %). Les proportions correspondantes sont de 73 % et 58 % chez les femmes, ce qui prouve que celles-ci sont plus exigeantes dans leurs choix, comme c'est d'ailleurs le cas des femelles dans le règne animal.

Revenons à la question de savoir dans quelle mesure ces données reflètent les préférences des hommes et des femmes dans l'ensemble de la population. Il semblerait que la structure des préférences des clients de la firme Dateline ne diffère guère de celle de la population en général. Bozon (1990) rapporte certaines constatations sur les préférences de différence d'âge, tirées d'un échantillon représentatif des couples en France[9]. La réticence des femmes à accepter comme partenaires des hommes plus jeunes y apparaît plus forte que celle des hommes envers les femmes plus âgées qu'eux, ce qui contredit l'opinion courante, reprise par les démographes, selon laquelle les hommes ont une forte préférence pour les femmes plus jeunes[10]. Cette constatation se retrouve très clairement dans les données de Dateline (voir figure 4, Ní Bhrolcháin, 1997), ce qui suggère que le modèle des préférences d'âge mis en évidence pour les clients de Dateline pourrait être valable plus généralement.

4. Implications pour le fonctionnement du marché matrimonial

Le tableau qui se dégage ici est que les préférences relatives à l'âge des partenaires sont flexibles en ce sens qu'elles ne sont pas nettement différenciées, surtout chez les hommes, à l'intérieur d'une marge d'âges raisonnable entourant l'âge le plus accepté. Elles ne se focalisent pas de façon rigide sur un âge particulier ni même sur les quelques âges voisins. L'acceptation est élevée au sein d'un éventail de 7 ans (hommes) ou de 5 ans (femmes) autour de l'âge le plus souvent souhaité : environ les trois quarts des célibataires accepteraient un(e) partenaire dans cet espace. Les données présentées ne confirment pas l'existence pour les deux sexes d'une forte préférence pour des couples dans lesquels l'homme est 2 à 3 ans plus âgé que sa conjointe. Par dessus tout, les *niveaux* d'acceptation

---

[9] Quelques études ont examiné les préférences d'âge apparaissant dans les annonces de journaux. Un de mes étudiants de 1er cycle a dépouillé les petites annonces de rencontres dans la presse nationale de Grande-Bretagne en 1998 : la grande majorité des annonceurs n'ont pas fait mention d'une préférence d'âge explicite. Ceci ne veut certes pas dire que l'âge du ou de la partenaire les laisse indifférents, mais plutôt que les annonces spécifiant une préférence d'âge ne peuvent pas servir de guide fiable des préférences d'âge.

[10] L'opinion courante, surtout parmi les psychologues évolutionnistes, est que la fréquence élevée des couples dans lesquels l'homme est plus âgé que la femme relève des préférences masculines. Les données d'agence matrimoniale étudiées dans cet article suggèrent un processus différent. Tout en étant disposées à accepter des hommes légèrement plus jeunes qu'elles, les femmes préfèrent manifestement les hommes plus âgés. Les hommes, de leur côté, bien qu'enclins à accepter facilement des femmes plus âgées qu'eux, ont moins de chances d'être acceptés par celles-ci.

issus de ces données restent tellement hauts le long d'une large gamme d'âges qu'une variation pourrait facilement se produire dans la structure par âge des conjoints potentiels sans que les participants s'en rendent compte, comme le suggère Henry (1966). Les candidats au mariage pourraient donc faire leur choix dans un éventail d'âges assez ouvert sans trop s'écarter d'un niveau élevé d'acceptation. L'âge relatif semblerait donc moins gêner la recherche d'un(e) partenaire acceptable qu'on ne l'a supposé dans les travaux sur le mariage.

5. *Rigidité et flexibilité en réexamen*

Les préférences exprimées en termes de probabilités conditionnelles pourraient en principe être simultanément rigides et flexibles : elles pourraient rester relativement constantes dans le cycle de vie des personnes et à travers le temps tout en donnant néanmoins lieu à un *processus de choix* flexible de deux façons. *Primo,* on pourrait considérer les préférences comme flexibles dans la mesure où les niveaux d'acceptation des partenaires diffèrent peu à l'intérieur d'un groupe d'âges donné de sorte que ces âges sont raisonnablement interchangeables. *Secundo,* les préférences pourraient être flexibles en ce sens que le fonctionnement du marché matrimonial par âge peut être flexible avec des préférences de ce type et de cette intensité. Ces niveaux élevés d'interchangeabilité et d'acceptabilité peuvent donc produire des résultats assez variables même si les probabilités d'acceptation restent fixes dans le temps. Dès lors, la variabilité dans le temps que nous avons constatée dans la configuration des appariements d'âges peut aller de pair avec un fonctionnement du marché matrimonial où les probabilités conditionnelles restent constantes dans le temps. La variation des résultats découlerait alors purement de l'interaction entre les préférences et les fluctuations des effectifs de candidats potentiels par âge avec, peut-être, un élément de concurrence.

6. *Prédominance féminine ?*

Les données de Dateline suggèrent une possible prédominance des préférences d'âge des femmes dans le fonctionnement du marché matrimonial. Il y a de bonnes raisons à cela concernant les décisions sur l'âge relatif, voire d'autres caractéristiques des partenaires. Nous avons suggéré ailleurs que la différence d'âge culturellement universelle en faveur des maris pourrait résulter du choix *des femmes,* tant globalement qu'au niveau du choix individuel de la différence d'âge. Ce choix des femmes peut à son tour dépendre d'une combinaison de facteurs tels que l'inégalité de pouvoir entre hommes et femmes dans la vie publique et privée, le rôle traditionnel de l'homme comme pourvoyeur de ressources et l'âge plus tardif de maturité des hommes (Ní Bhrolcháin, 1997). Il n'est certes pas besoin de supposer que les préférences d'âge reposent sur le désir en soi d'avoir un partenaire de tel âge ou avec tel écart d'âge en particulier : la survenance systématique de différences d'âge d'un niveau particulier peut refléter une préférence pour des caractéristiques simplement *associées à* un âge absolu ou relatif.

IV. Réflexions complémentaires sur la dynamique du marché matrimonial

1. Un marché matrimonial flexible

Sur la base des données présentées ici et d'autres qui seront exposées plus en détail ultérieurement, le marché matrimonial paraît s'adapter continuellement au volume et à la structure par âge de l'offre de partenaires, ce qui lui assure sa flexibilité. Les fortes fluctuations du nombre des naissances ne semblent guère influencer le taux global de primonuptialité, même lorsque, comme le montre Henry (1966), les générations concernées ont des effectifs amputés jusqu'à 25 % du nombre qui aurait survécu, en l'absence de guerre, jusqu'à l'âge du mariage. Les données de Dateline montrent que la préférence pour l'âge du conjoint ne varie pas beaucoup, surtout chez les hommes, à l'intérieur d'une marge raisonnable d'âges entourant l'âge le plus accepté. Cette marge de relative indifférence est cependant assez ouverte pour qu'il vaille mieux traiter les variations diachroniques des effectifs des générations en termes de moyenne mobile portant sur 5 à 7 ans plutôt que de séries annuelles[11]. Si nous considérons les préférences comme des probabilités conditionnelles d'acceptation, les fluctuations rapides du nombre des naissances ne provoquent pas nécessairement dans le système les « chocs » brutaux qui ont pu être évoqués. De même, l'évolution plus graduelle, positive ou négative, du nombre des naissances n'influe pas nécessairement sur les chances de mariage des hommes et des femmes. Cependant, le *niveau* et la *structure par âge* de la nuptialité récente peuvent en influencer l'intensité et le calendrier lorsque les effectifs des générations changent soit abruptement, soit dans un même sens sur une longue période.

2. Distribution des différences d'âge

Selon nous, dès lors, l'impact des fluctuations annuelles des naissances s'exerce prioritairement sur la *distribution des différences d'âge* chez les hommes et les femmes de chaque génération et à chaque âge au

---

[11] Cependant, l'information par année d'âge apparaît essentielle pour modéliser ou réaliser des projections.

mariage. Celle-ci réagit rapidement et, dans certains cas, assez subtilement aux indicateurs bruts de disponibilité des partenaires par âge, c'est-à-dire aux effectifs relatifs des générations. Ces réactions se propagent en outre sur un éventail de différences d'âge positives et négatives. Les évolutions observées impliquent que les séries de proportions de personnes qui épousent des conjoints ayant un écart d'âge donné avec eux ne peuvent être liées aux seuls mouvements dans la disponibilité des partenaires de chaque âge particulier. Il est bien plus raisonnable de supposer que les changements dans la *distribution* par âge des conjoints potentiels se répercutent sur la *distribution* des différences d'âge *par le truchement* des probabilités conditionnelles d'acceptation (préférences), du nombre de candidats et, possiblement, de la concurrence.

Ceci suggère un mode de fonctionnement du marché matrimonial dans lequel les gens choisissent, à chaque âge, des conjoints parmi les candidats disponibles, sous réserve de quelques contraintes imposées par les probabilités conditionnelles (leurs préférences), lesquelles reflètent, surtout chez les hommes, une certaine indifférence, pas totale cependant, envers l'âge du partenaire à l'intérieur d'un certain intervalle d'âges. Il n'est pas nécessaire de supposer que les individus sont conscients de ces probabilités d'acceptation ou de la structure par âge et sexe sur le marché matrimonial. Comme le suggère Henry, ils se contentent de participer avec comme résultat naturel qu'ils rencontrent des conjoints potentiels dont la distribution par âge est en gros proportionnelle à leur représentation dans le vivier des célibataires. Dès lors, dans la mesure où la distribution par âge et sexe est propre à une période donnée, la configuration des appariements d'âge sera propre aussi à cette période. En regardant les choses de cette façon, nous voyons la concurrence sur le marché matrimonial sous un angle un peu différent. Compte tenu de leurs préférences plutôt diffuses, les membres de générations nombreuses ne sont pas nécessairement en mauvaise position sur le marché matrimonial par rapport à ceux d'âges voisins qui « fréquentent » ce marché en même temps qu'eux. En effet, leur appartenance à des générations nombreuses en fait une *source de concurrence* pour les générations voisines. Nous reviendrons plus loin sur cette question des nombres. Pour le moment, un aspect clé des constatations antérieures joue un grand rôle du point de vue de la distribution des différences d'âge. Démographiquement parlant, les membres d'une génération nombreuse profitent d'une source naturelle et endogène d'offre de partenaires : ceux nés la même année. Parmi les membres de la génération 1947 mariés à 21 ans, près du quart (23,2 %) des hommes et un peu plus d'une femme sur cinq (20,8 %) ont épousé quelqu'un de leur âge. Ces pourcentages baissent avec l'âge, surtout chez les hommes, puisque la précocité plus grande des mariages féminins aura réduit davantage l'effectif de conjointes potentielles. La proportion de partenaires de même âge est un peu moins forte dans les générations nombreuses du début des années 1920, tout en restant sensiblement plus forte que dans les générations voisines.

3. Distorsion des préférences, indicateurs de disponibilité et concurrence

La proposition selon laquelle la distribution par âge des conjoints potentiels influence la distribution des différences d'âge incorpore un élément de concurrence, certes relativement simple[12]. Un de ses aspects importants est que le choix du partenaire selon son âge, et donc la distribution des différences d'âge des jeunes mariées avec leurs époux, résulte de la participation des deux sexes dont on peut supposer qu'aucun n'a de choix entièrement libre. Nous pouvons supposer la présence de certaines distorsions dans les préférences, comme la forte préférence des femmes pour des hommes plus âgés qu'elles. Cette distorsion et la nuptialité plus précoce des femmes font que les deux sexes n'ont pas nécessairement des positions égales ou complémentaires sur le marché matrimonial. L'offre de partenaires se divise en deux catégories, selon la disponibilité par âge des conjoints potentiels des femmes et des conjoints potentiels des hommes. Dans la mesure où la distribution par âge des conjoints potentiels influence les résultats, elle le doit à l'interaction des deux catégories de disponibilité. Dès lors, on ne voit qu'une des deux faces du processus en observant la distribution des différences d'âge pour un sexe en rapport avec la structure par âge de l'offre de partenaires de l'autre sexe. Assurément, il faudrait construire et tester des modèles spécifiques pour rendre compte de l'interaction des deux sexes sur le marché matrimonial.

4. Candidatures et pool de candidats

Outre la rigidité des préférences, l'idée de « déséquilibre » sur le marché matrimonial repose sur une autre supposition, à savoir que l'offre de partenaires est bien circonscrite, voire fixe. Henry (1966) présente quatre façons d'étendre l'offre de partenaires au-delà de ses limites apparemment « normales » : par une hausse des taux de primo-nuptialité ou de remariage chez le sexe « en offre restreinte », par l'immigration ou par un changement de la configuration d'appariement des âges. Il montre que dans les générations féminines de la fin du XIXe siècle, qui auraient trouvé des partenaires si les générations masculines n'avaient pas perdu jusqu'à 25 % de leurs membres pendant la guerre de 1914-1918, plus de la moitié des mariages « récupérés » proviennent d'un changement dans cet appariement des âges. Une façon de rendre compte de ce phénomène est de considérer le cercle des conjoints potentiels comme « élastique ».

Pourtant, bien que l'observation de Henry à cet égard soit d'une grande importance, une difficulté réside, selon nous, dans la formulation précise qu'il en donne. Posons-nous la question de savoir comment délimiter le cercle en question. Qui est disponible pour le mariage et accep-

---

[12] Cette concurrence peut être précisée de manière plus complexe (voir par exemple Goldman *et al.*, 1984 et Lampard, 1993).

table de par son âge comme partenaire de candidats mariables d'un âge donné, voire de tout âge ? Pour y répondre, il nous faut des renseignements sur le nombre et la structure par âge des candidats, sur le fonctionnement des candidatures, sur le niveau et la structure par âge des préférences accordées à l'âge des partenaires et, enfin, sur la façon dont celles-ci fonctionnent. *À défaut de connaître le volume et le mode de fonctionnement des candidatures, nous ignorons qui se trouve sur le marché matrimonial. À moins de connaître le niveau et la configuration des préférences, nous ne pouvons pas dire qui convient à qui. Si nous ignorons ces deux composantes, nous ne pouvons pas déterminer les nombres relatifs d'offreurs et de demandeurs, et donc la présence ou non d'un « déséquilibre » sur le marché matrimonial.*

On suppose généralement que les gens sont candidats au mariage à 100 % ou pas du tout, c'est-à-dire se trouvent sur le marché matrimonial ou en dehors de celui-ci. Est-ce le cas ? Passe-t-on subitement de l'état de non-candidat à celui de candidat ? Faisons l'hypothèse alternative voulant qu'avec l'âge les individus sont de mieux en mieux disposés à rechercher et accepter des occasions de mariage[13]. Ceci donne une vision probabiliste plus générale de la candidature. Il semble raisonnable de supposer que des personnes non encore entièrement engagées sur le marché matrimonial puissent se marier plus tôt que prévu ou malgré leurs réticences, tout simplement parce qu'elles rencontrent le partenaire qui convient ou qui les convainc ou pour la raison plus concrète d'une conception prémaritale. En outre, une personne dont la probabilité de rechercher et d'accepter un mariage est faible à tel âge ou à tout âge a évidemment plus de chances de se marier si elle a l'embarras du choix. À défaut de cet embarras, une autre personne dont la probabilité de rechercher et d'accepter un conjoint est plus élevée concrétisera plus facilement son projet de mariage. Dire que le *pool* des candidats est rigide, c'est suggérer que normalement, il a un contour bien circonscrit, de sorte que le nombre de candidats d'un sexe disponibles peut être « trop petit » ou « trop grand », créant ainsi un problème pour un sexe ou l'autre. Donner aux deux concepts de préférence pour un âge et de candidature une connotation probabiliste conduit à une conception du *pool* de candidats comme ayant un contour durablement imprécis, plutôt que de dire qu'il est normalement assez bien défini et que ses contours deviennent plus fluides dans des circonstances extrêmes.

Ni les hommes ni les femmes ne peuvent avoir en matière de mariage ou d'âge au mariage des *intentions* positives qui soient réalistes et fermes puisqu'ils ne disposent pas de partenaires à volonté. Des célibataires peuvent désirer et donc espérer se marier, mais ils ne peuvent guère en avoir la ferme intention. Trouver un partenaire est en effet une entreprise incertaine sauf pour les personnes les plus déterminées ou les moins exi-

---

[13] Les proportions de personnes recherchant ou acceptant le mariage peuvent commencer par augmenter avec l'âge avant de redescendre pour des raisons d'hétérogénéité du groupe initial ou de facteurs reliés à l'âge.

geantes ou dans les sociétés où les mariages sont arrangés et les conjoints trouvés quasiment à tout prix. Par ailleurs, il est plus facile de réaliser l'intention de ne pas se marier, puisque chacun a le pouvoir de renoncer à cette occasion. Entre ces deux extrêmes peuvent s'échelonner divers degrés de désir de se marier et, bien entendu, divers degrés de désirabilité des conjoints potentiels. Dans une société moderne, qui n'arrange pas les mariages, l'individu fait donc face à beaucoup d'incertitude sur le marché matrimonial. Manquer une occasion de mariage qui surgit « trop tôt » peut coûter l'absence d'occasions futures. En percevant les candidatures sous l'angle probabiliste, on peut raisonnablement supposer que la probabilité d'accepter une offre qui se présenterait est relativement faible chez les jeunes. Cependant, puisque le nombre des célibataires est nettement plus élevé chez les plus jeunes que chez les plus âgés, la combinaison de leur faible probabilité (conditionnelle) d'acceptation et de leur grand nombre peut former sur le marché matrimonial un vaste vivier de partenaires pour les générations nombreuses plus âgées[14]. Cette source n'a pas à être considérée comme une offre exceptionnelle, utilisée quand les générations nombreuses plus âgées font face à une pénurie sur le marché matrimonial, elle est toujours là. Par contre, en l'absence de partenaires plus âgés, les membres plus jeunes du sexe dont l'offre est insuffisante formeront naturellement une fraction plus grande du vivier de sorte que leurs rencontres avec les générations nombreuses de l'autre sexe se multiplieront.

Il y a un aspect de la structure du *pool* de candidats qui est pertinent pour la question de la variation dans le temps de la distribution des différences d'âge. Nous avons déjà rejeté l'hypothèse selon laquelle l'évolution séculaire pourrait expliquer les comportements de ces séries, du moins tels qu'on les observe dans leur ensemble. Selon cette supposition, les rencontres entre hommes et femmes d'un âge donné sont à peu près proportionnelles à leurs nombres, sous réserve, cependant, de caractéristiques structurelles liées à l'organisation sociale. Mais la fréquence des rencontres entre groupes d'âges particuliers, compte tenu de leurs nombres, peut évoluer dans le temps sous l'effet du changement social, notamment si les modèles de sociabilité par âge viennent à changer par suite de changements institutionnels ou autres. L'interprétation des caractéristiques à plus long terme de ces données demanderait donc de tenir compte des tendances diachroniques de la structure par âge des rencontres entre hommes et femmes.

5. *Le marché matrimonial en déséquilibre ?*

Dans ces circonstances, nous pouvons nous demander s'il arrive jamais au marché matrimonial de subir des déséquilibres d'une certaine ampleur. La structure par âge et sexe, combinée aux préférences et aux

---

[14] Ce vivier de partenaires est moins large pour les femmes puisque, selon les preuves fournies par Dateline, elles sont très réticentes envers les hommes plus jeunes qu'elles.

probabilités conditionnelles de mariage, aboutit-elle jamais à ce que, au gré des fluctuations ordinaires des taux démographiques, des gens voulant se marier ne trouvent pas de partenaire? Ne devrions-nous pas commencer par nous demander si des déséquilibres se produisent effectivement et, si c'est le cas, dans quelles circonstances, plutôt que d'en supposer l'existence et de chercher la preuve de leurs effets supposés? Ce n'est pas là qu'une question linguistique. Le vrai problème est de savoir s'il y a quelque chose d'anormal qui se produit dans le fonctionnement du marché matrimonial dans ces situations couramment perçues comme « déséquilibrées », ou si ce marché fonctionne exactement de la même façon en tout temps.

6. *Cas particuliers*

Il existe certes des situations extrêmes où la structure par âge et sexe impose des contraintes incontestables aux taux de nuptialité de l'un ou l'autre sexe. Un cas classique est celui de l'Australie au XIXe siècle, la forte immigration masculine ayant provoqué une grave pénurie d'épouses potentielles dans les zones rurales. Comme l'immigration masculine s'est dirigée sélectivement vers certaines localités, la pénurie de femmes a réduit de beaucoup les taux de nuptialité des hommes dans celles-ci. Une situation nettement moins extrême est celle que Henry (1966) a analysée en détail et dont il a déjà été question plus haut. Un autre cas de plus en plus pertinent est celui de la Chine avec sa structure par âge et sexe déséquilibrée. D'autres questions se posent à propos de populations dont les taux de nuptialité féminine en bas âge sont déjà élevés et dont la natalité est en baisse de longue durée. C'est perdre son temps que de théoriser, dans l'abstrait, sur le fonctionnement du marché matrimonial dans de telles conditions. De plus, il n'est pas possible, en l'absence de données détaillées, de dire si les idées exposées ici peuvent s'appliquer à ces cas inhabituels.

7. *Normalité*

Il n'est pas nécessaire, et peut-être même incorrect, de supposer qu'un changement important de l'effectif des générations conduise à s'écarter de l'âge idéal du ou de la partenaire, c'est-à-dire crée une situation où les candidats tirent le meilleur parti possible d'une situation difficile. Supposer cela, c'est s'imaginer l'existence d'une série d'attentes normales qui se réaliseraient dans la plupart des circonstances avec un contexte démographique « ordinaire » et un idéal clairement défini. Notre attention se fixe dans l'ensemble sur les premiers mariages qui forment le gros de la nuptialité, du moins aux âges les plus jeunes. Faute d'expérience personnelle antérieure sur le marché matrimonial qu'ils pénètrent pour la première fois, les célibataires ne peuvent se faire une idée claire de ce que représentent des conditions démographiques « ordinaires ». Ils ne sont guère mieux informés sur la distribution « normale » par âge des célibataires de l'autre sexe et sur la distribution « normale » des différences d'âge dans leur société (même s'ils ont dans certaines limites une connaissance approximative des écarts moyens habituels : grands, petits, etc.). À moins de normes sociales très strictes sur cette question, ils ne disposent pas de directives claires sur ce que doit être l'âge « correct » du ou de la conjointe, sinon que leur entourage désapprouvera de grands écarts d'âge. Nombre d'écrits démographiques supposent que les normes sociales jouent un grand rôle dans la détermination des préférences d'âge, mais c'est là une supposition gratuite non étayée par des faits. Certes, l'idée contraire n'est pas davantage confirmée par les faits. C'est donc une base bien fragile sur laquelle fonder une supposition qui serait déterminante dans le fonctionnement du marché matrimonial.

8. *Arguments en faveur de la flexibilité aux niveaux individuel et global*

Du point de vue de la société, la flexibilité du marché matrimonial prendrait tout son sens. En effet, le nombre de naissances et de décès et les migrations peuvent subir des fluctuations très fortes à court terme et plus graduelles à moyen ou à long terme. La volatilité des taux démographiques s'est atténuée au cours de l'histoire, mais le marché matrimonial contemporain sort d'un passé où cette volatilité était la règle. Il en résulte que les coutumes matrimoniales se sont développées dans un contexte de changement continuel de la structure par âge et sexe des célibataires. Cela étant, les populations et les sociétés dont les normes et les préférences en matière d'appariement des âges étaient puissantes et inflexibles imposeraient des contraintes sévères à la nuptialité et, dès lors, à la fécondité pour autant que cette dernière soit confinée au mariage. On pourrait en effet suggérer que, tout comme les populations soumises à une mortalité élevée ont eu besoin d'une forte fécondité pour survivre, les populations dont la structure par âge et sexe fluctue ont besoin d'un système d'appariement des âges flexible pour survivre.

La même chose est vraie au niveau individuel. À l'intérieur d'un éventail raisonnablement ouvert, les individus ont peu d'emprise sur la distribution par âge des conjoints potentiels qu'ils rencontrent. Certes, les jeunes dans la vingtaine peuvent éviter de frayer avec des gens de 50 ans. La plupart du temps, ils n'auront pas ce problème, car leur mode de vie combiné à des aspects structurels de la population et de la société réduira probablement la fréquence des contacts entre personnes que sépare le fossé des âges. Néanmoins, dans le choix de leurs compagnons, ils ne peuvent regarder de trop près leur âge. En fait, ils n'ont souvent pas conscience de leurs âges. D'ailleurs, la distribution par âge des célibataires, dont ils n'ont pas le contrôle, se traduira en tout état de cause sur le groupe des gens qu'ils rencontrent. Il y a aussi un grand nombre d'autres facteurs qu'il vaudrait la peine de prendre bien davantage en compte que l'âge. Une personne dont les préférences d'âge sont rigides compromettrait sérieusement ses chances de mariage ou placerait une forte contrainte sur les attributs de ses conjoints potentiels.

9. *Cohabitation et divorce*

Les données sur les générations que nous avons utilisées se rapportent à des personnes mariées. Avec le développement de la cohabitation hors mariage dans les pays développés, le mariage coïncide moins souvent avec le début d'une mise en couple. Néanmoins, il n'y a aucune raison de supposer que le rôle de la préférence d'âge dans le choix du partenaire soit très différent là où la cohabitation hors mariage est fréquente. Les données analysées se rapportent aussi à l'ensemble des mariages, plutôt qu'aux premiers mariages; les remariages ont donc constitué une proportion croissante de l'ensemble des mariages en fin de période analysée. Certaines des caractéristiques de la distribution par âge des conjoints en fin de période pourraient donc être attribuables à ce facteur et cette question mériterait d'être approfondie. Néanmoins, pour une très grande partie des séries concernées, et particulièrement aux âges jeunes pour lesquels des données ont été présentées, les remariages auront eu un impact mineur.

V. Un modèle du marché matrimonial

1. *Esquisse d'un modèle de marché matrimonial*

Nous pouvons esquisser maintenant un projet de ce que pourrait être un modèle de marché matrimonial. Nous lui voyons deux composantes. La première est la demande de mariage et la seconde l'allocation réciproque entre hommes et femmes par âge. Cette suggestion se rapproche beaucoup du processus à deux étapes que propose Hajnal dans son analyse de la fréquence des mariages consanguins (Hajnal, 1963, p. 128). Dans le contexte du mariage, la demande peut être synonyme de candidature. Dans l'optique présente, cette demande dépend principalement des facteurs non démographiques que sont les conditions économiques, culturelles, historiques et autres. Ceux-ci pourraient donc influencer les candidatures, c'est-à-dire la probabilité de mariage quand s'en présentent les occasions. Ces facteurs pourraient en outre opérer dans des conditions spécifiques d'âge et de sexe. La seconde composante est la matrice des âges au mariage des jeunes filles et des jeunes gens, c'est-à-dire la configuration des appariements d'âges vue ici comme une fonction de la structure par âge et sexe, et des candidatures et préférences, ces deux dernières appréhendées en termes de probabilités conditionnelles. Dans ce schéma, les nombres de candidats disponibles par sexe et âge ne déterminent pas la demande de mariages mais influencent la façon de satisfaire cette demande. Néanmoins, la structure par âge et sexe pourrait influencer les *taux* de nuptialité par âge et sexe. La raison en est que le volume et la structure par âge du vivier de candidats, combinés à la distribution des candidats des deux sexes et au niveau et à la structure des préférences, détermineront la probabilité de mariage d'un candidat qui a la probabilité p de chercher une occasion de mariage ou de l'accepter si elle se présente. La candidature, telle que vue ici, comporte des éléments actifs et passifs. Elle recouvre l'intensité de recherche (demande) de la part d'un individu de même que la probabilité qu'il accepte une occasion supposée être à sa portée.

2. Formation des couples

La littérature biologique montre que sur la base des préférences d'appariement, la configuration des appariements (résultats) dans une population donnée dépend notamment du système de formation des couples (Gimelfarb, 1988a, b). Si tel est le cas des populations humaines, cela signifierait qu'il faut modéliser les spécificités comportementales des interactions sur le marché matrimonial pour prédire les résultats. L'étude démographique du marché matrimonial tire grand avantage de l'attention portée aux questions que soulève la construction de modèles mathématiques de ce processus. Les écrits sur le marché matrimonial ne font cependant pas le poids en matière de modélisation de ses composantes comportementales. Henry (1968, 1969, 1972, 1975) est une exception notable à ce propos en suggérant qu'on pourrait utilement analyser les marchés matrimoniaux comme un ensemble de cercles de mariage qui se distinguent selon l'âge tout en se chevauchant partiellement et dans lesquels l'appariement est panmixique, c'est-à-dire aléatoire par âge. Ce modèle a des qualités d'élégance et de simplicité mais manque encore de vérification empirique (voir McFarland, 1975 et Schoen, 1981 pour une comparaison de l'adéquation au réel d'une variété de modèles, dont celui des cercles panmixiques de Henry). Cependant, les tests empiriques sont partis de la supposition qu'on peut modéliser le nombre de mariages d'une période comme une fonction simple de la structure par âge et sexe, en supposant habituellement une configuration « normale » de l'appariement des âges. Dans le modèle plus élaboré proposé ici, l'idée des cercles de mariage pourrait être utilement réexaminée.

3. Théorie, modèles et données

On trouve dans la littérature sociologique et économique (Oppenheimer, 1988; Mortensen, 1988; Bergstrom et Bagnoli, 1993) des modèles théoriques de recherche de partenaire qui adaptent les idées empruntées à la recherche d'emploi et à la théorie des jeux et qui pourraient bien offrir de quoi bâtir une théorie. Les autres modèles démographiques sont avant tout statistiques et mathématiques sans guère de référence aux processus comportementaux sous-jacents. Le fait de ne pas avoir trouvé de solution satisfaisante jusqu'ici suggérerait qu'il serait profitable de se tourner vers les approches biologiques. Les modèles mathématiques et statistiques sans référence directe aux processus comportementaux peuvent nous rapprocher de la théorie, mais sont une étape de notre investigation plutôt qu'un objectif en soi. L'élaboration de modèles mathématiques réalistes est une première exigence dans ce domaine comme dans beaucoup d'autres des sciences sociales (Cox, 1990; Freedman, 1991)[15]. La modélisation statistique a pour rôle d'aider à estimer les paramètres de tels modèles. On ne peut cependant pas supposer qu'ils puissent fournir par eux-mêmes une représentation de la réalité sociale et démographique. L'étude théorique du marché matrimonial a besoin d'une base empirique solide. Comme nous venons de le constater, les données des séries chronologiques par année d'âge, combinées à des informations explicites sur les préférences, jettent une lumière nouvelle sur ce sujet. Il nous faut en outre des renseignements sur le *modus operandi* des préférences et des candidatures ainsi que sur le processus de formation des couples. En effet, de telles données sont un élément essentiel au progrès dans l'élaboration des modèles et la théorie du marché matrimonial.

Remerciements : J'ai bénéficié de mes discussions avec Griffith Feeney, David Firth et Mike Murphy et de leurs commentaires sur une version provisoire de cet article. Une partie de ce travail a été effectuée alors que j'étais *Sir Norman Chester Senior Research Fellow* au Nuffield College à Oxford. Je remercie le Collège pour son hospitalité et ses excellentes conditions de recherche. Je remercie spécialement Roma Chappell qui m'a aidée dans le traitement des données et la confection des graphiques dans la phase initiale de ma recherche. Les coûts de la première phase ont été couverts par une petite subvention du Comité des Études Avancées de l'Université de Southampton. Je veux aussi remercier l'Office for National Statistics de m'avoir donné accès à des tables de nuptialité inédites, et Dateline UK pour des renseignements sur les préférences d'âge.

---

[15] Je dois à David Firth de m'avoir convaincue de l'importance de la modélisation des processus comportementaux grâce auxquels fonctionne le marché matrimonial.

BIBLIOGRAPHIE

AKERS D. S., 1967, « On measuring the marriage squeeze », *Demography*, 4, p. 907-924.
BERGSTROM T.C., BAGNOLI M., 1993, « Courtship as a waiting game », *Journal of Political Economy*, 101, p. 185-202.
BERGSTROM T.C., LAM D., 1994, « The effects of cohort size on marriage-markets in twentieth-century Sweden », *in* J. Ermisch et N. Ogawa, *The family, the market and the State in ageing societies,* Clarendon Press, Oxford, p. 46-63.
BOZON M., 1990, « Les femmes et l'écart d'âge entre conjoints. Une domination consentie », *Population*, 45 (2), p. 327-360.
BURLEY N., 1983, « The meaning of assortative mating », *Ethology and Sociobiology*, 4, p. 191-203.
CASTERLINE J., WILLIAMS L., MCDONALD P., 1986, « The age difference between spouses: variations among developing countries », *Population Studies*, 40, p. 353-374.
COX D.R., 1990, « Roles and models in statistical analysis », *Statistical Science,* 5, p. 169-174.
FEENEY G.M., 1972, *Marriage rates and population growth: the two-sex problem in demography,* thèse de doctorat inédite, Université de Californie, Berkeley.
FORTIER C., 1988, « Influence du déséquilibre des sexes dans le marché matrimonial sur la nuptialité. Problèmes d'interprétation », *Cahiers québécois de démographie*, 17, p. 175-192.
FREDRICKSON A.G., 1971, « A mathematical theory of age structure in sexual populations: random mating and monogamous marriage models », *Mathematical Biosciences,* 10, p. 91-116.
FREEDMAN D., 1991, « Statistical models and shoe leather », *in* P. Marsden, *Sociological Methodology,* American Sociological Association, Washington, D.C., p. 291-313.
GIMELFARB A., 1988a, « Processes of pair formation leading to assortative mating in biological populations: encounter-mating models », *American Naturalist,* 131, p. 865-884.
GIMELFARB A., 1988b, « Processes of pair formation leading to assortative mating in biological populations: dynamic interaction models », *Theoretical Population Biology,* 34, p. 1-23.
GOLDMAN N., WESTOFF C.W., HAMMERSLOUGH C., 1984, « Demography of the marriage market in the United states », *Population Index,* 50, p. 5-25.
HAJNAL J., 1947, « Aspects of recent trends in marriage in England and Wales », *Population Studies,* 1, p. 72-98.
HAJNAL J., 1950, « Births, marriages and reproductivity, England and Wales, 1938-47, Section A », in *Papers of the Royal Commission on Population, Volume II, Reports and Selected Papers of the Statistics Committee,* HMSO, Londres, p. 307-322.
HAJNAL J., 1953, « The marriage boom », *Population Index,* 19, p. 80-101.
HAJNAL J., 1963, « Concepts of random mating and the frequency of consaguineous marriages », *Proceedings of the Royal Society of London,* Series B 159, p. 125-177.
HASKEY J., 1993, « First marriage, divorce, and remarriage: birth cohort analyses », *Population Trends,* 72, p. 24-33.
HENRY L., 1966, « Perturbations de la nuptialité résultant de la guerre 1914-1918 », *Population,* 21 (2), p. 273-331.
HENRY L., 1968, « Problèmes de nuptialité : considérations de méthode », *Population,* 23 (5), p. 835-844.
HENRY L., 1969a, « Problèmes de nuptialité : déséquilibre des sexes et célibat », *Population,* 24 (3), p. 457-486.
HENRY L., 1969b, « Schémas de nuptialité : déséquilibre des sexes et âge au mariage », *Population,* 24 (6), p. 1067-1122.
HENRY L., 1972, « Nuptiality », *Theoretical Population Biology,* 3, p. 135-152.
HENRY L., 1975, « Schéma d'évolution des mariages après de grandes variations des naissances », *Population,* 30 (4-5), p. 759-779.
HIRSCHMAN C., MATRAS J., 1971, « A new look at the marriage market and nuptiality rates, 1915-1958 », *Demography,* 8, p. 549-569.
HOEM J., 1969, « Concepts of a bisexual theory of marriage formation », *Statistisk Tidskrift,* 4, p. 295-300.
KEILMAN N., 1985, « Nuptiality models and the two-sex problem in national population forecasts », *European Journal of Population,* 1, p. 207-235.
KEYFITZ N., 1968, « The problem of the sexes and other uses of simultaneous differential equations », chapitre 13 de N. Keyfitz, *Introduction to the Mathematics of Population,* Addison Wesley, Reading, p. 293-319.
KEYFITZ N., 1971, « The mathematics of sex and marriage », *Proceedings of the Sixth Berkeley Symposium on Mathematical Statistics and Probability,* 4, p. 89-108.

LAMPARD R., 1993, « Availability of marriage partners in England and Wales: a comparison of three measures », *Journal of Biosocial Science,* 25, p. 333-350.

LEVY M. L., SARDON J.-P., 1982, « L'écart d'âge entre époux », *Population et Sociétés,* n° 162, octobre.

LICHTER D., LECLERE F., MCLAUGHLIN D.K., 1991, « Local marriage markets and the marital behavior of black and white women », *American Journal of Sociology,* 96, p. 843-867.

MCFARLAND D.D., 1972, « Comparison of alternative marriage models » *in* T.N.E. Greville, *Population Dynamics,* Academic Press, Londres, p. 89-106.

MCFARLAND D.D., 1975, « Models of marriage formation and fertility », *Social Forces,* 54, p. 66-83.

MORTENSEN D.T., 1988, « Matching: finding a partner for life or otherwise », *Americam Journal of Sociology,* 94, p. S215-S240.

MUHSAM H.V., 1974, « The marriage squeeze », *Demography,* 11, p. 291-299.

NÍ BHROLCHÁIN M., 1992, « Age difference asymmetry and a two-sex perspective », *European Journal of Population,* 8, p. 23-45.

NÍ BHROLCHÁIN M., 1997, « The age difference between partners: a matter of female choice? », communication à la réunion sur *L'âge – entre nature et culture,* organisée par le Groupe de travail sur la biologie, la culture et la population de l'UIESP, Rostock, mai 1997.

OFFICE OF POPULATION CENSUSES AND SURVEYS, 1987, Birth Statistics 1837-1983, Series FMI, No. 13, HMSO, London.

OPPENHEIMER V.K., 1988, « A theory of marriage timing », *American Journal of Sociology,* 94, p. 563-591.

PARLETT B., 1972, « Can there be a marriage function? », *in* T.N.E. Greville, *Population Dynamics,* Academic Press, Londres, p. 107-135.

POLLACK R.A., 1986, « A reformulation of the two-sex problem », *Demography,* 23, p. 247-259.

POLLACK R.A., 1990, « Two-sex demographic models », *Journal of Political Economy,* 98, p. 399-420.

POLLARD J.H., 1969, « A discrete-time two-sex age-specific stochastic population program incorporating marriage », *Demography,* 6, p. 185-221.

POLLARD J.H., 1977, « The continuing attempt to incorporate both sexes into marriage analysis », *Comptes-rendus du Congrès international de l'U.I.E.S.P., Mexico,* Volume 1, p. 291-309.

POLLARD F.H., 1995, « Modelling the interaction betwen the sexes », Research Paper No 007/95, School of Economic and Financial Studies, Macquarie University, Sydney.

POLLARD J.H., HÖHN C., 1993, « The interaction between the sexes », *Zeitschrift für Bevölkerungsforschung,* 19, p. 203-228.

SCHOEN R., 1977, « A two-sex nuptiality-mortality life table », *Demography,* 14, p. 333-350.

SCHOEN R., 1981, « The harmonic mean as the basis of a realistic two-sex marriage model », *Demography,* 18, p. 201-216.

SCHOEN R., 1983, « Measuring the tightness of a marriage squeeze », *Demography,* 20, p. 61-78.

SCHOEN R., BAJ J., 1985, « The impact of the marriage squeeze in five western countries », *Social Science Research,* 70, p. 8-19.

Ní BHROLCHÁIN Máire.– **La flexibilité du marché matrimonial**

Contrairement à l'hypothèse classique de « pénurie de conjoints potentiels », les candidats au mariage paraissent s'adapter à la distribution par âge des conjoints potentiels plutôt que d'être gênés par elle, même dans des situations extrêmes. Dans les générations 1900-1969 en Angleterre-Galles, on observe (a) une grande variabilité dans le temps des proportions de personnes qui épousent un(e) partenaire ayant un écart d'âge précis avec elles et (b) que les variations de ces séries de proportions sont associées systématiquement aux variations de l'effectif des cohortes de partenaires correspondantes. Ces caractéristiques suggèrent que les préférences d'âge sont flexibles et non pas rigides, comme le suppose l'hypothèse de « pénurie de conjoints potentiels ». On n'observe d'ailleurs pas de telle pénurie en Angleterre-Galles durant la période couverte par l'étude malgré de fortes fluctuations du nombre des naissances, en particulier en temps de guerre. En fait, les résultats sont contraires aux attentes parce que la conception des préférences d'âge a été jusqu'ici mal formulée. Les données directes sur ces préférences suggèrent qu'elles sont « flexibles » dans un sens spécifique, de sorte que le marché matrimonial pourrait fonctionner de manière flexible. L'article élabore une nouvelle conception de la dynamique du marché matrimonial à partir de ces données empiriques en tenant compte des préférences d'âge, des candidatures au mariage et d'autres aspects liés. Pour terminer, l'article propose une nouvelle façon d'aborder la modélisation du marché matrimonial.

Ní BHROLCHÁIN Máire.– **Flexibility in the marriage market**

Contrary to the "marriage squeeze" hypothesis, brides and grooms appear to adapt to rather than to be constrained by the age distribution of partners available, even in extreme conditions. This is evident from the substantial variability through time in the proportions who marry a partner at each single year age difference. Variations in the series are systematically associated with variation in the corresponding cohort sizes. These features suggest that age preferences are not rigid, as the "marriage squeeze" hypothesis assumes, but flexible. "Marriage squeeze" is found to be virtually absent in England and Wales during the period covered, despite large fluctuations in births that might have been expected to result in "squeeze". Two formulations of age preference are discussed. Direct evidence on preferences suggests that they are flexible, in a specific sense, and that the marriage market could as a result operate in a flexible way. A new view of marriage market dynamics is developed, arising out of these empirical findings, encompassing preferences, marriage candidacy and related aspects. The paper concludes by proposing a new approach to modelling the marriage market.

Ní BHROLCHÁIN Máire.– **La flexibilidad del mercado matrimonial**

Contrariamente a los supuestos de la hipótesis clásica relativa a la "escasez de cónyuges", los candidatos al matrimonio parecen adaptarse a la distribución por edad de los cónyuges potenciales, más que considerarla un obstáculo, aun en situaciones extremas. En Inglaterra-Gales, entre las generaciones de 1900-1969 se observan variaciones temporales importantes en la proporción de individuos que eligen parejas de edades significativamente diferentes a la suya; también se observa una asociación sistemática entre estas variaciones y las de efectivos de las cohortes de parejas correspondientes. Estas observaciones sugieren que las preferencias en cuanto a edad no son rígidas, como sugiere la hipótesis de "escasez de cónyuges potenciales". Por otra parte, en Inglaterra-Gales no se observa tal escasez durante el periodo estudiado, a pesar de las fuertes fluctuaciones en el número de nacimientos causadas principalmente por las guerras. En realidad, si los resultados contradicen las expectativas es porque la hipótesis de preferencias en cuanto a edad ha sido mal formulada . Los datos directos sobre preferencias sugieren que éstas son "flexibles"; es decir, es posible que el mercado matrimonial funcione de forma flexible. El artículo elabora un nuevo concepto de la dinámica del mercado matrimonial a partir de este estudio empírico teniendo en cuenta las preferencias en cuanto a edad, las candidaturas al matrimonio y otros aspectos relacionados con éstos. Para terminar, el artículo propone una nueva forma de abordar la modelización del mercado matrimonial.

Maíre Ní BHROLCHÁIN, Department of Social Statistics, University of Southampton, Southampton SO17 1QW, Angleterre, e-mail: mnibhrol@onetel.net.uk

L'évolution de la nuptialité des adolescentes au Cameroun et ses déterminants

Barthélémy KUATE-DEFO*

> *L'un des facteurs importants de la forte fécondité en Afrique est la précocité des premières unions ; et c'est aussi l'élévation de l'âge à la première union qui marque souvent le début de la baisse de la fécondité. Il est parfois hasardeux de tenter de mettre en évidence une telle évolution à partir des données d'une seule enquête, en comparant les histoires des diverses générations observées. La répétition d'enquêtes semblables dans le temps offre une base bien meilleure de comparaison : c'est maintenant possible dans plusieurs pays africains, avec la répétition des enquêtes démographiques et de santé (DHS). Barthélémy* KUATE-DEFO *met à profit l'existence de trois enquêtes au Cameroun pour analyser l'évolution et les déterminants de la primo-nuptialité dans ce pays, et comparer les résultats obtenus par diverses méthodes.*

Jusqu'à tout récemment, on admettait qu'en dépit de la diversité des situations au sein du continent, l'entrée en vie conjugale était partout précoce en Afrique (Nations unies, 1988, 1990). Les unions précoces ont de nombreuses implications sanitaires, sociales, économiques et démographiques. Elles contribuent aux problèmes de santé de la reproduction liés aux maternités avant la maturité biologique. Des études plus récentes suggèrent que l'âge à la première union est de plus en plus tardif dans la plupart des pays du continent (Westoff *et al.*, 1994 ; Van de Walle, 1996 ; Aryee, 1997). Ces changements demeurent cependant assez peu étudiés, surtout à partir d'enquêtes indépendantes successives et représentatives au niveau national.

L'état actuel des connaissances ne permet pas de conclure que les reports des unions féminines soient forcément reliés à un changement de la fécondité dans les pays d'Afrique sub-saharienne, compte tenu notamment des niveaux de fécondité prénuptiale, du bas taux de célibat définitif et de

---

* PRONUSTIC et Département de démographie, Université de Montréal.

la faible utilisation des méthodes efficaces de contraception. Pourtant, dans les pays occidentaux, bien avant la diffusion du contrôle des naissances, le recul de la nuptialité a constitué un facteur majeur du déclin séculaire de la fécondité (Coale, Watkins, 1986). Ainsi, contrairement à l'Europe ancienne, l'Afrique ne semble pas connaître une « transition à l'occidentale » de la nuptialité comme prélude à la transition de la fécondité. Enfin, on associe souvent le report du mariage aux changements économiques. Une des théories du changement démographique les plus anciennes et influentes, celle de Malthus (Coleman, Schofield, 1986), pose le recul de l'âge au premier mariage comme réponse possible et nécessaire à la crise économique. De fait, la crise économique qui sévit en Afrique depuis le début des années 1980 semble jouer un rôle dans les probables reports des unions (Locoh, 1996 ; Aryee, 1997 ; Antoine, Djire, 1998 ; Hertrich, Delaunay, 1998 ; Marcoux, Piché, 1998).

La présente étude pose quatre questions sur les déterminants et les changements structurels de l'entrée en vie conjugale à l'adolescence. Quels sont les groupes d'âges les plus fiables pour analyser les changements matrimoniaux en Afrique à partir d'enquêtes rétrospectives répétées ? La nuptialité des adolescentes a-t-elle diminué au Cameroun ? Si des changements en matière de formation d'unions à l'adolescence se sont produits, quels facteurs en sont responsables ? De tels changements sont-ils plus marqués dans les grandes agglomérations que dans le reste du pays ?

I. La nuptialité précoce au Cameroun

En dépit de la diversité socioculturelle et des comportements sexuels extra-conjugaux, le mariage demeure un des facteurs essentiels de l'exposition au risque de grossesse au Cameroun. L'importance socioculturelle qu'on accorde à la fécondité se reflète dans la perception de l'union stable comme le cadre socialement reconnu de la reproduction hors duquel on ne peut, de façon générale, être considéré comme un adulte responsable et respectable (Balepa et al., 1992 ; Kuate-Defo, 1998a). Cependant, les comportements matrimoniaux se modifient au Cameroun en raison de l'émergence d'unions informelles, quand deux personnes de sexe opposé forment une union sexuelle stable sans être passées par le processus légal, coutumier ou religieux du mariage. Qu'au Cameroun, l'union informelle soit le prélude au mariage ou à un autre choix de vie conjugale demeure incertain[1]. Puisque les enquêtes existantes ont recueilli des informations

---

[1] Il serait utile, dans les enquêtes à venir, de distinguer parmi les femmes actuellement en union informelle celles qui n'ont jamais été mariées de celles qui l'ont été. Au Cameroun, un nombre substantiel de femmes qui ont auparavant été mariées vivent en union informelle et ne cohabitent pas nécessairement avec leur partenaire.

sur les unions stables au sens le plus large, nous utiliserons ici l'âge à la formation d'une première union stable (formelle ou informelle).

Il est malaisé, dans les données des enquêtes démographiques existantes, de déterminer avec certitude l'âge à la formation d'une union, surtout dans un contexte social où la sexualité et la fécondité prénuptiales sont relativement fréquentes. Il reste qu'en pratique, l'âge d'entrée en union est généralement traité comme synonyme de l'âge à la consommation de l'union. Nous adoptons ici la même démarche en soulignant toutefois ses limites. Dans les faits, dans certaines sociétés camerounaises islamisées comme celles du Nord, nous avons enregistré quelques entrées en union avant l'âge de 10 ans, ou encore des femmes dont l'âge aux premiers rapports sexuels est inférieur à l'âge à la première union (Kuate-Defo, 1998a). Par ailleurs, au Cameroun où la population est majoritairement chrétienne, les individus célèbrent leur union en plusieurs étapes pouvant s'étaler sur une période plus ou moins longue : d'abord le mariage coutumier, suivi du mariage à l'état civil, et enfin le mariage religieux. Moins ils adhèrent au christianisme ou à l'islam, moins ils ont besoin de l'étape de la célébration religieuse pour consommer leur union : la célébration à l'état civil est alors considérée comme suffisante. Ainsi, les individus fortement attachés aux mœurs et pratiques coutumières considèrent le mariage coutumier comme le « feu vert » officiel pour consommer leur union, alors que les plus religieux vont attendre la célébration à l'église avant d'avoir leur premier rapport sexuel avec leur partenaire. Cette pluralité de situations, fortement influencée par la diversité ethnique et culturelle des populations, n'est malheureusement pas souvent saisie dans les enquêtes et recensements menés en Afrique ; or, une enquête réalisée en 1978 au Cameroun a par exemple montré que 13 % des femmes avaient contracté une première union au moins un an avant les premières règles et 19 % au moins un an avant le premier rapport sexuel (MINEP, 1983, p. 59).

Une des différences régionales fondamentales réside dans le niveau de l'infécondité féminine, qui influe sur les comportements sexuel et reproducteur des jeunes générations soucieuses d'avoir des enfants et de maintenir un lignage. Cela peut conduire à la précocité de l'union, de l'initiation sexuelle et de la maternité, notamment au Nord et à l'Est où les taux d'infécondité et de nuptialité précoce ont traditionnellement été plus élevés que dans le reste du pays, bien qu'une tendance à la baisse de l'infécondité y soit enregistrée ces dernières années (Kuate-Defo, 1998b).

II. Sources des données

1. Les données

Nous utiliserons les données de l'enquête sur la fécondité du Cameroun de 1978 (EFC) (MINEP, 1983) et des enquêtes démographiques et de santé au Cameroun de 1991 (EDSC-91) (Balepa *et al.*, 1992) et de 1998 (EDSC-98) (Fotso *et al.*, 1999) dont les méthodes de collecte sont similaires. Ces enquêtes sont les meilleures disponibles, reposant sur des échantillons représentatifs au niveau national de ménages privés tirés aléatoirement ; elles comprennent 8 219 femmes âgées de 15 à 54 ans pour l'EFC, 3 871 femmes âgées de 15 à 49 ans pour l'EDSC-91 et 5 501 femmes âgées de 15 à 49 ans pour l'EDSC-98. Ces trois enquêtes permettent de comparer, pour les générations communes, des estimations de la nuptialité obtenues à différentes dates, et de mettre en évidence les groupes d'âges les plus fiables pour l'analyse de la dynamique des variations géographiques, socio-économiques et bio-culturelles de la première union à l'adolescence.

2. Comparabilité de l'information sur l'âge à la première union

Dans l'EDSC-98, l'EDSC-91 et l'EFC, la définition des unions recouvre tant les mariages formels que les situations de cohabitation. Au lieu de recueillir de l'information sur le mariage seulement, comme l'ont fait la plupart des enquêtes mondiales sur la fécondité (EMF), l'EFC a limité la perte d'information en évitant d'assimiler première union et premier mariage. On a posé à toutes les femmes ayant atteint la puberté ou ayant eu leur première relation sexuelle la question : « Avez-vous déjà été mariée ? », et les enquêteurs ont reçu l'instruction d'inscrire sous cette rubrique tous les types d'union stable. En fait, 257 femmes (3,1 % de l'échantillon de 8 219 femmes) ont déclaré ne pas être mariées et ont par la suite fourni des renseignements sur leur partenaire, ce qui a permis de les considérer comme vivant en union libre. Malheureusement, la distinction entre femmes mariées et celles vivant en union libre n'est pas disponible dans les données publiques de l'EFC (MINEP, 1983, p. 49), et nous devons regrouper toutes les premières unions. Au contraire, les EDSC permettent de repérer les femmes « en union », les femmes « mariées » et celles « vivant avec quelqu'un ».

3. Qualité de l'information sur l'âge à la première union

Dans les EDSC, on connaît le mois et l'année de la première union, et donc l'âge au début de cette union[2]. Les termes « mariage » ou « en union » désignent tout à la fois les mariages à l'état civil, les mariages coutumiers, les mariages religieux et les unions libres. Ceci n'exclut pas que des unions aient été omises, plus spécialement dans les enquêtes les plus anciennes, ce qui pourrait conduire à une sous-estimation des changements matrimoniaux. Cependant, Santow et Bioumla (1984, p. 35) concluent à la bonne qualité d'ensemble des données camerounaises : « une information utile sur les modèles régionaux et même sur les tendances de la nuptialité peut être tirée de ces données », et l'étude de Gage (1995) corrobore leur conclusion.

De même, plusieurs comparaisons entre les données portant sur l'âge aux premières règles ont montré que ces données sont en général de bonne qualité, et que les problèmes de mémoire sont dans l'ensemble aléatoires et ne font ressortir aucun biais systématique (Livson, McNeill, 1962; Damon et al., 1969). Malheureusement, cette information cruciale n'a pas été saisie dans l'EDSC-98, ce qui nous empêchera d'utiliser cette dernière enquête dans la partie de l'article consacrée à l'analyse des déterminants de la primo-nuptialité au Cameroun.

III. Hypothèses de recherche

Nous voulons tester trois hypothèses principales.

Hypothèse 1. L'entrée en union est de plus en plus tardive au Cameroun.

Dans une première approche, on mesurera les changements matrimoniaux en suivant au fil des générations féminines l'évolution de l'âge médian à la première union et de la probabilité de première union avant 20 ans à partir des données d'une seule enquête. Cette approche indirecte d'analyse du changement est la plus communément utilisée quand on dispose d'une enquête unique. Dans une seconde approche, on examinera l'évolution des âges médians à la première union et des probabilités d'entrée en union avant 20 ans des femmes en comparant, pour les générations communes, les estimateurs obtenus dans les trois enquêtes successives.

---

[2] L'analyse des changements matrimoniaux entre l'EFC et les EDSC pourrait avoir souffert du mode d'imputation de la date de la première union dans les EDSC. Cette imputation concerne quelques femmes qui n'ont déclaré ni le mois et l'année de leur première union ni leur âge à cette union. La date imputée devait être comprise entre une limite inférieure (correspondant habituellement à 12 ans) et une limite supérieure située au moins sept mois avant la date de naissance du premier enfant. On peut se réjouir de ce qu'au Cameroun, l'imputation n'ait été nécessaire que pour une poignée de cas (par exemple, six cas sur 3 151 femmes déjà mariées dans l'EDSC-91, soit 0,2 %). Au total, le mode d'imputation est sans effet sur la comparabilité des résultats obtenus en 1998 et en 1991 pour les générations communes (toutes celles de plus de 27 ans en 1998).

Cette approche, plus directe, est rendue possible par l'existence d'une série d'enquêtes comparables (EFC, EDSC-91, EDSC-98). On s'attend à une hausse de l'âge médian à la première union et à une réduction des risques de formation d'une première union à l'adolescence, des générations les plus anciennes aux plus récentes.

Hypothèse 2. Les déterminants du recul de l'âge d'entrée en union au Cameroun sont très probablement d'ordre socio-économique et bioculturel.

Nous utiliserons pour cela des variables susceptibles de saisir le plus gros des variations temporelles dans : (i) les possibilités d'emploi, de salaire et de revenus disponibles pour les femmes, distinguées selon leur niveau d'instruction; (ii) les normes, pratiques et valeurs sociales, appréhendées par l'affiliation religieuse et la région de résidence; (iii) les facteurs contextuels, saisis par le lieu de résidence actuel et dans l'enfance; et (iv) l'âge à la puberté, compte tenu du lien possible entre la puberté précoce et l'entrée en union (Udry, Cliquet, 1982), la puberté étant associée à certains rites traditionnels marquant le passage des jeunes filles à la nubilité.

Examinons en détail ces variables. En l'absence d'informations sur les revenus et les salaires des individus, la littérature économique considère *l'augmentation du niveau d'instruction chez les filles* comme un facteur susceptible d'améliorer leurs chances d'insertion dans l'économie de marché, et donc leur revenu, toutes choses égales par ailleurs (pour une synthèse, voir Rosenzweig, Stark, 1997). Il existe au moins deux mécanismes à travers lesquels l'éducation de la femme peut contribuer au recul de son âge d'entrée en première union. Le premier tient au fait que plus une fille progresse dans ses études, moins grande est la nécessité pour elle ou ses parents d'envisager une entrée précoce ou arrangée en union comme la seule option de vie hors de l'environnement familial. Le second mécanisme, qui jouerait particulièrement dans le contexte de crise économique en Afrique, est la difficulté pour une femme scolarisée à trouver un emploi lui garantissant une relative indépendance économique, ou à trouver un partenaire réunissant les moyens financiers et matériels nécessaires à l'autonomie d'un ménage, ou encore à payer le montant de la compensation matrimoniale qui reste parfois de mise (Copet-Rougier, 1987). Ces divers mécanismes peuvent se renforcer mutuellement pour contribuer au recul de la nuptialité précoce.

À propos des normes, pratiques et valeurs sociales au Cameroun, il faut rappeler que les religions islamique et africaines autorisent la polygynie et la nuptialité précoce. De plus, les femmes adeptes de ces religions sont moins susceptibles d'opter pour la contraception, l'avortement et la limitation des naissances. On s'attend par conséquent à ce que la probabilité d'entrée en union précoce soit plus élevée pour elles.

Au Cameroun, la région de résidence et l'appartenance ethnique ne sont pas nécessairement liées, excepté dans la majeure partie du Nord, où prédominent les Foulbé et les Fulani, et dans l'Ouest où vivent surtout des Bamiléké. Ceci tient en partie à l'importance des migrations internes, des unions exogames et de l'urbanisation dans le reste du pays. Toutefois, il est probable que les coutumes locales réglant l'âge au premier mariage et la prévalence de la polygynie, d'une part, et le niveau d'infécondité féminine, d'autre part, déterminent en partie les différences régionales relatives aux premières unions et qu'on ne puisse donc comprendre les changements matrimoniaux à l'adolescence au Cameroun sans prendre en compte le facteur régional. On utilisera le découpage en sept régions administratives du Cameroun retenu par l'EFC[3]. Dans chaque région, les sous-groupes les plus urbanisés sont susceptibles de différer davantage l'entrée en union que les ruraux. On peut également s'attendre à ce qu'une femme migre dans l'espoir de trouver un marché matrimonial plus favorable sur le lieu de destination. Mais une femme peut aussi migrer en raison de son mariage, pour suivre son mari : dans ce cas, la migration est endogène au processus matrimonial ; pour écarter ce risque d'endogénéité, nous distinguons seulement entre migrants et non-migrants et supposons que la première migration d'une femme (s'il y a lieu) s'est effectuée avant sa première union (s'il y a lieu).

Enfin, la *puberté* est un indicateur de maturité, de capacité à procréer et d'aptitude à former une union dans presque tout le Cameroun rural (Kuate-Defo, 1998a). Là où les naissances illégitimes sont socialement réprouvées et la contraception inaccessible, on marie les filles dès la puberté. Si les naissances hors mariage sont socialement tolérées, comme chez les Bëtis du Sud, l'union précoce perd sa raison d'être. Au total, on s'attend à ce que les entrées en union soient plus précoces chez les femmes ayant une puberté précoce.

Hypothèse 3. Les changements matrimoniaux sont plus prononcés dans les grandes agglomérations qu'ailleurs.

Aucune étude n'a encore testé formellement cette hypothèse, parce que les travaux existants étaient limités soit au milieu urbain (Locoh, 1996 ; Antoine, Djiré, 1998 ; Marcoux, Piché, 1998) soit aux zones rurales (Locoh, 1988 ; Hertrich, Delaunay, 1998). Une caractéristique importante de la nuptialité en Afrique est la coexistence d'une variété de formes d'union dans les différentes sociétés, y compris la persistance de la polygamie ou sa métamorphose en pratiques dites du « deuxième bureau » ou de la « femme de l'extérieur » dans les grandes villes ; à celles-ci s'ajoutent les unions consensuelles et informelles, de plus en plus apparentes (sinon prévalentes) au fur et à mesure que les structures traditionnelles condamnant ces relations succombent aux forces de l'urbanisation, de la migration, de l'éducation moderne et de la globalisation économique. Les études antérieures ont souligné que l'entrée dans la sexuali-

---

[3] Au moment de l'EFC, les régions comprenaient le Nord, le Littoral, l'Ouest, le Centre-Sud, l'Est, le Nord-Ouest et le Sud-Ouest. Au début des années 1980, le Nord a été subdivisé en trois régions (Adamaoua, Extrême-Nord et Nord) et le Centre-Sud a été divisé en Centre et Sud.

té était assez précoce chez les jeunes de Yaoundé (Leke, 1989) et les approches qualitatives récentes semblent confirmer cette tendance (Calvès, 1998). En outre, les études menées ailleurs suggèrent une plus grande tolérance à l'égard des unions libres dans les grandes agglomérations africaines aujourd'hui (Aryee, 1997). Enfin, le coût élevé de la compensation matrimoniale devient difficile à supporter pour les citadins des grandes agglomérations dans le contexte de crise économique que connaît l'Afrique, et tend à favoriser les formes d'entrée en union moins onéreuses telles que les unions libres avec ou sans cohabitation des partenaires.

IV. Méthode d'analyse

1. Mesure des biais d'estimation grâce aux enquêtes répétées

Dans cette section, nous présentons une estimation de l'ampleur des biais dus aux limites de la mémoire et à d'autres causes qui sont souvent soulignés dans les études démographiques (Van de Walle, 1996 ; Westoff *et al.*, 1994 ; Gage, 1995) lors des comparaisons entre groupes d'âges et entre enquêtes.

Soit $P_{i,j,k}$ la probabilité d'entrer en union avant 20 ans pour la cohorte d'âge i (i = 1 [15-19], 2 [20-24], 3 [25-29], 4 [30-34], 5 [35-39], 6 [40-44], 7 [45-49]) à la date de l'enquête j (j = 1 [EFC], 2 [EDSC-91], 3 [EDSC-98]), telle qu'estimée dans l'enquête k (k = 1 [EDSC-91], 2 [EDSC-98]), pour une génération commune aux deux enquêtes (par exemple, la probabilité d'être entrée en union avant 20 ans pour la cohorte âgée de 20-24 ans dans l'enquête EFC, telle qu'estimée dans l'enquête EDSC-98 où cette cohorte avait 40-44 ans). Dans le cas d'une enquête unique, on ne dispose que de la probabilité $P_{i,j}$ (par exemple, la probabilité d'être entrée en union avant 20 ans pour les 20-24 ans dans l'EDSC-91).

Nous faisons d'abord l'hypothèse que la mortalité féminine n'a pas d'effet différentiel sur la nuptialité des cohortes observées dans les diverses enquêtes. Nous supposons aussi qu'en général, la qualité des déclarations est meilleure dans les EDSC que dans l'EFC, comme l'ont souligné les études antérieures sur le Cameroun (Santow, Bioumla, 1984 ; Gage, 1995) et que plus une cohorte est jeune au moment de l'enquête, plus les données la concernant sont fiables. En comparant des résultats obtenus en 1998, 1991 et 1978 pour les générations communes à ces enquêtes, nous allons mettre en évidence les biais liés aux problèmes de mémoire et d'observations tronquées dans l'estimation des probabilités de première union à l'adolescence.

Pour les femmes âgées de plus de 20 ans à chaque enquête, les estimations des risques de première union avant 20 ans sont directement comparables. Une telle comparaison au moyen de trois enquêtes nous permet de déceler les groupes d'âges présentant les données les plus fiables pour l'analyse des évolutions temporelles. Pour une génération i à l'enquête j, $P_{i,j}/P_{i,j,k}$ fournira une mesure du biais d'observation dans l'enquête j tel qu'estimé dans l'enquête k.

Pour les femmes âgées de moins de 20 ans à chaque enquête, les générations sont « tronquées » du point de vue de l'exposition au risque d'entrée en union à l'adolescence. Ainsi, à chaque enquête, le calcul direct de la probabilité d'être entrée en union avant 20 ans prend en compte des femmes ayant vécu un nombre d'années différent d'un âge à l'autre pour ce groupe. Les âges jeunes sont alors surpondérés et la probabilité globale d'être entrée en union avant 20 ans parmi les 15-19 ans à chaque enquête est sous-estimée. Nous pouvons mesurer ce biais dans l'EFC en utilisant les estimations pour les générations âgées de 28-32 ans à l'EDSC-1991 et de 35-39 ans à l'EDSC-1998 (qui avaient 15-19 ans lors de l'EFC); pour l'EDSC-1991, nous pouvons mesurer le biais à partir des estimations pour les générations âgées de 22-26 ans à l'EDSC-1998 (qui avaient 15-19 ans lors de l'EDSC-91). De façon générale, pour les 15-19 ans à l'enquête j, $P_{1,j}/P_{1,j,k}$ fournit une mesure du biais pour la classe d'âges 15-19 ans dans l'enquête j tel qu'estimé dans l'enquête k.

2. *L'analyse de survie du risque d'entrée en union avant 20 ans*

Nous procéderons à une estimation des facteurs influençant l'entrée en union précoce au moyen d'une analyse de survie en temps discret. La variable dépendante est la probabilité d'entrée en première union avant l'âge de 20 ans. Le calendrier est exprimé en temps discret (en années). L'unité d'analyse de l'exposition au risque de primo-nuptialité à l'adolescence est le nombre de femmes-années, de telle sorte que chaque femme de l'échantillon compte pour un nombre d'unités correspondant au nombre d'années où elle est observée (incluant l'année au cours de laquelle elle est entrée en union, si l'événement s'est réalisé). Les variables explicatives indépendantes incluent aussi bien les variables socioculturelles évoquées plus haut que huit variables muettes pour l'âge à l'occurrence de l'événement (≤11 ans [catégorie omise] et 12 à 19 ans). Par conséquent, le modèle de régression suppose que la probabilité d'une première union avant 20 ans est constante à l'intérieur de chaque intervalle d'un an. On a exclu de l'analyse les cas où l'âge à la première union avait été omis. Dans le cas de non-réponse aux variables indépendantes retenues, nous avons remplacé les valeurs manquantes par la valeur moyenne de la catégorie considérée dans l'échantillon. L'âge est la variable de durée.

Nous effectuons des régressions logistiques distinctes pour chaque période. L'équation générale d'estimation est :

$$Pr(S_{ij} = 1) = F(\alpha_j + \beta_j A_i + \delta_j T_i + \lambda_j M_i + \xi_j U_i + \eta_j C_i + \varepsilon_{ij}) \quad [1]$$

où les indices i représentent les femmes-années et les indices j, la date d'enquête (1978 ou 1991); $F(.)$ est la distribution logistique cumulative; $Pr(S_{ij})$ est la probabilité conditionnelle d'entrer en union à l'âge i inférieur à 20 ans telle qu'observée en j; A est un vecteur des variables muettes représentant les années d'âge entre 12 et 19 ans; T est un vecteur d'appartenance à une cohorte; M est un vecteur de statut pubertaire; U est un vecteur de facteurs économiques; C est un vecteur de facteurs culturels; et ε est le terme d'erreur aléatoire. Puisque la variable dépendante est une variable dichotomique qui prend la valeur 1 si l'union est formée avant l'âge de 20 ans et 0 sinon, l'équation [1] est estimée par la méthode logistique du maximum de vraisemblance. Les variables muettes A sont ajoutées à l'équation pour contrôler une possible relation non linéaire entre la variable dépendante et l'âge des femmes adolescentes.

Nous avons choisi une méthode de décomposition fréquemment utilisée dans la recherche en sciences sociales (voir par exemple, Clogg, Eliason, 1986) pour analyser la différence entre les probabilités observées en 1978 et en 1991. Nous distinguons trois composantes : la part de la différence totale due aux variations des valeurs moyennes des variables retenues; la propension qui saisit les différences dans les coefficients de régression et la constante des modèles de régression de survie; l'interaction qui est la covariation entre les moyennes et les coefficients des variables retenues en 1978 et 1991.

V. Résultats

1. Fiabilité des données et probabilités de première union durant l'adolescence

Le tableau 1 fournit les probabilités d'entrée en union d'après plusieurs modes de calcul permettant d'évaluer la fiabilité des données selon l'âge et l'enquête. La colonne 2 donne les probabilités d'être entrée en union avant 20 ans pour les femmes âgées de 15-49 ans au moment de chaque enquête. Les autres colonnes du panneau A fournissent, pour les mêmes générations, les estimations en 1991 (colonnes 3-6) et en 1998 (colonnes 7-9) qui sont comparées aux estimations dans l'EFC; les autres colonnes du panneau B fournissent, pour les mêmes générations en 1991 et 1998, les estimations en 1998 (colonnes 3-7) qui sont comparées aux estimations dans l'EDSC-91. Ce tableau permet à la fois une lecture « en ligne » – c'est-à-dire en suivant l'évolution des probabilités de contracter une union à l'adolescence pour une même classe d'âges d'une enquête à l'autre – et une lecture « en diagonale » – c'est-à-dire en suivant les mêmes générations d'une enquête à l'autre.

Les probabilités pour les 15-19 ans à chaque enquête apparaissent nettement sous-estimées, du fait que ces cohortes peuvent encore entrer en union avant l'âge de 20 ans, alors que les cohortes âgées de 20 ans ou plus ont entièrement traversé cette période de leur cycle de vie. De plus, alors que les estimations en 1978 font ressortir un sous-enregistrement des unions à l'adolescence avec le vieillissement de la cohorte, les estimations pour les EDSC sont nettement meilleures et ne laissent apparaître *a priori* aucune évidence de biais systématique lié aux erreurs d'observation des premières unions avant 20 ans.

Les comparaisons entre enquêtes et à travers les groupes d'âges montrent que la classe d'âges des 20-24 ans est la plus fiable aux trois enquêtes, car les écarts entre les estimations directes (au moment de chaque enquête) et indirectes (c'est-à-dire rétrospectives à partir d'enquêtes ultérieures) sont généralement faibles. En fait, tant pour l'EFC que pour l'EDSC-91, les estimations indirectes semblent surévaluer la probabilité d'entrée en union avant 20 ans chez les 20-24 ans, mais le degré de surestimation est négligeable (environ 3 %). Pour les groupes d'âges des 25-29 ans et 30-34 ans, les estimations directes et indirectes sont généralement assez voisines et suggèrent un niveau de sous-enregistrement des premières unions à l'adolescence dans l'EFC de moins de 10 % (à l'EDSC-91 et l'EDSC-98), contre une révision à la hausse des entrées en union avant 20 ans variant entre 5 % et 9 % à l'EDSC-98 pour les mêmes générations observées en 1991.

Les estimations pour la génération âgée de 35-39 ans en 1991 (42-46 ans en 1998) sont assez proches, avec une légère surestimation à la deuxième enquête (1998) par rapport à l'enquête de base (1991), de l'ordre de 4 %. Un examen des mesures en 1998 du biais d'estimation en 1991 des probabilités d'être entrée en union à l'adolescence pour les générations âgées de 15-19 ans, 20-24 ans et 25-29 ans en 1978 suggère une légère révision à la hausse des estimations en 1998 compatible avec la comparaison des résultats entre 1991 et 1998 pour les générations communes.

Revenons aux 15-19 ans. Lorsqu'on compare les résultats pour ce groupe en 1978 et en 1991 (respectivement 53,1 % et 47,3 %), il apparaît qu'ils sont largement inférieurs à ceux des classes d'âges voisines ; par exemple, selon l'enquête EDSC-91, 74,5 % des femmes de 25-29 ans en 1991 (12-16 ans en 1978) étaient entrées en union avant 20 ans, alors que dans l'EFC, l'estimation pour le groupe le plus voisin (15-19 ans) n'est que de 53,1 % ; cette valeur étant inférieure à celle des 20-24 ans, on attendrait une valeur encore plus faible pour les 12-16 ans (s'il avait été possible de les observer). Les estimations pour les 15-19 ans aux deux enquêtes sont donc suspectes car elles sont à chaque fois très inférieures

TABLEAU 1.– ESTIMATIONS DIRECTES ET INDIRECTES DES PROBABILITÉS D'ÊTRE ENTRÉE EN UNION AVANT 20 ANS POUR LES GÉNÉRATIONS DE FEMMES ÂGÉES DE 15-49 ANS EN 1978 ET 1991 : DONNÉES PONDÉRÉES DE L'EFC (1978), DE L'EDSC (1991) ET DE L'EDSC (1998)

Panneau A : Estimations des probabilités d'être entrée en union avant 20 ans pour les générations observées en 1978								
Classe d'âges en 1978	Probabilités d'être entrée en union avant 20 ans dans l'EFC (1978) (N = 7842)	Probabilités d'être entrée en union avant 20 ans dans l'EDSC (1991) : générations complètes dans l'EDSC (1991) correspondantes à celles observées à l'EFC (1978)				Probabilités d'être entrée en union avant 20 ans dans l'EDSC (1998) : générations complètes dans l'EDSC (1998) correspondantes à celles observées à l'EFC (1978)		
		28-32 ans	33-37 ans	38-42 ans	43-47 ans	35-39 ans	40-44 ans	45-49 ans
15-19 ans	0,531	0,788 (0,674)[a]	–	–	–	0,706 (0,752)[b] (1,116)[c]	–	–
20-24 ans	0,810	–	0,785 (1,031)[a]	–	–	–	0,777 (1,042)[b] (1,010)[c]	–
25-29 ans	0,779	–	–	0,862 (0,904)[a]	–	–	–	0,808 (0,964)[b]
30-34 ans	0,795	–	–	–	0,845 (0,941)[a]	–	–	(1,066)[c]
35-39 ans	0,722	–	–	–	–	–	–	–
40-44 ans	0,725	–	–	–	–	–	–	–
45-49 ans	0,624	–	–	–	–	–	–	–

Panneau B : Estimations des probabilités d'être entrée en union avant 20 ans pour les générations observées en 1991						
Classe d'âges en 1991	Probabilités d'être entrée en union avant 20 ans dans l'EDSC (1991) (N = 3813)	Probabilités d'être entrée en union avant 20 ans dans l'EDSC (1998) : générations complètes dans l'EDSC (1998) correspondantes à celles observées à l'EDSC (1991)				
		22-26 ans	27-31 ans	32-36 ans	37-41 ans	42-46 ans
15-19 ans	0,473	0,619 (0,764)[c]	–	–	–	–
20-24 ans	0,732	–	0,705 (1,038)[c]	–	–	–
25-29 ans	0,745	–	–	0,710 (1,049)[c]	–	–
30-34 ans	0,787	–	–	–	0,719 (1,094)[c]	–
35-39 ans	0,824	–	–	–	–	0,789 (1,044)[c]
40-44 ans	0,851	–	–	–	–	–
45-49 ans	0,852	–	–	–	–	–

[a] Rapport entre les probabilités observées en 1978 et en 1991 dans les mêmes générations.
[b] Rapport entre les probabilités observées en 1978 et en 1998 dans les mêmes générations.
[c] Rapport entre les probabilités observées en 1991 et en 1998 dans les mêmes générations.

aux valeurs observées dans les autres groupes d'âges proches. Si l'estimation faite en 1978 (ou en 1991) pour les 15-19 ans était bonne et complète, nous devrions retrouver à peu près la même valeur en 1991 pour la génération correspondante (ou en 1998, respectivement). Les valeurs calculées à 15-19 ans sont donc sous-estimées principalement parce qu'à chaque enquête, les âges jeunes sont surpondérés dans le calcul de la probabilité de contracter une union avant 20 ans pour les 15-19 ans.

La variation erratique des probabilités entre 20-24 ans et 40-45 ans indique aussi une déficience des données. Les estimations pour les classes d'âges de 20-24 ans à 30-34 ans sont voisines de 80 %, légèrement au-dessus des probabilités observées pour les mêmes groupes d'âges en 1991. Même si l'on peut suspecter un sous-enregistrement pour les 25-29 ans et les 30-34 ans, il est moins frappant que dans le cas des groupes d'âges supérieurs; par exemple, l'estimation faite en 1978 de la probabilité d'être entrée en union à l'adolescence pour les femmes de 45-49 ans en 1978 (62,4 %) est clairement défectueuse. L'EFC aurait sous-estimé la prévalence des unions à l'adolescence car certaines femmes auraient confondu la légalisation récente d'une union ancienne avec le début réel de l'union (MINEP, 1983).

Ces problèmes de sous-enregistrement sont moins apparents dans les EDSC : pour l'ESDC-91, par exemple, l'évolution des probabilités d'être entrée en union pour les cohortes successives de 20-24 ans à 45-49 ans s'accorde avec la tendance au déclin de la nuptialité précoce, bien que l'on observe une certaine stagnation pour les 40-44 ans et les 45-49 ans. En clair, quelle que soit l'enquête, l'ampleur de la sous-estimation est d'au moins 24 % dans l'EFC pour les 15-19 ans. Si l'on admet que la mesure du biais de l'estimation proposée à 15-19 ans est la même en 1978 et en 1991, alors on peut en déduire que la « vraie valeur » de la probabilité d'être en couple avant 20 ans dans le groupe 15-19 ans en 1991 est de 70,2 % (soit $0,473 \times [0,788/0,531]$), une valeur supérieure de 8,3 points à la valeur de 61,9 % estimée dans l'EDSC-98 pour le groupe 15-19 ans en 1991. C'est une indication indirecte de la diminution des entrées en union à l'adolescence, étant donné la courte période écoulée entre les deux enquêtes.

Au total, les données relatives aux classes d'âges 20-34 ans et surtout 20-24 ans sont les meilleures pour étudier l'entrée en première union à l'adolescence au Cameroun. Ainsi, dans nos analyses, nous séparerons les estimations obtenues pour l'ensemble des 20-34 ans de celles obtenues pour les 20-24 ans.

Les échantillons étudiés sont constitués des femmes de 20-34 ans soumises au risque d'entrée en union avant 20 ans dans les années 1950 à 1991 ; ainsi, nous disposons d'une période d'observation de près de 40 ans au cours de laquelle nous pouvons retracer les changements structurels potentiels dans les déterminants de la première union des adolescentes au Cameroun[4]. L'échantillon final comprend 3 924 femmes âgées de 20-

---

[4] Rappelons que l'information sur l'âge aux premières règles n'a pas été saisie dans l'EDSC-98 et que nous ne pouvons utiliser cette dernière enquête pour l'analyse des déterminants de la primo-nuptialité des adolescentes.

34 ans (dont 1 496 femmes de 20-24 ans) dans l'EFC, nées entre 1944 et 1958, et 1 955 femmes âgées de 20-34 ans (dont 775 femmes de 20-24 ans) nées entre 1957 et 1971 provenant de l'EDSC-91.

Cette approche a de nombreux avantages. Premièrement, comme nous nous intéressons aux entrées en union des adolescentes, en sélectionnant des femmes appartenant aux cohortes les plus jeunes, l'enquête n'est pas trop éloignée de cette période de leur vie, ce qui accroît la fiabilité des durées déclarées et de la séquence temporelle des événements qui nous intéressent. Deuxièmement, cette approche minimise l'effet des erreurs systématiques de mesure et les biais liés aux erreurs de déclaration inhérents aux études qui comparent différentes générations au même moment comme substitut à l'approche longitudinale. Enfin, du point de vue analytique, elle permet de reconstituer le processus de formation des unions à l'adolescence.

2. Calendrier de la première union

Le tableau 2 fournit les âges médians à la première union selon la classe d'âges des femmes à chaque enquête. L'âge médian à la première union est inférieur à 17 ans dans l'EDSC-91 et supérieur à 17 ans dans l'EDSC-98, ce qui montre une tendance au report des premières unions dans les générations récentes.

TABLEAU 2.– ÉVOLUTION DU CALENDRIER DE LA PREMIÈRE UNION PARMI LES FEMMES DE 20-49 ANS AU CAMEROUN : EFC (1978), EDSC (1991) ET EDSC (1998)

Classe d'âges à l'enquête	Âge médian à la première union dans			Pourcentage de variation de l'âge médian à la première union entre	
	EFC, 1978	EDSC, 1991	EDSC, 1998	1978 et 1991	1991 et 1998
20-24 ans	17,1	17,3	18,6	+ 1,17	+ 7,51
25-29 ans	17,0	16,9	18,0	– 0,59	+ 6,51
30-34 ans	16,6	16,6	17,2	0,00	+ 3,61
35-39 ans	17,4	16,6	17,5	– 4,60	+ 5,42
40-44 ans	17,1	16,3	16,9	– 4,68	+ 3,68
45-49 ans	18,3	16,0	16,4	– 12,57	+ 2,50
Ensemble	17,2	16,7	17,4	– 2,91	+ 4,19

Note : les estimations des colonnes 2 à 4 proviennent des rapports principaux de l'EFC (MINEP, 1983), de l'EDSC-91 (Balepa et al., 1992), et de l'EDSC-98 (Fotso et al., 1999).

Dans l'EDSC-98, l'âge médian à la première union passe de 16,4 ans pour les femmes des générations les plus anciennes (âgées de 45-49 ans) à 18,6 ans pour les générations les plus récentes (âgées de 20-24 ans) ; dans l'EDSC-91, il passe de 16,0 ans pour les 45-49 ans à 17,3 ans pour les 20-24 ans. La comparaison entre l'EDSC-91 et l'EFC-78 semble indiquer une tendance contraire : en fait, comme nous l'avons souligné plus haut, il semblerait que l'EFC ait sous-estimé la prévalence de la nuptialité précoce du fait que certaines femmes enquêtées ont confondu la légalisation (récente) d'une union ancienne avec le début réel de l'union ; ainsi, on a remarqué dans l'EFC qu'un certain nombre de femmes de plus de 40 ans qui avaient eu des enfants à un rythme régulier à partir d'un jeune âge ont déclaré être entrées en union après l'âge de 30 ans (MINEP, 1983, p. 49).

Au total, la comparaison des résultats obtenus en 1991 et 1998 pour chaque classe d'âges montre bien que le recul de l'âge à la première union est réel et soutenu.

3. Caractéristiques des femmes et probabilités différentielles d'entrée en union précoce

Le tableau 3 fournit une description statistique des échantillons analysés, en distinguant les caractéristiques des femmes de 20-34 ans de celles des 20-24 ans. Les proportions de femmes ayant vécu leur enfance en milieu urbain ou vivant lors de l'enquête dans les zones urbaines ainsi que la part des femmes ayant déjà migré ont beaucoup augmenté entre 1978 et 1991. Le niveau d'éducation s'est élevé et le recours à la contraception s'est développé. À l'inverse, la répartition régionale des femmes a peu varié, de même que la proportion des chrétiennes (qui est restée proche de 70 %).

Le tableau 4 présente, pour les classes d'âges 20-34 ans et 20-24 ans, les niveaux et l'évolution des probabilités d'entrée en union avant 20 ans selon les caractéristiques des femmes. La comparaison de ces probabilités en 1978 et en 1991 confirme la réduction soutenue du risque aussi bien chez les 20-34 ans (de l'ordre de 5 %) que dans le sous-groupe des 20-24 ans (de l'ordre de 10 %).

Dans l'enquête de 1978, la probabilité d'être entrée en union avant 20 ans est plus élevée chez les 20-24 ans que dans les cohortes plus anciennes ; ceci pourrait s'expliquer, comme on l'a vu, par la confusion survenue dans les déclarations à l'EFC entre le début d'union et sa légalisation à une date postérieure. Comme attendu, la probabilité d'entrée en union à l'adolescence est plus forte chez les femmes pubères précocement que chez celles dont la puberté est tardive. Les femmes qui n'ont jamais utilisé la contraception, celles qui n'ont jamais migré, celles qui ont passé leur enfance en milieu rural ou y vivent au moment de l'enquête, celles qui n'ont reçu aucune éducation formelle et les adeptes des religions musulmane ou africaines ont les plus fortes probabilités d'avoir contracté une union avant 20 ans. Les femmes de 20-34 ans de l'Ouest et du Nord ont aussi des risques plus élevés, alors que chez les 20-24 ans en particulier, c'est pour les femmes du Nord-Ouest puis celles de l'Ouest et du Nord que les probabilités sont les plus fortes.

Dans l'enquête de 1991, la probabilité d'être entrée en union avant 20 ans croît régulièrement avec la classe d'âges et cette probabilité est

TABLEAU 3. – RÉPARTITION DES FEMMES ÂGÉES DE 20 À 34 ANS EN 1978 ET EN 1991 SELON LES VARIABLES D'ANALYSE : DONNÉES PONDÉRÉES

Variables	EFC (1978)		EDSC (1991)	
	Femmes de 20-34 ans (N = 3924)	Femmes de 20-24 ans (N = 1496)	Femmes de 20-34 ans (N = 1955)	Femmes de 20-24 ans (N = 775)
État matrimonial à l'enquête	–			
Mariée[a]	0,897 (3521)	0,866 (1295)	0,684 (1337)	0,582 (451)
En union libre	–	–	0,144 (282)	0,185 (143)
Veuve	0,014 (56)	0,008 (12)	0,013 (26)	0,003 (2)
Divorcée	0,013 (51)	0,009 (13)	0,019 (38)	0,014 (11)
Séparée	0,073 (73)	0,013 (19)	0,038 (75)	0,031 (24)
Célibataire	0,057 (223)	0,104 (156)	0,101 (197)	0,186 (144)
Classe d'âges				
20-24 ans	0,381 (1496)	1,000 (1496)	0,396 (775)	1,000 (775)
25-29 ans	0,331 (1297)	–	0,317 (620)	–
30-34 ans	0,288 (1132)	–	0,287 (560)	–
Âge aux 1res règles				
<14 ans	0,293 (1152)	0,293 (438)	0,299 (584)	0,300 (233)
14-15 ans	0,561 (2200)	0,552 (825)	0,447 (874)	0,441 (341)
16+ ou pas encore	0,146 (572)	0,155 (232)	0,254 (497)	0,259 (200)
A déjà utilisé la contraception (D)	0,134 (525)	0,160 (240)	0,485 (947)	0,533 (413)
A déjà migré (D)	0,568 (2228)	0,570 (853)	0,749 (1464)	0,721 (559)
Région de résidence				
Nord	0,491 (1926)	0,479 (717)	0,353 (690)	0,327 (253)
Littoral	0,050 (196)	0,056 (83)	0,128 (251)	0,119 (92)
Ouest	0,101 (397)	0,114 (170)	0,105 (205)	0,119 (92)
Centre-Sud	0,120 (472)	0,118 (176)	0,215 (420)	0,243 (188)
Est	0,045 (177)	0,052 (78)	0,054 (105)	0,046 (35)
Nord-Ouest	0,113 (445)	0,099 (149)	0,079 (154)	0,081 (63)
Sud-Ouest	0,079 (312)	0,082 (123)	0,066 (129)	0,066 (51)
Résidence actuelle				
Rurale	0,782 (3070)	0,753 (1126)	0,547 (1069)	0,545 (422)
Yaoundé/Douala	0,132 (516)	0,163 (244)	0,182 (356)	0,274 (212)
Autres villes	0,086 (338)	0,084 (125)	0,271 (530)	0,181 (140)
Résidence dans l'enfance				
Rurale	0,842 (3306)	0,813 (1216)	0,598 (1169)	0,567 (440)
Urbaine	0,158 (618)	0,187 (280)	0,402 (786)	0,433 (335)
Niveau d'éducation				
Aucune scolarisation	0,572 (2246)	0,413 (617)	0,366 (716)	0,319 (247)
Primaire	0,334 (1313)	0,454 (679)	0,340 (664)	0,297 (230)
Secondaire ou plus	0,093 (365)	0,133 (199)	0,294 (575)	0,384 (298)
Religion				
Catholique	0,349 (1370)	0,379 (567)	0,362 (708)	0,397 (308)
Protestante	0,312 (1223)	0,313 (469)	0,307 (600)	0,301 (234)
Musulmane	0,210 (824)	0,192 (287)	0,213 (417)	0,201 (156)
Religions africaines	0,129 (508)	0,115 (172)	0,118 (230)	0,100 (78)

Note : les tailles des échantillons sont entre parenthèses. D = variable dichotomique codée 1 si oui, 0 sinon.
[a] Dans l'EFC (1978), l'union libre n'était pas explicitement mesurée (voir texte).

TABLEAU 4. – PROBABILITÉS D'ÊTRE ENTRÉE EN UNION AVANT 20 ANS, SELON LES VARIABLES D'ANALYSE : DONNÉES PONDÉRÉES (FEMMES ÂGÉES DE 20 À 34 ANS EN 1978 ET EN 1991)

Variables	EFC (1978)		EDSC (1991)	
	Femmes de 20-34 ans (N = 3924)	Femmes de 20-24 ans (N = 1496)	Femmes de 20-34 ans (N = 1955)	Femmes de 20-24 ans (N = 775)
Ensemble	0,795	0,810	0,752	0,732
Classe d'âges				
20-24 ans	0,810	0,810	0,732	0,732
25-29 ans	0,779	–	0,745	–
30-34 ans	0,795	–	0,787	–
Âge aux 1res règles				
<14 ans	0,829	0,838	0,782	0,754
14-15 ans	0,798	0,817	0,777	0,756
16+ ou pas encore	0,717	0,730	0,671	0,663
A déjà utilisé la contraception				
Non	0,820	0,837	0,855	0,856
Oui	0,633	0,669	0,642	0,622
A déjà migré				
Non	0,868	0,867	0,785	0,720
Oui	0,740	0,767	0,741	0,736
Région de résidence				
Nord	0,837	0,816	0,953	0,959
Littoral	0,691	0,663	0,561	0,540
Ouest	0,847	0,876	0,699	0,644
Centre-Sud	0,699	0,738	0,584	0,611
Est	0,743	0,791	0,818	0,893
Nord-Ouest	0,777	0,881	0,709	0,633
Sud-Ouest	0,741	0,808	0,673	0,564
Résidence actuelle				
Rurale	0,831	0,864	0,813	0,797
Yaoundé/Douala	0,592	0,554	0,545	0,537
Autres villes	0,779	0,817	0,767	0,731
Résidence dans l'enfance				
Rurale	0,817	0,840	0,821	0,804
Urbaine	0,676	0,677	0,649	0,636
Niveau d'éducation				
Aucune scolarisation	0,880	0,939	0,943	0,944
Primaire	0,744	0,789	0,806	0,851
Secondaire ou plus	0,456	0,478	0,451	0,463
Religion				
Catholique	0,724	0,746	0,636	0,624
Protestante	0,737	0,745	0,672	0,648
Musulmane	0,920	0,952	0,974	0,971
Religions africaines	0,924	0,958	0,912	0,928

réduite de 10 % entre 1978 et 1991 pour le groupe le plus fiable (20-24 ans), ce qui traduit un net recul de l'âge à l'entrée en première union. Cette évolution se retrouve pour presque toutes les caractéristiques présentées au tableau 4.

Une exception notable à ce schéma est observable dans les régions du Nord et de l'Est où le risque d'unions à l'adolescence est élevé et augmente avec le temps. Ces régions sont les plus touchées par l'infécondité et la stérilité, en dépit des interventions en santé publique qui, dans les années quatre-vingt, ont atténué sensiblement ces problèmes (Kuate-Defo, 1998b). Il est possible que dans ces régions les femmes soient poussées à entrer en union très tôt dans l'espoir de maximiser leurs chances d'avoir un enfant (Kuate-Defo, 1998a).

4. Géographie des formes d'union au Cameroun

Le tableau 5 présente l'intensité et le calendrier des formes d'union selon le lieu de résidence actuelle. L'âge moyen à la première union (mariage ou union libre) est le plus élevé à Yaoundé/Douala (18 ans) puis dans les autres villes (16 ans environ). Comme on l'avait supposé, la prévalence des unions libres est significativement plus forte dans les grandes métropoles (30 % de l'ensemble des unions) qu'ailleurs au Cameroun (seulement 13 % de toutes les unions). De plus, les femmes vivant en union libre cohabitent plus souvent avec leur partenaire en milieu rural (54 % d'entre elles) que celles des grandes métropoles (34 % seulement), et les femmes se marient plus tardivement dans les grandes villes qu'ailleurs. Il n'y a pas de différences significatives entre les âges moyens d'entrée en union des femmes vivant en union libre selon le lieu de résidence actuelle ou le statut de corésidence avec le partenaire.

5. Analyses multivariées

Dans cette section, l'objectif principal est d'analyser simultanément les effets des diverses variables et d'en mesurer les évolutions éventuelles. Les tableaux 6a et 6b présentent les coefficients β et les écarts types estimés à partir des modèles de régression logistique de survie en temps discret en 1978 et 1991, pour les classes d'âges 20-34 ans et 20-24 ans respectivement. Pour une catégorie donnée, le risque relatif par rapport à la catégorie de référence est, en première approximation dans nos modèles de survie, égal à $\exp(\beta)$. Les différences (et leurs écarts types) entre les estimations pour 1978 et 1991 figurent dans les colonnes 6 et 7.

TABLEAU 5. – LIEU DE RÉSIDENCE ACTUELLE ET FORMES D'UNION AU CAMEROUN : EDSC, 1991

A : Distribution des femmes selon la forme d'union et le lieu de résidence actuelle													
	Forme d'union						Pour la femme vivant en union libre, le partenaire			Pour la femme vivant en union libre, le partenaire a d'autres femmes			
	Mariée		Vit en union libre		Total		Vit avec elle		Vit ailleurs		Oui		Non	
	N	%	N	%	N	%	N	%	N	%	N	%	N	%
Total	2 412	84,1	456	15,9	2 868	100,0	203	44,5	252	55,5	110	24,1	346	75,9
Vit à :	P<0,01				P<0,01		P<0,01				Non significatif			
Yaoundé/Douala	268	70,0	115	30,0	383	100,0	39	33,8	76	66,2	27	23,3	88	76,7
Autres villes	622	87,2	92	12,9	714	100,0	29	31,6	63	68,4	25	26,8	68	73,2
Arrière-pays	1 522	86,0	249	14,0	1 771	100,0	135	54,3	114	45,7	58	23,4	190	76,6

B : Âge moyen (M) et écart type (ET) d'entrée en union selon le lieu de résidence actuelle													
	Forme d'union						Pour la femme vivant en union libre, le partenaire			Pour la femme vivant en union libre, le partenaire a d'autres femmes			
	Mariée		Vit en union libre		Total		Vit avec elle		Vit ailleurs		Oui		Non	
	M	ET	M	ET	M	ET	M	ET	M	ET	M	ET	M	ET
Total	16,02	3,53	17,63	3,62	16,28	3,59	18,11	4,26	17,22	2,94	18,21	4,08	17,44	3,45
Vit à :	P<0,01		Non significatif		P<0,01		Non significatif				Non significatif			
Yaoundé/Douala	18,1	3,3	18,2	3,5	18,1	3,4	18,5	4,2	17,9	3,0	18,7	4,3	18,0	3,2
Autres villes	16,1	4,3	17,3	3,4	16,3	4,2	16,9	2,9	17,4	3,6	17,9	4,3	17,0	3,0
Arrière-pays	15,6	3,0	17,5	3,7	15,9	3,2	18,3	4,5	16,6	2,3	18,1	3,9	17,3	3,7

Note : Les estimations sont faites à partir de l'analyse de la variance.

L'entrée précoce en union : déterminants et changements dans la structure des relations

Comme attendu et pour tous les modèles, la propension à contracter une union augmente de façon régulière à l'adolescence de 12 à 18 ans. On observe pour chaque classe d'âges une décélération du rythme d'entrée en union entre 1978 et 1991, et cette variation est statistiquement significative pour le groupe le plus fiable des 20-24 ans.

En 1978 comme en 1991, les femmes pubères précocement (avant l'âge de 14 ans) se marient plus tôt que celles qui sont pubères à 14-15 ans, et encore plus tôt que celles dont la puberté est la plus tardive. Ces résultats ne sont pas affectés par la prise en compte des effets des autres variables. Dans la plupart des pays où les données sont disponibles, la baisse constante de l'âge à la puberté au cours des décennies récentes a suscité chez certains la crainte d'un accroissement du nombre des mariages précoces. Entre 1978 et 1991, on observe en fait, pour le groupe d'âges le plus fiable (voir tableau 6b), un resserrement statistiquement significatif des écarts entre la propension au mariage des femmes pubères précocement et celle des autres femmes.

En 1978 et pour les 20-34 ans seulement, il y a une association négative (bien que non significative) entre l'utilisation de la contraception et l'entrée en union à l'adolescence. Au contraire, pour les 20-24 ans en 1978 (résultat significatif) et 1991, et pour les 20-34 ans en 1991, les femmes qui ont déjà utilisé la contraception ont formé leur union plus précocement, ce qui remet en cause l'hypothèse traditionnelle de la quasi-inexistence de la pratique contraceptive chez les jeunes mariées. Au Cameroun (et même en Afrique) où l'entrée en union a été souvent synonyme de début de vie féconde et où l'utilisation de la contraception par les jeunes mariées est relativement rare, nos résultats suggèrent une modification des comportements des jeunes femmes qui vont dans le sens d'une meilleure santé de la reproduction à l'adolescence.

En termes de différences régionales, les données montrent clairement que les femmes du Nord sont de loin les plus susceptibles d'entrer en union dès l'adolescence. L'écart entre le Nord et les autres provinces sauf l'Est semble se maintenir de 1978 à 1991, ce qui souligne un renforcement de la précocité des unions dans le Nord. Ces résultats peuvent en partie s'expliquer par la prédominance des musulmans qui représentent plus de 80 % de la population dans le Nord et par la faible scolarisation féminine dans cette région (d'après l'EFC, près de 90 % des femmes du Nord sont illettrées).

Les changements matrimoniaux sont-ils plus marqués dans les grandes agglomérations que dans le reste du pays ? La réponse est affirmative, et l'analyse multivariée confirme les résultats des tableaux 4 et 5. En 1978, les propensions à entrer en union à l'adolescence sont significativement plus faibles pour les résidentes de Yaoundé et Douala que pour les résidentes des autres villes ou de l'arrière-pays ; les résultats de 1991, bien que statistiquement non significatifs, vont dans le même sens. De plus, la variation inter-enquêtes est statistiquement significative et plus marquée chez les résidentes des grandes métropoles seulement. Ces résultats suggèrent que la forte intensité des unions libres parmi les citadines des grandes métropoles camerounaises (voir tableau 5) ne compense pas encore le recul de la nuptialité habituellement associé au contexte urbain.

TABLEAU 6A. – COEFFICIENTS ET ÉCARTS-TYPES[a] DES CORRÉLATS DE LA PREMIÈRE UNION À L'ADOLESCENCE À PARTIR DES ANALYSES DE SURVIE EN TEMPS DISCRET : FEMMES ÂGÉES DE 20 À 34 ANS À CHAQUE ENQUÊTE, EFC (1978) ET EDSC (1991)

Variables	EFC, 1978		EDSC, 1991		Variation de l'influence des facteurs de risque entre l'EFC (1978) et l'EDSC (1991), à partir des modèles complets	
	Modèle complet	Modèle complet avec interactions	Modèle complet	Modèle complet avec interactions	Paramètre	Écart type
Âge d'exposition au risque d'entrer en union avant 20 ans						
11 ans ou moins	REF	REF	REF	REF		
12 ans	1,589* (0,129)	1,590* (0,129)	2,067* (0,199)	2,071* (0,199)	+0,478**	0,237
13 ans	2,252* (0,116)	2,254* (0,116)	2,591* (0,188)	2,597* (0,189)	+0,339	0,221
14 ans	2,880* (0,110)	2,885* (0,110)	3,520* (0,178)	3,538* (0,178)	+0,640*	0,209
15 ans	3,586* (0,107)	3,595* (0,107)	4,224* (0,177)	4,249* (0,178)	+0,638*	0,207
16 ans	3,870* (0,109)	3,884* (0,109)	4,583* (0,181)	4,617* (0,182)	+0,713*	0,211
17 ans	4,143* (0,110)	4,159* (0,111)	4,861* (0,185)	4,901* (0,186)	+0,718*	0,215
18 ans	4,360* (0,113)	4,382* (0,113)	5,143* (0,188)	5,192* (0,189)	+0,783*	0,219
19 ans	4,460* (0,118)	4,485* (0,118)	5,131* (0,194)	5,182* (0,195)	+0,671*	0,227
Classe d'âges						
20-24 ans	0,268* (0,055)	0,254* (0,055)	0,037 (0,077)	0,056 (0,078)	−0,231**	0,095
25-29 ans	0,097 (0,055)	0,094 (0,055)	0,027 (0,079)	0,037 (0,080)	−0,070	0,096
30-34 ans	REF	REF	REF	REF		
Âge aux 1res règles						
Moins de 14 ans	REF	REF	REF	REF		
14-15 ans	−0,296* (0,048)	−0,292* (0,048)	−0,335* (0,073)	−0,327* (0,074)	−0,039	0,087
16 ans ou + ou pas encore	−0,771* (0,069)	−0,778* (0,069)	−0,712* (0,088)	−0,704* (0,089)	−0,059	0,112
A déjà utilisé la contraception						
Non	REF	REF	REF	REF		
Oui	−0,043 (0,063)	−0,074 (0,072)	0,139 (0,078)	0,165 (0,089)	+0,182	0,100
A déjà migré						
Non	REF	REF	REF	REF		
Oui	−0,040 (0,049)	−0,050 (0,049)	0,076 (0,077)	0,123 (0,078)	+0,116	0,091

Variables	EFC, 1978		EDSC, 1991		Variation dans l'influence des facteurs de risque entre l'EFC (1978) et l'EDSC (1991), à partir des modèles complets	
	Modèle complet	Modèle complet avec interactions	Modèle complet	Modèle complet avec interactions	Paramètre	Écart type
Région de résidence						
Nord	REF	REF	REF	REF		
Littoral	−0,870* (0,107)	−0,832* (0,130)	−0,980* (0,149)	−0,850* (0,179)	−0,110	0,183
Ouest	−0,807* (0,088)	−0,879* (0,215)	−0,849* (0,137)	−0,839* (0,175)	−0,042	0,163
Centre-Sud	−0,869* (0,087)	−0,731* (0,107)	−0,855* (0,138)	−0,688* (0,171)	+0,014	0,163
Est	−0,881* (0,082)	−0,759* (0,110)	−0,216* (0,168)	−0,143* (0,199)	+0,665*	0,187
Nord-Ouest	−0,847* (0,085)	−0,561* (0,143)	−0,718* (0,161)	−0,756* (0,221)	+0,129	0,182
Sud-Ouest	−0,853* (0,106)	−0,814* (0,197)	−0,734* (0,164)	−0,740* (0,204)	+0,119	0,195
Résidence actuelle						
Rurale	REF	REF	REF	REF		
Yaoundé/Douala	−1,008* (0,084)	−0,887* (0,093)	−0,057 (0,113)	−0,097 (0,115)	+0,951*	0,140
Autres villes	0,053 (0,088)	0,030 (0,089)	−0,137 (0,083)	−0,107 (0,086)	−0,190	0,121
Résidence dans l'enfance						
Rurale	REF	REF	REF	REF		
Urbaine	−0,133** (0,064)	−0,117 (0,064)	−0,114 (0,075)	−0,091 (0,076)	+0,019	0,100
Niveau d'éducation						
Aucune scolarisation	REF	REF	REF	REF		
Primaire	−0,375* (0,056)	−0,297* (0,089)	−0,357* (0,108)	−0,202 (0,129)	+0,018	0,122
Secondaire ou plus	−1,156* (0,091)	−1,217* (0,159)	−1,405* (0,130)	−1,578* (0,175)	−0,249	0,159
Religion						
Catholique	REF	REF	REF	REF		
Protestante	−0,072 (0,051)	−0,080 (0,052)	−0,037 (0,076)	−0,029 (0,077)	+0,035	0,091
Musulmane	0,303* (0,072)	0,281* (0,073)	0,878* (0,113)	0,855* (0,116)	+0,575*	0,134
Religions africaines	0,189** (0,082)	0,161** (0,083)	0,568* (0,129)	0,561* (0,131)	+0,379**	0,153

Interactions entre région de résidence et niveau d'éducation		
Littoral × primaire		0,092 (0,211)	0,464 (0,374)
Littoral × secondaire ou plus		-0,174 (0,326)	0,794 (0,432)
Ouest × primaire		0,682* (0,175)	1,001** (0,399)
Ouest × secondaire ou plus		-0,209 (0,617)	0,798 (0,473)
Centre-Sud × primaire		0,044 (0,167)	0,315 (0,361)
Centre-Sud × secondaire ou plus		0,209 (0,256)	0,525 (0,416)
Est × primaire		0,161 (0,152)	0,691 (0,414)
Est × secondaire ou plus		0,303 (0,267)	0,333 (0,525)
Nord-Ouest × primaire		0,549* (0,170)	0,583 (0,347)
Nord-Ouest × secondaire ou plus		0,762** (0,378)	-0,273 (0,598)
Sud-Ouest × primaire		0,587* (0,201)	0,743 (0,430)
Sud-Ouest × secondaire ou plus		0,137 (0,549)	-0,286 (0,544)
Interactions entre utilisation de la contraception et niveau d'éducation			
Contraception × primaire		0,015 (0,161)	-0,115 (0,185)
Contraception × secondaire ou plus		-0,237 (0,200)	-0,035 (0,244)
Constante du modèle	-2,868* (0,060)	-2,833* (0,074)	-2,219* (0,056)	-2,371* (0,075)	+0,649*
-2Log(maximum de vraisemblance)	16113,601	16079,442	7295,471	7262,940	0,082
Amélioration de l'estimation (modèle complet versus modèle avec interactions) : χ2 (degrés de liberté)	–	34 (14)	–	32 (14)	
Nombre de femmes-années d'exposition au risque de 1re union à l'adolescence	37 577	37 577	19 161	19 161	

(a) Les écarts-types des paramètres estimés sont entre parenthèses. Le test statistique est calculé comme suit : $(\beta_{1991} - \beta_{1978}) / [(ET(\beta_{1978}))^2 + ET(\beta_{1991})^2]^{1/2}$, où les β_j et les ET_j représentent respectivement les paramètres estimés et les écarts types, pour la période j.
* Significatif au seuil de 1% ; ** Significatif au seuil de 5%.

TABLEAU 6B. – COEFFICIENTS ET ÉCARTS-TYPES[a] DES CORRÉLATS DE LA PREMIÈRE UNION À L'ADOLESCENCE À PARTIR DES ANALYSES DE SURVIE EN TEMPS DISCRET : FEMMES ÂGÉES DE 20 À 24 ANS À CHAQUE ENQUÊTE, EFC (1978) ET EDSC (1991)

Variables	EFC, 1978		EDSC, 1991		Variation de l'influence des facteurs de risque entre l'EFC (1978) et l'EDSC (1991), à partir des modèles complets	
	Modèle complet	Modèle complet avec interactions	Modèle complet	Modèle complet avec interactions	Paramètre	Écart type
Âge d'exposition au risque d'entrer en union avant 20 ans						
11 ans ou moins	REF	REF	REF	REF		
12 ans	1,484* (0,222)	1,489* (0,222)	2,366* (0,382)	2,382* (0,383)	+0,882**	0,442
13 ans	2,175* (0,197)	2,189* (0,197)	2,865* (0,366)	2,893* (0,368)	+0,690*	0,173
14 ans	2,943* (0,183)	2,968* (0,183)	3,823* (0,348)	3,855* (0,350)	+0,880**	0,393
15 ans	3,760* (0,177)	3,796* (0,178)	4,632* (0,345)	4,680* (0,347)	+0,872**	0,388
16 ans	4,068* (0,180)	4,114* (0,181)	5,065* (0,349)	5,121* (0,352)	+0,997**	0,393
17 ans	4,394* (0,183)	4,447* (0,183)	5,421* (0,353)	5,487* (0,356)	+1,027*	0,398
18 ans	4,892* (0,185)	4,957* (0,186)	5,495* (0,359)	5,472* (0,362)	+0,603	0,404
19 ans	4,895* (0,195)	4,964* (0,196)	5,505* (0,369)	5,593* (0,371)	+0,610	0,41/
Âge aux 1res règles						
Moins de 14 ans	REF	REF	REF	REF		
14-15 ans	−0,420* (0,076)	−0,435* (0,077)	−0,158 (0,120)	−0,172 (0,122)	+0,262	0,142
16 ans ou + ou pas encore	−1,019* (0,109)	−1,062* (0,111)	−0,552* (0,141)	−0,586* (0,144)	+0,467**	0,178
A déjà utilisé la contraception						
Non	REF	REF	REF	REF		
Oui	0,048 (0,092)	0,217** (0,112)	0,252 (0,132)	0,209 (0,144)	+0,204	0,268
A déjà migré						
Non	REF	REF	REF	REF		
Oui	0,143 (0,079)	0,147 (0,082)	0,173 (0,120)	0,204 (0,124)	+0,030	0,144

La nuptialité des adolescentes au Cameroun

Région de résidence					
Nord	REF	REF	REF	REF	0,298
Littoral	−1,065* (0,169)	−1,013* (0,200)	−0,787* (0,245)	−0,823* (0,291)	+0,278	0,266
Ouest	−0,700* (0,140)	−1,173* (0,365)	−0,761* (0,226)	−0,816* (0,259)	−0,061	0,268
Centre-Sud	−0,877* (0,141)	−0,717* (0,167)	−0,386 (0,228)	−0,523 (0,270)	+0,491	0,327
Est	−0,867* (0,129)	−0,780* (0,151)	−0,392 (0,301)	−0,770** (0,363)	+0,475	0,312
Nord-Ouest	−0,536* (0,143)	−0,589* (0,196)	−0,581*** (0,277)	−0,847** (0,354)	−0,045	0,337
Sud-Ouest	−0,837* (0,168)	−0,856* (0,293)	−0,681** (0,292)	−0,407 (0,404)	+0,156	
Résidence actuelle						
Rurale	REF	REF	REF	REF		0,218
Yaoundé/Douala	−1,299* (0,134)	−1,221* (0,149)	−0,199 (0,172)	−0,237 (0,177)	+1,100**	0,197
Autres villes	−0,152 (0,144)	−0,166 (0,147)	−0,068 (0,135)	−0,078 (0,141)	+0,084	
Résidence dans l'enfance						
Rurale	REF	REF	REF	REF		0,156
Urbaine	−0,103 (0,099)	−0,100 (0,100)	−0,072 (0,120)	−0,049 (0,123)	+0,031	
Niveau d'éducation						
Aucune scolarisation	REF	REF	REF	REF		0,214
Primaire	−0,467* (0,090)	−0,814* (0,150)	−0,486*** (0,194)	−0,764* (0,275)	−0,019	0,263
Secondaire ou plus	−1,243* (0,133)	−1,852* (0,253)	−1,642* (0,227)	−2,140* (0,328)	−0,399	
Religion						
Catholique	REF	REF	REF	REF		0,148
Protestante	−0,173 (0,080)	−0,033 (0,082)	−0,121 (0,125)	−0,097 (0,127)	+0,052	0,215
Musulmane	0,512* (0,116)	0,501* (0,118)	0,898* (0,181)	0,889* (0,190)	+0,386	0,247
Religions africaines	0,344*** (0,137)	0,335* (0,140)	0,776* (0,205)	0,797* (0,209)	+0,432	

Variables	EFC. 1978		EDSC. 1991		Variation dans l'influence des facteurs de risque entre l'EFC (1978) et l'EDSC (1991), à partir des modèles complets	
	Modèle complet	Modèle complet avec interactions	Modèle complet	Modèle complet avec interactions	Paramètre	Écart type
Interactions entre région de résidence et niveau d'éducation						
Littoral × primaire		−0,019 (0,411)		−0,679 (0,680)		
Littoral × secondaire ou plus		0,043 (0,509)		0,486 (0,739)		
Ouest × primaire		0,763* (0,295)		−0,385 (0,623)		
Ouest × secondaire ou plus		−0,836 (1,063)		0,122 (0,703)		
Centre-Sud × primaire		−0,166 (0,331)		−0,277 (0,600)		
Centre-Sud × secondaire ou plus		0,462 (0,405)		0,623 (0,663)		
Est × primaire		0,217 (0,252)		−1,918** (0,807)		
Est × secondaire ou plus		0,712** (0,356)		−0,899 (0,980)		
Nord-Ouest × primaire		0,074 (0,277)		−0,636 (0,605)		
Nord-Ouest × secondaire ou plus		−0,113 (0,510)		−1,325 (0,956)		
Sud-Ouest × primaire		0,528 (0,328)		−1,067 (1,053)		
Sud-Ouest × secondaire ou plus		0,393 (0,820)		−1,127 (1,097)		
Interactions entre utilisation de la contraception et niveau d'éducation						
Contraception × primaire		−0,886* (0,279)		0,035 (0,331)		
Contraception × secondaire ou plus		−1,405* (0,320)		−0,273 (0,394)		
Constante du modèle	−2,809* (0,094)	−2,745* (0,118)	−2,234* 0,097)	−2,159* (0,135)	+0,575	0,135
−2Log(maximum de vraisemblance)	6316,242	6275,472	2776,068	2755,489		
Amélioration de l'estimation (modèle complet versus modèle complet avec interactions) : χ2 (degrés de liberté)	—	41 (14)	—	21 (14)		
Nombre de femmes-années d'exposition au risque de 1re union à l'adolescence	15 440	15 440	7 730	7 730		

(a) Les écarts-types des paramètres estimés sont entre parenthèses. Le test statistique est calculé comme suit : $(\beta_{1991} - \beta_{1978})/[(ET(\beta_{1978}))^2 + ET(\beta_{1991})^2]^{1/2}]$, où les β_j et les ET_j représentent respectivement les paramètres estimés et les écarts types, pour la période j.
* Significatif au seuil de 1% ; ** Significatif au seuil de 5%.

Les données confirment aussi la relation entre éducation et nuptialité précoce : plus le niveau d'éducation augmente, moins grande est la chance d'être entrée en union à l'adolescence. Ces chances sont significativement réduites d'au moins 50 % pour le niveau primaire et d'au moins 70 % pour le niveau secondaire ou plus dans les modèles complets avec interactions. Le recul de la nuptialité précoce entre 1978 et 1991 est statistiquement significatif pour les femmes les plus scolarisées à la fois dans les groupes 20-34 ans et 20-24 ans. Ces résultats confirment ceux observés ailleurs en Afrique (Nations unies, 1988). On peut en proposer trois explications. D'abord une explication en termes de simple effet d'âge : plus une fille poursuit ses études, plus elle est âgée et plus elle a de chances d'avoir échappé au risque de nuptialité durant l'adolescence. La seconde explication relève de la théorie économique du capital humain : plus les parents sont convaincus de l'utilité de l'éducation de leur fille pour sa qualité intrinsèque et ses aspirations professionnelles, plus ils privilégient l'investissement scolaire pour leur fille au détriment d'autres projets comme un mariage rapide. Enfin, l'éventualité d'une crise de nuptialité induite par la crise économique n'est pas à exclure : le contexte de la crise économique peut entraîner une diminution du nombre d'hommes disponibles sur le marché matrimonial, et donc limiter les chances des jeunes diplômées de trouver un partenaire.

Les adeptes de l'islam et des religions africaines forment des unions plus tôt que les catholiques, qui elles-mêmes forment des unions plus tôt que les protestantes. Ces résultats résistent au contrôle des autres facteurs et à la prise en compte des effets d'interaction. Chez les musulmans et les adeptes des religions africaines, les attitudes pro-natalistes pourraient expliquer la formation précoce des unions.

Nous avons aussi considéré certains effets d'interaction entre variables, notamment l'éducation et la contraception. De façon générale, les résultats des modèles complets avec ou sans interactions sont assez similaires, à la fois par le sens, l'ampleur et le pouvoir explicatif des variables indépendantes. L'influence du niveau de scolarisation sur la nuptialité précoce varie dans le temps selon les régions. Ces variations régionales reflètent en partie le type d'union par région. Les femmes non scolarisées, le plus souvent en milieu rural ou de la région Nord, sont plus susceptibles de former une union polygame. Selon l'EFC, les femmes ayant un certain niveau d'éducation et ayant déjà utilisé la contraception tendent à entrer en union moins rapidement à l'adolescence.

Décomposition de la variation des risques de première union à l'adolescence

Nos résultats ont montré que la structure des relations entre les variables explicatives et la variable dépendante a changé dans le temps. Le tableau 7 retrace la part du changement due : (1) aux modifications de structure de la population (effet de composition); (2) aux effets des variables mesurées et non mesurées à différents moments (effet de propension) ; et (3) à la covariation entre la structure démographique et la propension à entrer en union avant l'âge de 20 ans à chacune des périodes pour les facteurs mesurés (effet d'interaction). En effet, les changements socio-économiques qui se sont produits au Cameroun dans les années 1980 ont de toute évidence joué un rôle dans la modification des risques d'union précoce. Si des sous-groupes ont des propensions différentes à contracter des unions avant 20 ans, une part du changement global dans le niveau de chacune de ces variables peut être attribuée à l'effet de composition. Plus encore, les variations du niveau de la nuptialité précoce peuvent entraîner des changements structurels dans les relations entre la variable dépendante et ses déterminants à différents moments (effet de taux ou de propension), même si la structure démographique demeure inchangée. Finalement, les valeurs moyennes et les effets estimés des variables choisies peuvent varier simultanément dans le temps.

TABLEAU 7. – DÉCOMPOSITION DES CHANGEMENTS SURVENUS ENTRE 1978 ET 1991 DANS LA NUPTIALITÉ À L'ADOLESCENCE

Variables	Changement dû à					
	la propension		la composition		l'interaction	
	20-34 ans	20-24 ans	20-34 ans	20-24 ans	20-34 ans	20-24 ans
Âge à risque	+ 446,7	+ 525,7	– 187,3 (18,7)	– 88,1 (7,3)	– 34,4	– 40,1
Générations	– 11,1	–	– 0,5 (0,0)	–	+ 0,3	–
Âge aux 1res règles	– 1,3	+ 55,5	– 3,8 (0,4)	– 42,9 (3,5)	+ 1,0	+ 2,0
Contraception	+ 2,4	+ 13,6	– 0,8 (0,0)	+ 1,0 (0,0)	+ 6,4	+ 7,6
Migration	+ 6,6	+ 2,3	– 0,5 (0,0)	+ 0,4 (0,0)	+ 2,1	+ 0,5
Région de résidence	+ 4,6	+ 95,4	– 67,9 (6,8)	– 120,3 (9,9)	– 0,7	+ 7,5
Résidence actuelle	+ 11,0	+ 67,8	– 96,9 (9,7)	– 144,2 (11,9)	+ 1,3	+ 13,0
Résidence dans l'enfance	+ 0,3	+ 2,1	– 0,3 (0,0)	– 0,3 (0,0)	+ 0,5	+ 0,8
Éducation	– 1,7	– 20,6	– 23,4 (2,3)	+ 50,5 (4,2)	– 5,0	– 9,7
Religion	+ 18,1	+ 82,0	+ 0,0 (0,0)	+ 33,8 (2,8)	– 0,3	– 0,4
Constante	+ 64,9	+ 57,5	–	–	–	–
Total	+ 540,5	+ 881,3	– 381,4	– 310,1	– 28,8	– 18,8
Pourcentage du changement total absolu	56,8	72,8	38,0	25,6	5,2	1,6

Notes : les estimations sont dérivées des moyennes des variables explicatives (Tableau 3) et des paramètres estimés des modèles de régression de survie en temps discret (tableaux 6a et 6b) ; la contribution en pourcentage de l'effet de composition de chaque facteur de risque dans l'explication du changement absolu se trouve entre parenthèses à côté du changement relatif pour ce facteur-là.

Les résultats font ressortir d'importants effets de propension et de composition dans les probabilités d'union à l'adolescence au Cameroun entre 1978 et 1991. La *composante propension* domine comme facteur de variation de ces risques, comptant respectivement pour 57 % et 73 % du déclin total observé chez les 20-34 ans et les 20-24 ans ; elle est expliquée surtout par les propensions attribuables à l'âge d'exposition au risque de contracter une première union avant 20 ans, à la région de résidence, à la religion, au type de lieu de résidence actuelle, à l'âge aux premières règles et à l'éducation. Ceci pourrait bien résulter de la crise économique qui a accru les difficultés des jeunes à réunir les moyens permettant de former une union depuis les années 1980. Mais il nous semble que la stabilité du comportement d'entrée en union précoce au Nord ne tient pas tant du contexte économique que du comportement des familles favorisant l'union précoce.

L'effet de composition explique respectivement 38 % et 26 % du déclin total observé chez les 20-34 ans et les 20-24 ans. Cet effet est principalement dû aux changements de composition de la population selon l'âge d'exposition au risque (représentant 19 % du changement absolu chez les 20-34 ans et 7 % chez les 20-24 ans), le lieu de résidence actuelle (10 % du changement absolu parmi les 20-34 ans et 12 % parmi les 20-24 ans), la région de résidence (7 % du changement absolu chez les 20-34 ans et 10 % chez les 20-24 ans), l'éducation (2 % du changement absolu dans le groupe 20-34 ans et 4 % chez les 20-24 ans), l'âge aux premières règles (4 % chez les 20-24 ans) et la religion (3 % chez les 20-24 ans). L'effet d'interaction explique seulement 5 % de la réduction absolue de la nuptialité précoce chez les 20-34 ans et 2 % chez les 20-24 ans. Au total, le lieu de résidence, l'âge aux premières règles et l'éducation sont les facteurs de risque pour lesquels les effets de composition et de propension sont les plus importants sur les changements matrimoniaux.

VI. Discussion et conclusion

Le résultat le plus notable de notre étude est le déclin de la nuptialité précoce dans toutes les régions (sauf le Nord) et dans tous les sous-groupes, surtout chez les femmes des plus jeunes générations, les plus scolarisées, celles dont la puberté est tardive et les adeptes des religions musulmane ou africaines. De plus, les citadines des grandes agglomérations (avec la plus forte intensité d'entrée en union libre) ont connu des changements matrimoniaux plus prononcés que les autres femmes. Nous avons pu vérifier que cette évolution entre 1978 et 1991 ne résulte pas d'un artefact statistique, qui aurait pu être induit par des changements structurels.

L'implication démographique d'une telle transition de la nuptialité pour le Cameroun (et peut-être d'autres pays d'Afrique) est la possibilité d'une réduction de la fécondité des adolescentes, compte tenu du fait qu'à l'adolescence, l'union conjugale demeure le cadre privilégié de la fécondité. Nos résultats montrent d'ailleurs que lorsque les jeunes (surtout scolarisées) ne sont pas en union stable durant leur adolescence, elles tendent de façon significative à faire usage de la contraception.

L'effet de l'âge à la puberté sur le calendrier et l'intensité de la primo-nuptialité a été peu étudié, spécialement dans les pays en développement (Udry, Cliquet, 1982; Nations unies, 1988). Dans un contexte de déclin de l'âge aux premières règles et de recul de l'âge à la première union (Kuate-Defo, 1998a), cette étude montre que les femmes pubères précocement continuent à entrer en union plus tôt que celles dont la puberté est tardive. Ces résultats sont importants dans la mesure où, dans plusieurs parties du Cameroun, l'entrée en première union continue à suivre de près la puberté alors qu'aucune contraception efficace n'est souvent pratiquée entre le début de la vie conjugale et la première naissance (Santow, Bioumla, 1984; Kuate-Defo, 1998a).

La région et le caractère rural ou urbain du lieu de résidence expliquent le plus gros du changement de comportement matrimonial lié aux modifications de la structure de la population. Depuis le début du régime colonial, toutes les régions du Cameroun ont été, à divers degrés, exposées à l'influence occidentale qui a modifié certaines institutions et en a laissé d'autres inchangées. La relation entre l'affiliation religieuse et la nuptialité précoce peut être imputée en partie aux inégalités régionales d'accès à l'éducation au Cameroun : parce que la scolarisation y a été introduite par les missionnaires chrétiens (d'abord dans le Centre, le Sud et l'Est, ensuite dans le Nord-Ouest et le Sud-Ouest et enfin dans le Littoral et l'Ouest), les chrétiens en ont plus bénéficié que les autres groupes religieux. Même si ce schéma s'est transformé, les musulmans (qui prédominent dans le Nord) se sont montrés réticents à envoyer leurs enfants dans des écoles dont beaucoup étaient jusqu'à récemment liées à l'activité missionnaire.

Cette étude montre que la scolarisation, tant de niveau primaire que secondaire, exerce une influence considérable sur le report de la première union. Elle se confirme avec l'accès croissant des filles à l'enseignement secondaire, en partie soutenu par le gouvernement qui a aboli, au début des années 1980, un règlement interdisant aux filles enceintes l'accès à l'école. Cela implique que les effets sur la fécondité et sur la santé reproductive des investissements consentis pour la scolarisation des filles sont potentiellement importants, puisque environ 58 % des femmes de 20-24 ans (à la fin des années 1970) et près de 70 % (au début des années 1990) avaient au moins suivi une scolarité primaire (voir tableau 3) et que les femmes scolarisées forment le segment de la population féminine le plus susceptible de recourir à la contraception (MINEP, 1983; Balepa *et al.*, 1992). Il s'agit peut-être du résultat le plus important de cette étude pour les politiques démographiques au Cameroun, car il justifie les efforts du gouvernement pour développer une politique nationale de santé reproductive des adolescents (Kuate-Defo, 1998a). Dans les autres pays africains, il apparaît que les effets démographiques de l'éducation sont plus modestes, puisque c'est principalement l'accès au niveau secondaire (atteint par un faible pourcentage de femmes) qui entraîne un retard de la première union et de la première naissance (Nations unies, 1988, 1990).

Remerciements : Cette recherche a été réalisée grâce à une subvention de la Fondation Rockefeller (RF94054-24). Une version préliminaire en a été présentée au *United States National Academy of Sciences Workshop* intitulé « *Adolescent Sexuality and Reproductive Health in Developing Countries : Trends and Determinants* » qui s'est tenu les 24 et 25 mars 1997 à Washington D.C. Ce travail a bénéficié des commentaires de Barney Cohen, Charles Westoff, Agnès Adjamagbo, John Bongaarts, Caroline Bledsoe, Jane Guyer, des participants à des séminaires à l'Université de Montréal (Canada) et à la Northwestern University (USA), et de trois lecteurs anonymes. Je remercie aussi Henri Leridon pour des discussions fort utiles lors de la publication de cette recherche.

BIBLIOGRAPHIE

ANTOINE Philippe, DJIRE Mamadou, 1998, « Crise et évolution des comportements matrimoniaux à Dakar », *Crises, pauvreté et changements démographiques dans les pays du Sud*, in Gendreau Francis (coord.), Paris, Éditions ESTEM, p. 203-218.
ARYEE A.F., 1997, « The African family and changing nuptiality patterns », *Family, Population and Development in Africa*, in Adepoju Aderanti (coord.), London, Zed Books Ltd, p. 78-96.
BALEPA Martin, FOTSO Médard, BARRÈRE Bernard, 1992, *Enquête démographique et de santé au Cameroun 1991*, Columbia, Macro International Inc., 287 p.
BINET Jacques, 1959, *Le mariage en Afrique noire*, Paris, Les Éditions du Cerf, 178 p.
CALVÈS Anne, 1998, « La sexualité prémaritale des adolescents à Yaoundé », in Kuate-Defo Barthélémy (coord.), *Sexualité et santé reproductive durant l'adolescence en Afrique, avec une attention particulière sur le Cameroun*, Boucherville, Édiconseil Inc., p. 153-175.
CLOGG Clifford, ELIASON Scott, 1986, « On regression standardization for moments », *Sociological Research Methods,* 14, p. 423-46.
COALE Ansley, WATKINS Susan (coord.), 1986, *The Decline of Fertility in Europe,* Princeton, Princeton University Press, 484 p.
COLEMAN David, SCHOFIELD Roger (coord.), 1986, *The State of Population Theory. Forward from Malthus,* New York, Basil Blackwell, 311 p.
COPET-ROUGIER Élisabeth, 1987, « Étude de la transformation du mariage chez les Mkako du Cameroun », *Transformations of african marriage*, in David Parkin, David Nyamwaya (coord.), Manchester, Manchester University Press, p. 75-92.
DAMON Albert, DAMON Selma, REED Robert, VALADIAN Isabelle, 1969, « Age at menarche of mothers and daughters with a note on accuracy of recall », *Human Biology,* 41, p. 161-75.
FOTSO Médard, NDONOU René, LIBITÉ Paul Roger *et al*., 1999, *Enquête démographique et de santé au Cameroun 1998*, Yaoundé, BCREP/Calverton, Macro International Inc., 328 p.
GAGE Anasthasia, 1995, « An Assessment of the Quality of Data on Age at First Union, First Birth, and First Sexual Intercourse for Phase II of the Demographic and Health Surveys Program *»*, *Occasional Papers No. 4*, Calverton, Macro International Inc., 49 p.
HERTRICH Véronique, DELAUNAY Valérie, 1998, « Adaptations matrimoniales face à deux situation de crise, aiguë ou chronique, en milieu rural Sahélien », *Crises, pauvreté et changements démographiques dans les pays du Sud*, in Gendreau Francis (coord.), Paris, Éditions ESTEM, p. 249-265.
KUATE-DEFO Barthélémy (Coord), 1998a, *Adolescent Sexuality and Reproductive Health in Africa with Special Reference to Cameroon*, Ottawa, University of Ottawa Press, 360 p.
KUATE-DEFO Barthélémy, 1998b, « Fertility response to infant and child mortality in Africa with special reference to Cameroon », in Montgomery Mark, Cohen Barney (coord.), *From Death to Birth : Mortality Decline and Reproductive Change*, Washington D.C., National Academy Press, p. 254-315.
LEKE Robert, 1989, « Commentary on unwanted pregnancy and abortion complications in Cameroon », *International Journal of Gynecology and Obstetrics,* 3 (Suppl.), p. 33-35.

LIVSON Norman, MCNEILL David, 1962, « The accuracy of recalled age at menarche », *Human Biology* 34, p. 218-21.
LOCOH Thérèse, 1996, « Changements des rôles masculins et féminins dans la crise : la révolution silencieuse », *Crise et population en Afrique*, in Vallin Jacques, Coussy Jacques (coord.), Paris, Les Études du Ceped, 13, p. 445-469.
LOCOH Thérèse, 1988, « Structures familiales et changements sociaux », *Population et sociétés en Afrique au Sud du Sahara*, in Tabutin Dominique (coord.), Paris, Éditions l'Harmattan, p. 441-478.
MARCOUX Richard, PICHÉ Victor, 1998, « Crise, pauvreté et nuptialité à Bamako (Mali) », *Crises, pauvreté et changements démographiques dans les pays du Sud,* in Gendreau Francis (coord.), Paris, Éditions ESTEM, p. 219-235.
MINISTÈRE DE L'ÉCONOMIE ET DU PLAN (MINEP), 1983, *Enquête nationale sur la fécondité du Cameroun 1978, Rapport Principal, Volume I, Analyse des Principaux Résultats*, Yaoundé, République du Cameroun, 222 p.
NATIONS UNIES, 1988, *First marriage : patterns and determinants,* (ST/ESA/SER. R/76), New York, United Nations, Department of International Economic and Social Affairs, 110 p.
NATIONS UNIES, 1990, *Patterns of first marriage. Timing and prevalence*, (ST/ESA/SER. R/111), New York, United Nations, Department of International Economic and Social Affairs, 327 p.
ROSENZWEIG Mark, STARK Oded (coord.), 1997, *Handbook of Population and Family Economics*, Amsterdam, Elsevier, 1343 p.
SANTOW Gigi, BIOUMLA Alam, 1984, « An Evaluation of the Cameroon Fertility Survey 1978 », *WFS Scientific Reports* No. 54, Vooburg, International Statistical Institute, 49 p.
UDRY Richard, CLIQUET Richard, 1982, « A cross-cultural examination of the relationship between ages at menarche, marriage and first birth », *Demography,* 19 (1), p. 53-63.
VAN DE WALLE Etienne, 1996, « L'âge au mariage : tendances récentes », *Changements démographiques en Afrique subsaharienne*, in Foote Karen, Hill Kenneth, Martin Linda (coord.), Travaux et Documents, Cahier n° 135, Paris, Ined/Puf, p. 119-154.
WESTOFF Charles, BLANC Ann, NYBLADE Laura, 1994, « Marriage and entry into parenthood », *Demographic and Health Surveys Comparative Studies No. 10,* Calverton, Macro International Inc., 42 p.

KUATE-DEFO Barthélémy. – **L'évolution de la nuptialité des adolescentes au Cameroun et ses déterminants**

À partir de trois enquêtes successives représentatives au niveau national et au moyen d'une analyse des biographies, on teste l'hypothèse que l'entrée en vie conjugale avant 20 ans est de moins en moins fréquente au Cameroun. L'évaluation des données montre que les informations fournies par les femmes de 20-34 ans, et surtout de 20-24 ans, sont les plus fiables pour cerner les changements matrimoniaux à partir d'enquêtes rétrospectives répétées. La nuptialité précoce diminue dans la quasi-totalité des régions du pays, induisant au plan national une forte tendance au report des unions. Le déclin de la nuptialité précoce est le plus marqué parmi les femmes des jeunes générations, les plus scolarisées, les résidentes des grandes villes de Yaoundé/Douala, les musulmanes et les adeptes des religions traditionnelles. Le déclin de l'âge aux premières règles est concomitant d'un recul de l'âge à la première union, et les femmes pubères précocement entrent en union plus tôt que celles dont la puberté est tardive. Les principaux résultats de cette étude et leur portée sont discutés à la lumière des travaux de recherche réalisés ailleurs, notamment dans d'autres pays en développement.

KUATE-DEFO Barthélémy. – **Adolescent nuptiality in Cameroon : change and its determinants**

Three successive and nationally representative surveys and an event history analysis were used to test the hypothesis that marriage before age 20 is becoming less frequent in Cameroon. Assessment of the data shows that the information supplied by women in the 20-34 age range, and in particular between 20-24, is the most reliable for studying the changes in marriage behaviour on the basis of multiround retrospective surveys. Early marriage is declining in nearly all regions of the country, and at the national level is reflected in a strong trend towards later marriage. The decline in early marriage is most pronounced among women of the younger generations, the better educated, those living in the cities of Yaoundé and Douala, among Muslims and followers of the traditional religions. The fall in age at menarche is concomitant with a fall in age at first marriage, and women who experience puberty early marry earlier than those who experience puberty later. The main findings from this study and their implications are discussed in the light of research conducted elsewhere, notably in other developing countries.

KUATE-DEFO Barthélémy. – **La evolución de la nupcialidad adolescente en Camerún y sus determinantes**

En base a tres encuestas sucesivas, representativas a nivel nacional, y a partir de un análisis biográfico, evaluamos la hipótesis según la cual el inicio de la vida conyugal antes de los 20 años es cada vez menos frecuente en Camerún. La evaluación de datos muestra que las informaciones proporcionadas por mujeres de entre 20 y 34 años de edad, y especialmente entre 20 y 24, son las más fiables para analizar los cambios matrimoniales a partir de encuestas retrospectivas repetidas. La nupcialidad precoz ha disminuido en casi todas las regiones del país, induciendo un retraso de las uniones. La disminución de la nupcialidad precoz es más fuerte entre las mujeres de generaciones jóvenes, las de mayor nivel educativo, las residentes en las grandes ciudades de Yaoundé/Duala, las musulmanas y las adeptas a las religiones tradicionales. Por otro lado, la edad de la primera regla ha disminuido de forma simultanea a la disminución de la edad a la primera unión. Pero las mujeres que entran en la adolescencia a edades más precoces también entran en uniones más temprano que las mujeres cuya pubertad es más tardía. El artículo discute los resultados principales de este estudio y su alcance a la luz de estudios realizados en otros países en desarrollo.

Barthélémy KUATE-DEFO, PRONUSTIC et Département de démographie, Université de Montréal, C.P. 6128, Succursale Centre-Ville, Montréal H3C 3J7, Canada, tél. : 514-343-6111, poste 1952, fax : 514-343-2309, e-mail : kuatedeb@demo.umontreal.ca – Site web : www.fas.umonreal.ca/pronustic

Les familles esclaves
aux Antilles françaises, 1635-1848

Arlette GAUTIER*

> *Il est habituel d'imputer les traditions familiales antillaises au contexte historique des temps de l'esclavage. En effet, quels qu'aient pu être les modes d'organisation des familles africaines avant leur déportation vers le Nouveau monde, l'esclavagisme les avait détruites, et les conditions de vie des esclaves ne permettaient pas une structuration normale des relations familiales. Mais quelles étaient les intentions et les volontés réelles des colons, des administrateurs ou des religieux à ce sujet? Arlette GAUTIER apporte ici des éléments de réponse nouveaux pour les Antilles françaises, en s'appuyant sur l'analyse de textes divers, de statistiques démographiques et des inventaires dressés périodiquement dans certaines plantations. Il apparaît que, malgré la difficulté de constituer des familles nucléaires résidentielles, les esclaves parvenaient à maintenir une certaine vie familiale.*

Les familles antillaises ont fait l'objet d'une ample littérature, qui s'est surtout centrée sur leurs structures, et notamment sur l'existence ou non d'une spécificité «matrifocale». Les familles antillaises se caractériseraient par la multiplicité des unions, leur instabilité et au bout du compte la prééminence du rapport mère-enfant. Des démographes ont contesté ce point de vue en démontrant que les familles nucléaires étaient non seulement la majorité, mais aussi la norme pour la Guadeloupe et la Martinique (Charbit et Leridon, 1980) et dans toute la Caraïbe, même si l'on peut opposer un modèle indien, plus précoce et plus stable, à un modèle afro-américain, plus tardif et plus instable (Charbit, 1986). Cependant, si l'on ne tient pas compte de l'ensemble des ménages mais des seules familles avec enfants, il n'y avait pas de pères présents dans le tiers d'entre elles en Guadeloupe de 1954 à 1982 (Gautier, 1992) : or, le rôle du père dans la socialisation des enfants est souvent mis en avant.

Les recherches récentes s'intéressent plus au fonctionnement de ces familles qu'à leur structure. Les études sur les contes créoles (Rey-Hulman, 1998) interrogent la «face cachée» de la matrifocalité qui serait

* Université de Paris X-Nanterre.

une norme polygamique, s'opposant à la norme monogamique française (Marquet, Huynen et Ferrand, 1997). Pour les Antilles anglophones, Wilson avait déjà insisté en 1973 sur l'importance pour les hommes, y compris les notables, de la « réputation », qu'ils ne peuvent obtenir qu'en constituant des ménages et en ayant des enfants « du dehors », alors que les femmes doivent défendre leur « respectabilité » en se faisant épouser et en étant fidèles. L'enquête récente sur les comportements sexuels aux Antilles et en Guyane françaises a confirmé partiellement ce point de vue en montrant que 38 % des hommes guadeloupéens et 30 % des hommes martiniquais avaient des relations multiples, qui duraient souvent depuis plus d'un an[1], contre 13 % des hommes métropolitains, 8 % des Antillaises et 6 % des Métropolitaines. Ceci résulterait de la contradiction entre une norme de réputation masculine et une norme de respectabilité, imposant la fidélité aux femmes mais limitant le nombre de conquêtes masculines et expliquerait la stabilité des situations de multipartenariat (Giraud, 1997, p. 78-79).

Par ailleurs, Attias-Donfut et Lapierre[2] (1997) ont renouvelé les termes de la recherche en s'intéressant à un autre aspect des familles antillaises, occulté ici alors qu'il a été reconnu depuis fort longtemps aux États-Unis, à savoir l'importance de la solidarité intergénérationnelle pour les Afro-Américains. Cette solidarité est assez souvent, mais pas toujours, liée à un habitat partagé. De plus, les hommes antillais aident plus souvent leurs parents âgés que ne le font les Français. C'est peut-être là l'autre versant de la matrifocalité : l'injonction faite aux enfants de s'occuper de leurs parents vieillissants plus que de leurs conjoints, inculquée par une série de normes sociales ainsi que par des rapports parents-enfants encore autoritaires; le fameux héros de conte, Ti-jean, part ainsi en voyage pour suppléer aux besoins de sa mère vieillissante (Burton, 1994). Cette inculcation n'est d'ailleurs pas spécifique aux Antilles, puisqu'on la retrouve chez les épouses d'ouvriers anglais envers leurs enfants à la fin du siècle dernier (Handwerker, 1989, p. 52-57).

Ces spécificités – reconnues ou contestées – donnent lieu depuis fort longtemps à un débat sur leurs origines. Les auteurs du XIXe siècle considéraient comme axiomatique que les esclaves ne puissent pas avoir de famille, et même que l'esclavage était par nature contre la famille, puisque celle-ci est intimement liée à la propriété[3]. Selon Weber (1909, rééd.1999), seuls les esclaves « mansés et casés »[4], jouant un rôle important dans la division du travail, avaient le droit d'avoir une famille parce qu'ils avaient un peu de propriété. Ce point de vue a été repris récemment pour l'Afrique (Meillassoux, 1986) et pour l'Amérique des plantations

---

[1] 56 % des Martiniquais hétérosexuels ayant des partenaires multiples et 42 % des Guadeloupéens dans le même cas avaient des relations depuis plus d'un an avec toutes leurs partenaires, et respectivement 35 % et 46 % avec une partie d'entre elles seulement.

[2] Voir la présentation du livre par Stéphanie Condon dans *Population* (1999).

[3] Les discours sur les familles ouvrières ne sont d'ailleurs pas très différents (Battagliola, 1995).

[4] Propriétaires d'un logement et d'une parcelle de terre.

(Moulier-Boutang, 1999). Pour les anthropologues Herskovits (1958, 1967) et plus récemment Rey-Hulman (1998), au contraire, les particularités des familles afro–américaines sont directement issues de l'Afrique. Par ailleurs, Marino (1970) a ajouté le rôle de rapports de masculinité aberrants, résultant de la traite puis de l'émigration massive. Charbit a longuement fait le point sur ce débat et, au vu de la diversité des structures familiales dans la Caraïbe révélée par les enquêtes mondiales de fécondité, a plutôt conclu au rôle de l'histoire post-esclavagiste (Charbit, 1992, p. 111-142).

Pour l'écrivain martiniquais Glissant, la généalogie de « l'anti-famille » martiniquaise est plus complexe : « Ainsi, un double mouvement se dessine à l'origine de la formation du "corps familial" martiniquais. Il y a d'abord la trace des traditions africaines[5] : ce qui est resté de la forte amarre à la mère [...] La tradition aussi de la lignée par les femmes, ainsi que l'organisation de la famille étendue... et enfin le rôle de la femme dans le monde du travail [...] Cette trace africaine rencontre donc la volonté d'"anti-famille" née du désespoir de l'esclave et s'y oppose... ». L'esclave, en effet, refuse le contrôle de sa sexualité et de sa reproduction par le maître – qui se manifeste notamment par la volonté d'accouplement des esclaves pour le profit[6]. Par la sexualité multiple, il s'oppose au maître et se dérobe à son contrôle, mais il s'aliène aussi dans une sexualité rapide et violente. Après l'abolition, il n'y a pas de constitution d'une véritable paysannerie et les nouveau-libres luttent difficilement pour leur survie. Il faut ajouter la méfiance vis-à-vis des papiers officiels : «les familles ont tendance à se faire et à se défaire selon les fluctuations du concubinage [...] La tradition se continuera des mesures officielles qui imposent cette évolution, la dernière en date étant l'ensemble des lois de Sécurité sociale qui incitent à l'officialisation. Le résultat en sera une nouvelle contradiction entre, d'une part, la relative stabilité institutionnelle de l'organisation familiale et, d'autre part, l'impressionnante instabilité émotionnelle qui "entoure" la famille martiniquaise actuelle » (Glissant, 1981, p. 97-98). Giraud (1997) reprend cette chronologie en insistant sur la norme de respectabilité intériorisée après l'abolition de l'esclavage par les couches sociales intermédiaires puis, avec la politique assimilationniste, par les couches supérieures du monde du travail (gérants et contremaîtres).

Ces interprétations, même lorsqu'elles se fondent sur le rôle supposé de l'esclavage – à l'exception notable de celle de Charbit (1992, p. 115-124) – ne se réfèrent pas aux recherches historiques sur cette période mais

---

[5] Plus loin, cet auteur écrit cependant que « la déportation des Africains s'est opérée dans des conditions telles que l'on doit considérer le voyage de la traite comme un immense gommage qui a tendu à liquider les généralités du comportement sexuel, d'ailleurs différenciées selon les régions de provenance des déportés, et à laisser par conséquence les individus singulièrement libres, c'est-à-dire non soutenus par une tradition exprimable, devant la situation nouvelle » (Glissant, 1981, p. 294).

[6] En fait, les propriétaires d'esclaves n'ont eu intérêt à la reproduction sur place des esclaves que durant de très courtes périodes, au début et à l'extrême fin de la période esclavagiste (Gautier, 1986).

à des interprétations, qui même dans le cas d'un penseur aussi brillant que Glissant, n'en restent pas moins hasardeuses et peuvent conduire à des contresens historiques. Selon Glissant, par exemple, les contremaîtres des plantations esclavagistes étaient des blancs, alors que l'étude des dossiers de plantations montre que, dès la fin du XVIIe siècle, ils étaient au contraire esclaves et que c'est parmi cette catégorie sociale que l'on trouve le plus d'esclaves mariés –dont il est avéré que certains étaient néanmoins polygames (Debien, 1974). Ce qui remet en question tant la facile opposition entre mariage et polygamie que la chronologie de Giraud.

Il est donc nécessaire d'essayer de reconstituer la façon dont vivaient les esclaves en famille, que ce soit en termes de structures familiales ou de fonctionnement[7]. La vie des esclaves était-elle complètement déstructurée ou pouvaient-ils vivre avec leurs parents et/ou avec leurs conjoints et enfants? Quel sens avaient ces familles?

Mais cette entreprise s'avère ardue en l'absence des sources traditionnelles en démographie historique : les registres paroissiaux, dont il ne reste que quelques années pour les esclaves de deux communes martiniquaises, d'ailleurs étudiées de façon exhaustive par David (1973 et 1975). Les sources disponibles, à savoir les recensements nominatifs du XVIIe siècle et les listes d'esclaves des archives notariales et des dossiers de plantations, décrivent rarement les liens familiaux et peuvent être plus trompeuses qu'utiles si elles sont prises pour argent comptant. Un détour par l'historiographie anglophone des esclaves du Nouveau monde permettra de poser de nouvelles questions et de s'interroger sur les raisons du refus du mariage, puis de réexaminer les pratiques familiales dans une grosse plantation guadeloupéenne et au moment de l'abolition de l'esclavage.

I. Quelques repères historiographiques

Les historiens ont renouvelé la connaissance des familles esclaves en revenant aux sources. Aux États-Unis, Herbert Gutman (1972) a suivi une démarche longitudinale pour montrer, en suivant des dossiers de plantations sur une centaine d'années, que les esclaves accordaient une signification très importante à leurs familles et qu'ils ont dépensé beaucoup d'énergie à maintenir des liens malgré les séparations pendant l'esclavage, puis à se retrouver après l'abolition. Escott (1978) a confirmé ce point de vue en se servant des récits d'anciens esclaves recueillis dans les années 1930. D'autres historiens ont toutefois insisté sur le fait que pendant l'esclavage, les familles étaient souvent séparées, l'homme vivant chez un autre maître que la femme et les enfants. Ces recherches insistent sur

---
[7] Nous distinguerons, lorsque cela est possible, les familles nucléaires, constituées d'un couple cohabitant ou non cohabitant, et les familles monoparentales.

l'inventivité que les esclaves déployèrent pour lutter contre la déshumanisation introduite par l'esclavage, s'opposant ainsi aux études antérieures pour lesquelles l'esclavage avait transformé les Afro-Américains en êtres sans personnalité, voire en « zombis » (fantômes) (Elkins, 1959).

1. Les sources pour les îles françaises

Selon Herbert Klein (1986), les esclaves des Antilles françaises, comme ceux des États-Unis, vivaient plus souvent en ménage nucléaire stable que ceux des Antilles anglaises. À vrai dire, on ne sait pas trop sur quelles sources cet auteur fonde cette affirmation. En effet, le spécialiste de Saint-Domingue[8], Gabriel Debien, qui a étudié de nombreux dossiers de plantations situées principalement dans la partie française de Saint-Domingue, mais aussi des plantations martiniquaises, est d'une prudence extrême sur le sujet, auquel il ne consacre aucun chapitre dans le livre qui rassemble ses multiples travaux (1974). Les récits d'esclaves sont trop rares aux Antilles pour être significatifs et aucun ne concerne d'ailleurs les îles françaises. L'administration française a cependant laissé deux sources, plus riches que celles de l'administration anglaise : les listes d'esclaves et les registres d'état civil des nouveau-libres.

Les listes d'esclaves des recensements nominatifs du XVIIe ou des minutes notariales du XVIIIe et XIXe siècles indiquent toujours le prénom, le sexe et l'âge. Les notaires ajoutent souvent la qualification et l'ethnie, parfois l'état de santé et les caractères physiques (scarifications par exemple). Les deux sources énumèrent les esclaves de plusieurs façons. Il y a toujours des listes d'hommes suivies de listes de femmes, et c'est parfois la seule indication, mais s'y ajoutent de temps à autre : 1) le nom d'un homme, suivi de la mention « sa femme » puis des enfants, ce qui fait penser qu'il s'agit d'un couple légitime ; 2) le nom d'un homme, suivi de celui d'une femme puis des enfants, ce qui fait supposer qu'il s'agit d'un couple concubin ; 3) le nom d'une femme avec le nom d'enfants, ce qui laisse présumer qu'il s'agit de familles monoparentales. On ne sait évidemment pas depuis combien de temps ces ménages sont constitués ni si tous les enfants sont bien ceux de la femme, certains pouvant avoir été « adoptés », et encore moins s'ils sont ceux de l'homme.

On peut noter d'intéressantes variations chronologiques dans la prise en compte par les notaires des familles d'esclaves. Les esclaves sont assez souvent énumérés par famille au XVIIe siècle ; ils le sont plus rarement au XVIIIe, au profit des blocs « mères et enfants », pratique qui disparaît au XIXe siècle, sans doute pour faciliter les séparations. On trouve alors les hommes, puis les femmes, puis les enfants. Toute la question est de savoir si ces diverses notations correspondent à des réalités différentes. C'est l'hypothèse de Vanony-Frisch qui, à partir des inventaires notariaux gua-

---

[8] Aujourd'hui Haïti.

deloupéens de 1760 à 1789, affirme que seules 10 % des 1 269 familles esclaves comprenaient un couple marié et 10 % un couple concubin (1982, p. 93 et 102). Cependant, lorsque l'on trouve plusieurs listes de plantations, on se rend compte que certains notaires décrivent hommes, femmes et enfants séparément alors que d'autres tiennent compte dans leur présentation des liens entre esclaves : couples mariés ou non, avec ou sans enfants, mères célibataires et leur progéniture, même si les pratiques des notaires peuvent changer d'une plantation à l'autre (Gautier, 1984). Les différentes notations ne correspondent donc pas à des changements dans les pratiques des esclaves mais plutôt dans celles des notaires. Les pourcentages calculés par Vanony-Frisch seraient ainsi sous-estimés.

Faut-il alors ne tenir compte que des listes qui indiquent des liens de parenté, les considérer comme représentatives et éliminer les autres ? On pourrait ainsi dire qu'une majorité d'esclaves vivaient en couple, puisque c'était le cas de près de 60 % des esclaves adultes dans les sucreries guadeloupéennes de Birmingham et de Bisdary en 1763 et dans celle de Galbaud du Fort à Saint-Domingue, ainsi que de 72 % dans la sucrerie martiniquaise étudiée par Debien (1960). Toutefois, ces plantations présentent des caractéristiques particulières puisqu'elles sont anciennes, que la mortalité n'y est pas trop intense (à la différence de la sucrerie Cottineau, par exemple, dont toute la population est renouvelée en vingt ans), qu'elles ont une taille importante et que la population y est créole (c'est-à-dire née aux îles). Ainsi, à Bisdary, il n'y a que 5 % d'esclaves africains en 1763 contre un quart dans l'ensemble de la Guadeloupe, et le rapport de masculinité y est de 92 contre 109. Cette plantation n'est donc pas représentative au niveau démographique de l'ensemble de la Guadeloupe. De plus, le fait même d'avoir établi ces listes montre que les maîtres étaient favorables aux familles ou du moins n'y étaient pas hostiles. Il est donc difficile de généraliser le cas de ces plantations. Il faut au contraire essayer de voir si les arrangements résidentiels dépendent de certaines caractéristiques, ce qui permettrait de préciser leur généralité, ce qu'a fait Higman pour les îles anglaises. Cependant, la disponibilité de sept listes d'esclaves pour Bisdary[9], de 1763 à 1817, permettra d'essayer d'y préciser le développement des relations de parenté.

Par ailleurs, la vie familiale des esclaves dépassait le cadre strict des plantations puisque nombre d'entre eux avaient des conjoints ou des parents au-dehors. Les registres des nouveau-libres, sur lesquels les anciens esclaves durent s'inscrire lors de l'abolition de l'esclavage – ce qu'ils firent en masse en 1848-1849 – permettront de préciser cet aspect. J'ai effectué un sondage de 550 cas dans les registres des Abymes en Guadeloupe, ainsi qu'à Fort-de-France et au Diamant en Martinique. Dans cette île, les femmes sont notées seules avec leurs enfants et parfois leurs petits-enfants, à l'exception de quatre couples mariés à Fort-de-France et du même nombre au Diamant ; des frères et des sœurs prennent le nom de leur

---

[9] 1763, 1768, 1777, 1778, 1783, 1793, 1817.

mère. En revanche, en Guadeloupe, de nombreux couples non mariés s'inscrivent sous le même nom et reconnaissent leurs enfants. Les rapports de filiation sont donc mieux connus dans la première île et les rapports d'alliance dans la seconde. Il faudra vérifier s'il s'agit de différences réelles entre les îles ou d'inscriptions différentes par les scribes.

2. Les hypothèses d'Higman

Pour les îles anglaises, Higman (1975) s'est servi de données transversales pour montrer qu'au XIXe siècle, 60% des esclaves de Barbade vivaient en famille, contre 35% des Jamaïcains et 26% des Trinidadiens[10]. Il oppose la Barbade, société anciennement installée, vers laquelle la traite déporte peu de nouveaux arrivants et où les esclaves, essentiellement créoles, sont des paysans « virtuels » à Trinidad, « frontière du sucre », et à la Jamaïque, qui tient des deux aspects. Craton (1979) reprend cette typologie en ajoutant aux paysans virtuels de Barbade ceux des Bahamas et des Grenadines, et en les opposant aux esclaves hyper-exploités des nouvelles plantations de Guyana et de Saint-Vincent. Outre le cycle des économies de plantation, la taille des plantations et l'urbanisation jouent un rôle fondamental : l'une en augmentant les possibilités d'avoir un conjoint sur place et l'autre en les diminuant. De plus, les Africains adopteraient immédiatement le modèle nucléaire simple, que garderait la deuxième génération, alors que les générations suivantes développeraient des relations de parenté et des formes de famille étendue, tout en vivant plus souvent en familles monoparentales.

On peut essayer de vérifier si ces hypothèses s'appliquent aussi aux îles françaises. Les Français s'installent en Guadeloupe et en Martinique en 1635 et un peu plus tard à Saint-Domingue, mais le développement de cette dernière île, s'il est plus tardif, est beaucoup plus intense. En 1751, la population esclave atteint près de 42 000 personnes en Guadeloupe, 65 000 en Martinique et 149 000 à Saint-Domingue. Quarante ans plus tard, le nombre des esclaves de Guadeloupe et de Saint-Domingue aura plus que doublé alors que celui de la Martinique aura peu changé. Cette croissance est essentiellement due à la poursuite de la traite qui, de 1701 à 1810, a déporté selon Curtin, 237 000 captifs en Guadeloupe[11], 258 000 en Martinique et 790 000 à Saint-Domingue (Curtin, 1967, p. 216). Or, la traite intervient à double titre dans la possibilité de constitution de familles esclaves : en jouant sur le rapport Créoles/Africains et sur le rapport de masculinité.

Dans les Antilles anglaises, les Africains vivent plus souvent dans des familles nucléaires que les esclaves créoles (nés aux îles). Si c'était

---
[10] Ses sources sont plus fiables pour Trinidad et pour la Barbade que pour la Jamaïque où il se fonde sur une seule plantation.
[11] Ce chiffre est sans doute sous-estimé car la traite interlope y était très importante, ce qui expliquerait la différence de croissance démographique avec la Martinique.

également le cas aux Antilles françaises au XVIIIe siècle, comme cela l'a été au XVIIe siècle, il y aurait nettement plus de ménages nucléaires à Saint-Domingue que dans les petites Antilles car les Africains y constituent plus de 60% des esclaves entre 1750 et 1790, particulièrement dans le Sud et l'Ouest, alors qu'ils sont près de la moitié dans le Nord (Debien, 1974, p. 56-65). En 1796-1797, les sucreries sont nettement plus créolisées que les caféières, installées à partir des années 1760, puisque les Africains y représentent respectivement 33% et 53% des esclaves. En revanche, en Guadeloupe entre 1760 et 1789, les Africains ne représentent que le quart des esclaves, pourcentage qui passe à 10% dans cette île et en Martinique entre 1830 et 1848.

L'achat préférentiel de captifs hommes ou femmes joue également sur la possibilité de formation de couples, puisqu'un surnombre dans un sens ou dans l'autre limite les possibilités pour le sexe en excès de trouver un conjoint. Vers 1659, les négriers amènent une femme et un enfant pour un homme adulte (Petit-Jean-Roget, 1978, p. 74), ce qui correspond à une volonté de constituer des couples. Mais dès le début du XVIIIe siècle, les armateurs conseillent aux capitaines d'acheter deux hommes pour une femme (Newton, 1962, p. 103); ils sont suivis par les planteurs, même si le déséquilibre s'atténue dans la seconde moitié du XVIIIe siècle. Il y a d'ailleurs une sinistre complémentarité entre le marché africain, qui paie plus cher les femmes, et le marché transatlantique qui paie davantage les hommes (Geggus, 1989)[12]. En conséquence, il y a 120 à 130 hommes pour 100 femmes en Martinique jusqu'au rétablissement de l'équilibre en 1764 et, en Guadeloupe, environ 113 hommes pour 100 femmes de 1719 à 1740 puis 115 en 1772. Encore ces déséquilibres ne sont-ils rien face à ceux que connaît Saint-Domingue : 150 hommes pour 100 femmes de 1713 à 1754 (ANSOM *Recensements*). Au XIXe siècle, après les guerres révolutionnaires qui furent très meurtrières et l'arrêt de la traite de 1792 à 1810, le rapport de masculinité est constamment inférieur à 100 (autour de 90 et même moins) et ce, à partir de 1810 bien que la traite amène deux hommes pour une femme (ministère de la Marine et des Colonies, 1835-1838 et 1840-1847).

La taille des plantations est également plus élevée à Saint-Domingue qu'en Guadeloupe. Ainsi, même à Nippes, bourg du sud de Saint-Domingue où prédominent les indigoteries et les caféières, la moitié des plantations ont plus de 50 esclaves dès 1730, alors qu'en Guadeloupe, entre 1760 et 1789, seules les sucreries (où travaillent la moitié des esclaves) dépassent cette taille. Par ailleurs, l'urbanisation est faible en Guadeloupe où seuls 10% des esclaves vivent en zone urbaine contre 25% à Trinidad. D'après Higman, les esclaves guadeloupéens et martiniquais auraient vécu plus souvent en familles étendues que les esclaves de Saint-

---

[12] Bien que la situation sur le marché africain compte évidemment : le rapport de masculinité des différentes ethnies présentes aux îles varie en fonction de la distance à la côte, du caractère matrilinéaire ou patrilinéaire des sociétés et de la division sexuelle du travail.

Domingue, qui auraient compté plus d'isolés mais aussi plus d'esclaves vivant en couple, sans que ceux-ci soient forcément mariés.

En effet, le mariage, aune à laquelle étaient jugées les pratiques conjugales des esclaves, était refusé par tous les acteurs en présence au profit d'une multiplicité de modèles.

II. La question du mariage : la résistance aux pressions de l'Église

C'est sur le mariage que nous disposons du plus grand nombre de données tant quantitatives que qualitatives, parce qu'il était plus souvent consigné que les autres pratiques.

1. Un indicateur au sens incertain

Le recensement de 1664 en Guadeloupe donne quelques informations sur les différents choix des maîtres et des esclaves. Dans la Capesterre, où les Français se sont d'abord installés, seulement un propriétaire sur cinq regroupe ses esclaves par famille, ce qui laisse présumer que l'intérêt porté à cette pratique est assez faible. Pourtant, un peu plus du quart des esclaves y sont mariés alors que le nombre en est insignifiant dans la Grande-Terre nouvellement colonisée. En Martinique à la même époque, selon Cottias (1992), les indications dépendent d'une façon statistiquement significative du statut matrimonial du maître : il déclarera d'autant plus ses esclaves comme étant mariés qu'il l'est lui-même.

Un curé de Saint-Christophe, le jésuite Mongin, raconte qu'à son arrivée en 1680, sur 1 480 esclaves en âge de se marier, 48,6 % étaient mariés et 30 % concubins mais que 200 formaient de « mauvais ménages », parce qu'infidèles (dont 27,7 % des mariés). Il restait donc 305 célibataires. En un an de prosélytisme, Mongin marie 128 esclaves, reconstitue 88 « mauvais ménages » et arrache à leur état la moitié des concubins. 57 % de la population en âge de se marier l'est alors effectivement (Petit-Jean-Roget, 1978, p. 1129-1130). Un tel succès fait s'interroger sur les moyens mis en œuvre : les prières, les confessions et les images données aux plus méritants pouvaient difficilement y suffire. On peut penser, comme le recommandait un mémoire écrit par les principaux propriétaires des îles, que certains maîtres punissaient sévèrement les concubinages[13].

Le Code noir, qui réglemente en 1680 l'esclavage, ne définit aucune politique de mariage, contrairement aux souhaits de certains colons. Il se contente d'énoncer que le maître a seul le pouvoir de décider du mariage

---

[13] Archives nationales, COL, F3 90, 13.2.1683, art. 4, folio 12.

de ses esclaves, sans se soucier du consentement de leurs parents. L'article 47, reprenant la coutume antérieure, impose certaines contraintes au maître puisqu'il interdit la vente séparée du mari, de la femme et des enfants impubères. Toutefois, cette obligation ne fut pas respectée et dès 1686 l'intendant autorisera un maître à séparer un couple marié, malgré la plainte de Jésuites. Les seules autorités qui auraient pu faire respecter le Code étaient donc prêtes à tous les accommodements.

Alors que la traite prend des proportions gigantesques, le nombre des religieux reste stationnaire. En conséquence, chaque religieux qui devait en 1685 évangéliser 290 esclaves en Guadeloupe, 450 en Martinique et 315 à Saint-Domingue, doit en christianiser, en 1719, 851 en Martinique et, en 1752, 1 139 en Guadeloupe et 2 747 à Saint-Domingue (ANSOM *recensements*). Après cette date, la rubrique « religieux » disparaît des recensements, autre signe de la diminution de l'intérêt officiel pour le salut des âmes des esclaves. Ainsi à Nippes, bourg du sud de Saint-Domingue, dont les séries d'inventaires sont les plus anciennes, les couples mariés sont répertoriés dans dix habitations sur 38 de 1721 à 1730, puis dans 4 sur 60 jusqu'en 1750, et dans une seule jusqu'en 1770. En Martinique, à Case-Pilote, le pourcentage de naissances légitimes par rapport aux naissances « naturelles » ne cesse de diminuer : 14,5 % de 1760-1769 et 5 % à partir de 1783 (David, 1975). Gabriel Debien a cependant décrit une plantation où il a pu recenser 52 couples mariés, 4 couples africains concubins et 25 mères seules, dont 11 semblent avoir eu des liaisons plus stables (Debien, 1960, p. 1-91). Cette situation, corrélée avec une forte fécondité et une forte créolisation, est cependant tout à fait originale en Martinique, où la traite a déporté 45 000 captifs de 1713 à 1742.

En Guadeloupe, les premiers inventaires des minutes notariales, qui datent de 1759, montrent une politique familiale plus diversifiée qu'à Nippes; deux plantations sur quatre décrivent encore les esclaves par famille, mais l'évolution est identique : le nombre d'esclaves mariés dans les inventaires notariaux est faible et en baisse constante, de 7,3 % en 1774-1778 à 2 % en 1792-1794 (Archives départementales de la Guadeloupe). Des mariages ont cependant lieu sur certaines grosses plantations appartenant à des religieux ou à des maîtres catholiques. Le thème dominant des écrits de l'époque est plutôt qu'il faut laisser les esclaves vivre comme ils l'entendent mais inciter les femmes à devenir mères.

Au XIXe siècle, la perspective de l'abolition de l'esclavage propage le thème de la nécessaire « moralisation » des esclaves (Goubert, 1840, p. 107; Lechavelier, 1843, p. 14), mais l'effort réel est très faible[14]. Aussi cette campagne de moralisation ne se traduit-elle que par une augmentation dérisoire du nombre annuel moyen de mariages d'esclaves, qui n'atteignent pas la centaine par an.

---

[14] Pour leur apprendre les devoirs de la famille et du travail, un nouveau clergé a été constitué, formé par les missionnaires du Saint-Esprit, et envoyé aux colonies. Il y avait un prêtre pour 4 500 esclaves avant 1839, un pour 3 000 avant 1848 et un pour 2 500 en 1851.

Après l'abolition de l'esclavage, malgré le faible nombre de religieux engagés dans la « moralisation » des anciens esclaves, 40 000 mariages, 20 000 légitimations et 30 000 reconnaissances d'enfants ont lieu en moins de dix ans dans les quatre « vieilles colonies » (Guadeloupe, Guyane, Martinique et Réunion). Le nombre annuel de mariages passe en Guadeloupe de 61 en 1838 à 101 en 1846 et 907 en 1856 (Cochin, 1861, 1979, p. 236-237 et 269). En Guadeloupe, à Petit-Canal, dans une zone de canne à sucre, ce mouvement de régularisation n'a pas persisté : il y a trois fois moins de mariages de 1870 à 1899 que de 1850 à 1869 (Boutin, 1983, p. 47) ; en revanche, à Terre-de-haut des Saintes, parmi des pêcheurs d'origine blanche, le mouvement s'est au contraire amplifié et le mariage atteint 100 % dès la cinquième génération, même parmi les descendants d'esclaves (Bonniol, 1980, p. 222-227). Cottias (1985, p. 675-697) a construit des fiches matrifocales pour suivre l'évolution en Martinique, dans la paroisse des Trois-Îlets : le pourcentage de femmes mariées n'a augmenté que dans les générations 1821-1830 pour retomber à un tiers parmi les femmes des générations 1841-1850.

En fait, les religieux notent que si les principaux intéressés veulent le baptême, rite d'initiation à la nouvelle société, le mariage se heurte à de nombreux obstacles, tant du côté des maîtres que des esclaves.

2. *Une pratique refusée par tous les acteurs*

Certains colons refusent de laisser se marier des esclaves qu'ils ne peuvent ensuite plus vendre séparément ; ils refusent aussi que des esclaves appartenant à des maîtres différents se marient parce que ces esclaves seraient toujours sur les routes pour visiter leur conjoint et, surtout, parce que la famille de l'esclave est considérée comme une partie dépendante de celle du maître. En effet, pour les Français, l'intérêt ou le désintérêt pour les familles esclaves est toujours lié à la nécessité plus ou moins forte d'une reproduction sur place des captifs, par opposition à la « reproduction marchande » par le biais de la traite qui paraissait la solution la plus rentable aux colons (Gautier, 1986).

De plus, les Européens ne manifestent guère une foi religieuse très forte, pas plus que leurs esclaves. Tous les écrits sur les îles mentionnent l'extraordinaire libertinage, compte tenu des normes de l'époque[15], qui y régnait. Celui-ci se manifeste dès 1664 par des réglementations visant à interdire aux Blancs de « débaucher les négresses » (Moreau de Saint-Méry, 1784, I, p. 117). Les instructions aux administrateurs sont constamment renouvelées dans les mêmes termes, ce qui montre leur peu d'efficacité. Toutefois, cette répression, à but religieux au XVIIe siècle, relève plus par la suite des nécessités politiques liées au préjugé de couleur

---

[15] Il suffisait d'avoir des relations sexuelles sans être marié, même dans le cadre d'histoires de longue durée, pour être considéré comme un libertin.

(Gisler, 1965). Certains maîtres vivaient avec leur « ménagère », d'autres multipliaient les relations, pour lesquelles le consentement des femmes esclaves était loin d'être requis. Si certains colons s'opposent à ce que leurs employés blancs aient des relations avec les esclaves, d'autres, comme Galiffet, planteur de Saint-Domingue, peuvent écrire : « Je lui (un artisan blanc) ai permis de faire un choix sur mes négresses », et l'on rapporte de nombreux cas de femmes torturées parce qu'elles se refusaient. La valeur des femmes esclaves dépendait d'ailleurs principalement de leur beauté (Gautier, 1985, p. 152-188).

Il est difficile de mesurer l'ampleur réelle des relations entre hommes blancs et femmes noires (l'inverse étant strictement prohibé). D'après des données sur 8 820 esclaves guadeloupéens entre 1760 et 1789, ceux ayant du « sang-mêlé » représentent 25 % des esclaves créoles (c'est-à-dire nés aux îles) (Vanony-Frisch, 1982, p. 93) ; mais à Saint-Domingue, ils ne sont à la fin du XVIIIe siècle que 5 %, la disproportion entre le nombre d'esclaves et de Blancs y étant beaucoup plus importante. Il faut noter à ce sujet que les minutes notariales détaillent peu le degré de métissage : les seules indications sont mulâtres, métis, « marron » ou « rouge » et câpres (enfant d'un Noir et d'un mulâtre), sans qu'on soit sûr du sens exact donné à ces termes. On ne trouve pas mention de quarterons (un quart de sang noir), ou d'octavons (un huitième), toutes indications que détaillent passionnément les auteurs de la fin du XVIIIe siècle, alors que ces listes décrivent souvent précisément les supposées[16] ethnies des esclaves africains. Nous en sommes donc réduits à de très rares notations car il avait été interdit d'inscrire le nom du père de l'enfant esclave baptisé dans les registres paroissiaux : on ne trouve cette mention que dans deux bourgades martiniquaises. À Case-Pilote, 14 % des enfants esclaves étaient nés de pères blancs de 1760 à 1762, seulement trois des géniteurs blancs ayant eu des relations avec des femmes à leur service (David, 1975, p. 64). Le pourcentage d'enfants esclaves nés de Blancs est identique à celui des Blancs par rapport à la population esclave, ce qui montre la généralité de cette pratique pour les hommes blancs. Alors que le rapport de masculinité atteint tout juste l'unité, elle introduit un déséquilibre entre le nombre de femmes et d'hommes esclaves disponibles. Sur la plantation guadeloupéenne de Bisdary, il n'y avait que deux mulâtres en 1763 lorsqu'elle fut vendue par les Jésuites, mais après leur départ, huit mères ont donné naissance à des mulâtres (enfants d'un Blanc et d'une Noire), dont deux femmes mariées à des esclaves : le mariage n'apportait guère de protection contre le désir des Blancs. Au XIXe siècle, on connaît pour la Martinique les enfants de mère esclave dont le père est blanc : 4,2 % en 1815 à Case-Pilote et 8 % à Rivière-Pilote de 1802 à 1829 (David, 1973 et 1975, p. 352), soit nettement moins qu'entre 1760 et 1762. Ceci peut s'expliquer par une moindre fréquence des relations, peut-être en raison de la grande

---

[16] En fait, on donne souvent à un esclave l'ethnie des marchands qui l'ont vendu ou des zones par lesquelles il est passé (Gautier, 1985, p. 38-39).

peur des Blancs après l'insurrection réussie mais sanglante à Saint-Domingue ou d'une diminution du libertinage, ou par un meilleur usage de la contraception.

De plus, les esclaves eux-mêmes refusent le mariage catholique, ce que la plupart des chroniqueurs du XVIIe au XIXe siècle expliquent par la persistance de pratiques matrimoniales fréquentes en Afrique (surtout occidentale) : le divorce et la polygamie. Le curé Mongin se plaint : « Les nègres veulent avoir la liberté de prendre ou de quitter toutes les femmes qu'il leur plaira sans être obligés d'entretenir une famille... Le principal obstacle à ce sacrement (le baptême) est leurs divers concubinages qu'ils ne paraissent avoir aucune volonté de quitter quand ils demandent le baptême » (Petit-Jean Roget, 1978, p. 1129). On peut certes mettre en doute ces témoignages parce qu'ils viennent d'observateurs imbus de préjugés, mais on voit mal pourquoi des pratiques présentes en Afrique à l'époque et aux Antilles aujourd'hui auraient disparu pendant la période esclavagiste. En revanche, ce qu'il faut refuser avec force, c'est la naturalisation de ces pratiques et donc l'idée de leur immuabilité, tout comme le jugement moral porté par les chroniqueurs, qui ne comprennent pas la signification de ce qu'ils voient et qui n'ont pas d'instruments de mesure exacts.

Au XVIIe siècle, chaque épouse avait sa case, ce qui traduit une certaine acceptation de la polygamie d'origine africaine. Les commandeurs esclaves (contremaîtres noirs), qui pouvaient être plusieurs par atelier, organisaient le travail et distribuaient les punitions, avaient une place particulière : « Un mémoire sur les esclaves des Antilles les appellent "coqs des ateliers". Ce fut un mal permanent sur lequel les correspondances coloniales ne trouvent rien à dire et où les comptes de plantation sont discrets par nature » (Debien, 1974, p. 126). Cependant, quelques cas sont connus, comme celui du premier commandeur de la plantation Foäche à Saint-Domingue, qui aurait eu plus de 60 enfants, ou du commandeur de la sucrerie de l'Anse-à-l'Âne en Martinique (soucieuse pourtant de christianisation), qui a eu dix enfants, dont seulement trois avec son épouse légitime. Le système africain de la « première femme » et des concubines s'est reconstitué sur ces plantations au profit de l'esclave le plus puissant. Certes, selon une historienne africaniste, les esclaves ne venaient pas de strates sociales pratiquant la polygamie (Robertson, 1996). Cependant, celle-ci était, le plus souvent, pratiquée par les classes dirigeantes et l'on peut donc penser qu'à ce titre elle a pu continuer à représenter un idéal. Toutefois, l'exemple des Blancs, qui ne venaient pas d'une société reconnaissant la polygamie, montre que rien n'est plus facile que de changer de norme, quand cela paraît avantageux. Les puissants ont toujours pratiqué la polygamie de fait, sinon de droit, comme un des avantages et une des manifestations de ce pouvoir, même dans les populations européennes (Stella, 1997). On peut donc voir dans la polygamie une manifestation de relations de pouvoir inégalitaires, tout comme la polyandrie pourrait l'être si elle fonctionnait aussi dans un seul sens.

Mais le refus du mariage avait d'autres raisons que font apparaître quelques réponses d'esclaves aux questions posées en 1840 par des «procureurs d'habitations», nouvellement institués dans le cadre de la préparation de l'abolition de l'esclavage (*Exposé...*, 1844), du moins dans les limites des biais inhérents au fait que les procureurs étaient des blancs et des hommes; de plus, les trois quarts des visites avaient été refusées par les colons. Les procureurs déclarent que les mariages sont non seulement rares mais «mauvais», c'est-à-dire que l'adultère ne s'y cache pas sous d'hypocrites silences. Ils avancent des raisons d'ordre économique : l'aide aux enfants n'est pas nécessaire, la protection du maître les mettant à l'abri du besoin, alors qu'il faut être riche pour faire une noce convenable; ces explications sont reprises en partie par les esclaves. Toutefois, ceux-ci y ajoutent des motifs liés à leur état de dominés mais aussi à leur sexe. Les hommes voudraient plusieurs femmes, mais ils ne se trouvent ni assez riches ni assez vieux pour cela. Certains ne veulent pas voir leur femme «taillée» (fouettée) nue, d'autres répliquent : «Pas si bête, nos maîtres prendraient nos femmes le lendemain». Ils n'aiment pas avoir leur femme près d'eux sur la plantation car c'est multiplier les occasions de brimades. Mais, à l'inverse, «S'ils le contractent [le mariage] c'est le plus souvent par un grossier calcul d'intérêt; ainsi il arrive fort souvent que le mari ne voit dans une union légitime que le droit de se faire servir par sa femme; il abuse de ce droit sans conserver pour sa compagne la fidélité et les égards qu'une civilisation plus avancée lui assurerait» (*Exposé...*, 1844, p. 569)[17]. D'ailleurs, les hommes préfèrent garder leur pécule pour se racheter. Les femmes avancent des raisons symétriques. À Marie-Galante (une des dépendances de la Guadeloupe), en 1841, «une des négresses m'a répondu que le mariage rendait les hommes trop despotes et que dans l'état de concubinage, les femmes dominaient les hommes et les trouvaient plus généreux» (*Exposé...*, 1844, p. 590)[18]. Les femmes esclaves disent que le mariage est bon pour les Blancs et que si les maris venaient à les battre elles ne pourraient plus les quitter. Outre qu'elles redoutent de subir la polygamie, elles craignent les mauvais traitements et l'exploitation domestique. Certes, ni la relation de service ni la violence domestique ne sont spécifiques aux Antilles de l'époque, comme l'indiquent les résultats d'une cinquantaine d'enquêtes quantitatives contemporaines, qui montrent que 10% à 50% des femmes ont été violentées dans le cadre d'une relation de couple (*Ending...*, 1999, tableau 1). Ce qui est plus singulier, c'est que

---

[17] Que des esclavagistes puissent se croire civilisés est un paradoxe assez daté...

[18] Ce point de vue est à l'opposé de celui de la députée communiste Gerty Archimède, qui considère qu'il faut choisir «entre la concubine servante et l'épouse collaboratrice du mari», suivant le principe de respectabilité inculqué aux élites antillaises (Fitte-Duval, 1997). Si ce principe de respectabilité était généralisé dans la presse écrite, celle-ci n'était pas lue par tous les groupes sociaux du fait de l'analphabétisme. Angela Davis (1999) voit ainsi dans son étude sur le *blues* des années 1920 l'affirmation par les femmes populaires d'un désir sexuel, s'opposant à la demande de respectabilité victorienne des Afro-Américaines des classes moyennes.

les deux sexes n'ont guère intérêt au mariage et que les femmes peuvent le refuser pour accroître leurs capacités de négociation dans le couple, puisque de toute façon elles sont obligées de travailler.

On sait que les chroniqueurs ont forgé la représentation des Noirs –hommes et femmes– comme étant naturellement portés sur la luxure alors que les Blanches, elles, seraient sans désirs. Comme l'écrivit un administrateur de Saint-Domingue : « C'est à cette espèce d'hommes et à leur constitution qu'est inhérent le goût du libertinage. Libres ou esclaves, chrétiens ou idolâtres, les hommes et les femmes noirs ont une propension invincible au plaisir... » (Malouet, 1788, p. 35). Il y a là une justification facile des abus notoires sur des esclaves qui n'avaient guère le moyen de se refuser. Cette représentation s'explique aussi par la réaction à des pratiques vestimentaires et à des danses qui paraissaient très lubriques aux Européens. On peut néanmoins penser que les conditions historiques diminuaient et rendaient sans objet le contrôle qui pèse généralement plus sur la sexualité des femmes que sur celle des hommes : il est donc possible que les désirs des uns et des autres aient pu se réaliser plus facilement, dans la limite des horaires infernaux qui étaient imposés aux esclaves et de la violence qui pouvait toujours être exercée par l'encadrement de la plantation. Comme l'écrit un planteur : « les nuits libertines sont souvent tous les dédommagements de leurs jours laborieux » (Dubuisson, 1780, II). Cela sans doute d'autant plus facilement que certaines sociétés africaines, notamment de la Côte des esclaves, ne valorisaient pas la virginité mais demandaient au contraire à une femme de prouver sa capacité à être mère.

Cependant, que les esclaves ne soient pas mariés ne veut pas dire qu'ils ne vivaient pas avec un conjoint ou des parents, ni que ces relations n'étaient pas chargées de significations, tant affectives que sociales, comme on va le voir maintenant.

III. Des pratiques familiales variées

Après avoir présenté les arrangements familiaux sur une grosse plantation, on tentera de préciser les « relations du dehors », celles des couples ne cohabitant pas sur la même plantation.

1. Bisdary

Bisdary est une des plus grosses habitations guadeloupéennes avec ses 312 esclaves en 1763. Les Jésuites qui la possédaient depuis le début du siècle la revendent à un particulier en 1763, à la fin de l'occupation anglaise qui a provoqué le décollage économique de la Guadeloupe. Sept inventaires décrivent, de 1763 à 1817, les origines des esclaves, les métiers, les filiations, le sexe et l'âge ainsi que l'état de santé (Gautier, 1984).

L'inventaire de 1763 présente les esclaves seuls ou par blocs familiaux de trois manières : la mention « sa femme » semble indiquer une union légitime ; les noms de l'homme, de la femme et des enfants qui se suivent font supposer un couple stable mais non marié ; enfin, certaines femmes ont des enfants sans indication de père. Les blocs familiaux sont réinscrits aux inventaires suivants sans changement, les décès et les naissances y étant notés dans le même ordre familial. Pourtant, en 1793, cette liste immuable est suivie des « accroîts » d'esclaves avec le nom de leur mère ou de leurs deux parents. Des nouveaux couples se sont donc créés dont nous ne pouvons déterminer l'ancienneté, ni savoir si les enfants précédents de la femme sont du même père. Cependant, deux femmes qui semblaient avoir eu des enfants seules vivent en couple en 1793 avec un homme qui porte le même prénom que leur précédent fils. L'inscription de ces couples a conduit à comptabiliser les enfants comme étant issus de ces couples, procédure qui tend à accroître la durée de vie des couples et leur nombre d'enfants ainsi qu'à « moraliser » quelque peu leur vie sexuelle. En effet, la mise en ménage peut être précédée d'une certaine période de liberté sexuelle : ainsi en 1760, la moitié des femmes en union de la plantation d'Aux, dans le nord de Saint-Domingue, où 60 % des esclaves vivaient en famille, avaient eu des enfants avec d'autres partenaires (Geggus, 1996, p. 264). Toutefois, la stabilité ultérieure nous a paru plus notable. La liste de 1817 classe les esclaves par sexe mais note les jeunes enfants avec les mères, et ne permet donc pas de connaître les relations familiales des esclaves.

Au moment de la vente par les Jésuites, Bisdary comportait 71 familles, dont 19 couples mariés, 29 couples concubins et 23 familles monoparentales (soit respectivement 27 %, 41 % et 32 %). Les familles légitimes sont donc très minoritaires : elles ne représentent que le quart des familles de 1763 à 1793. De plus, les femmes mariées en 1763 sont surtout de jeunes femmes. Il semble donc que l'action des Jésuites n'ait été efficace qu'auprès des jeunes et qu'elle n'ait pas réussi à éradiquer le concubinage. De 1768 à 1778, quatre mariages ratifient une longue vie commune puisque les mariés ont de nombreux enfants. Il n'y aura plus aucun mariage après 1783. Les couples concubins qui représentaient 41 % des familles en 1763 n'en représentent plus que 20 % par la suite tandis que la part des familles monoparentales et des isolés s'est accrue. Les mariages correspondent-ils à une christianisation réelle ou marquent-ils une certaine réussite sociale dans la plantation ? Selon Debien (1960), le concubinage serait plus proche de l'Afrique en ce qu'il ne passe pas par le sacrement chrétien ; cependant, dans ce continent, le mariage a une autre dimension : il dépend du lignage, il est l'occasion de dons et de contredons qui scellent l'alliance de groupes familiaux ainsi que de grandes fêtes. Que reste-t-il de ces rituels complexes à Bisdary et aux Antilles ? La distinction entre couples légitimes et illégitimes ne coïncide guère avec une différence de modes de vie, la vie étant avant tout soumise au carcan du travail. Cependant, trois des quatre hommes mariés après 1763 ont une qualification d'ouvrier et dans l'autre couple, la femme est infirmière.

Les couples, qu'ils soient mariés ou concubins, ne vivent pas séparés sur la plantation après le départ des Jésuites. Certes, on ne sait pas s'il s'agit d'un choix des esclaves ou d'une obligation : ainsi l'indigotier Monnereau (1765, p. 115) punissait les esclaves qui menaient une vie dissolue, mais cette hypothèse semble contredite par l'existence de nombreux mulâtres sur la plantation. La stabilité peut aussi être induite par le mode de collecte des données. Mais il n'y a guère de raison de postuler une instabilité généralisée alors que les individus vivaient sur la même plantation. Par contre, en 1763, 14 couples sur 48 sont séparés avant que la femme ait 45 ans, sans que l'on sache si c'est pour cause de décès ou de vente. Une femme mariée est ainsi laissée au service d'un abbé et ne reparaît plus auprès de son mari : la protection que le mariage est supposé offrir est bien illusoire ! Mais les chiffres semblent surtout en accord avec la forte mortalité constatée : la mortalité expliquerait la plupart des disparitions, sauf pour les jeunes hommes de 1768 à 1778 et de 1783 à 1793[19]. Ce qui veut aussi dire qu'en 1763, une proportion élevée de ménages monoparentaux pouvaient être dirigés par des « veuves », de droit ou de fait. Le pourcentage des foyers nucléaires reste des deux tiers de 1763 à 1793, si l'on inclut tous ceux où un homme a vécu, mais tombe à un tiers en 1793 si l'on ne tient compte que de ceux où un homme est effectivement présent. Les foyers où le père a vécu sont donc majoritaires et, surtout, 80 % des esclaves nés sur la plantation y ont été élevés par leur père et leur mère : on peut difficilement croire que le rôle du père se soit limité à celui de géniteur.

Quel était le rôle des hommes dans ces ménages ? Selon Patterson (1982, p. 135-161), on ne sait pas si les hommes vivant avec une femme et des enfants étaient bien les pères de ceux-ci, ni quel était leur rôle réel, et notamment s'ils pouvaient avoir l'autorité d'un père, compte tenu des conditions de l'esclavage. Il pense plutôt que, vu « l'émasculation sociale » subie par les hommes et par un phénomène de compensation psychique, la présence d'un homme dans le foyer risquait d'être une source de violence pour l'enfant et de ne pas empêcher la domination féminine. À vrai dire, on ne voit pas pourquoi ce type d'analyse ne s'appliquerait pas aux femmes, tout autant (et même plus) humiliées par l'esclavage. En revanche, la plupart des historiens mettent en avant l'économie domestique des ménages esclaves pour affirmer que l'homme avait un rôle dominant. Ainsi, Higman note que la moitié des hommes vivant dans des familles nucléaires étaient des esclaves qualifiés, contre 8 % des femmes. Il ajoute :

---
[19] À 5 ans, l'espérance de vie est de 35 ans ; or, avec une espérance de vie à la naissance de 25 ans, Fourastié a calculé que la moitié des femmes et des hommes avaient perdu leur conjoint à 50 ans (Fourastié, 1985, p. 352).

« Cela signifie que le mari/père avait souvent un statut social plus élevé que la femme/mère, et un pouvoir économique plus grand en termes de fourniture directe de rations alimentaires, de vêtements et d'ustensiles de la part du maître ainsi que l'accès à un meilleur logement. On peut donc douter de l'idée que les femmes qui vivaient dans de telles unités contrôlaient la stabilité de leurs unions du fait de l'absence de pouvoir économique de l'homme » (Higman, 1975, p. 286). Cette citation peut s'appliquer aux colonies françaises, où le quart des hommes esclaves étaient qualifiés contre moins de 8% des femmes. Ainsi, à Bisdary, le type de vie familiale dépend fortement, pour les hommes, de leur place dans la hiérarchie des plantations : les ouvriers représentent 36 % des célibataires, 48 % des concubins et 69 % des époux alors qu'ils ne sont que 38 % des hommes. Cependant, si les hommes esclaves accèdent plus facilement que les femmes à des emplois qualifiés, il reste qu'ils ne sont en moyenne qu'un quart à être qualifiés, les sucreries employant beaucoup plus d'esclaves qualifiés que les caféières. Même si la division sexuelle du travail a existé pendant l'esclavage au profit des hommes, elle a néanmoins été plus faible que partout ailleurs. Dans le même ordre d'idées, si l'on considère que le fait que l'homme soit plus âgé marque une domination, c'est bien le cas puisqu'en moyenne, en 1763, l'homme marié a trois ans de plus que sa femme et le concubin un an et huit mois de plus ; en 1783, les hommes ont en moyenne quatre ans et deux mois de plus que leurs conjointes.

Les relations entre parents et enfants sont peu connues. À partir de 1763, de nombreux textes critiquent les maîtres qui, en majorité, laisseraient les esclaves se débrouiller comme ils peuvent avec leurs enfants, même en bas âge, ce qui serait une cause importante de mortalité infantile. Des maîtres, comme Foäche à Saint-Domingue, recommandent de ne laisser les enfants avec leurs parents que le dimanche car sinon ils les font veiller tard et leur apprennent à voler. En Martinique, la pratique consistant à faire élever les enfants esclaves dans la maison du maître semble particulièrement fréquente. Mais d'autres colons prévoient simplement une gardienne pour s'en occuper pendant que leurs parents travaillent ; dans ce cas, les esclaves peuvent transmettre leurs pratiques et leurs valeurs, parmi lesquelles la solidarité familiale. Ainsi, selon de nombreux textes dont le *rapport* des procureurs d'habitation déjà cité, les liens naturels sont reconnus par tous et fort respectés. La famille constitue un lien puissant et les parents apprennent à leurs enfants à respecter les anciens. Les pères et les mères et surtout les parrains sont respectés et les enfants acquittent s'il y a lieu les dettes des parents. On cite l'exemple d'une famille qui veut s'enfuir et échoue parce qu'elle veut emmener la grand-mère impotente (Schoelcher, 1842, p. 80).

Les listes de la plantation Bisdary permettent d'essayer de reconstituer la *parentèle des esclaves*, comme dans les plantations étudiées par Gutman. En 1763, 259 des 312 esclaves ont de un à huit parents proches ou alliés, essentiellement dans le cadre de familles nucléaires. En 1783,

79 esclaves sont dans ce cas, 69 forment quatre groupes de familles, comprenant de 12 à 26 membres, et 76 autres esclaves ont une famille étendue comprenant neuf ménages. Le nombre moyen de parents consanguins ou alliés d'un esclave est ainsi passé de 3,5 à 25,5. Quant aux personnes seules, 19 sont les survivantes de familles disparues, deux sont des Africains achetés en 1763, tandis qu'une femme est mariée à un Africain libre et sans enfant survivant. Du coup, Bisdary semble être le lieu d'un réseau de relations familiales qui donne sans doute un tout autre sens à la vie sur la plantation. L'évolution est spectaculaire en vingt ans ; or, l'habitation existe depuis le début du siècle. C'est dire combien il est risqué de fonder des analyses sur une seule liste.

Il reste qu'on ne peut pas dire avec certitude comment cette parenté était vécue, même si la force actuelle des relations de parenté aux Antilles tend à faire penser que la famille y a toujours été un réseau actif de solidarité[20]. J'ai donc cherché un indicateur de l'existence de familles étendues à travers *la répétition des prénoms* qui pourraient se substituer aux patronymes et marquer une identité familiale. En effet, la comparaison des différentes caractéristiques des esclaves dans les six listes de Bisdary pour le XVIIIe siècle montre que les prénoms s'y appliquent bien aux mêmes individus. Le prénom d'un parent n'est attribué qu'à 14 enfants appartenant à sept familles différentes. Dans neuf cas, l'adulte occupe une position respectable : ainsi, quatre prénoms reprennent celui du maître charpentier, de sa femme accoucheuse et de son gendre charpentier. La constitution d'une identité familiale ne semble donc jouer que pour les esclaves les mieux lotis. Elle met en jeu les deux lignées : paternelle et maternelle, mais le père est nettement favorisé (9 prénoms sur 14). Les oncles et les tantes ne donnent leur prénom qu'une fois, ce qui peut marquer un faible rôle familial. Par ailleurs, les trois esclaves qui portent un surnom ne le transmettent pas à leurs enfants. Ces conclusions sont toutefois rendues aléatoires par la faiblesse de nos connaissances sur les réseaux de parenté, ce qui peut amener à sous-estimer la fréquence de la transmission des prénoms. De plus, nous ne connaissons que les prénoms transcrits par les Blancs et non ceux que pouvaient se donner les esclaves.

Par ailleurs, les séparations entre les enfants et les parents esclaves ont souvent été dénoncées, notamment par les abolitionnistes du XIXe siècle. Ainsi, en 1842, l'abbé Dugoujon rapporte que les séparations se multiplient parce que les esclaves se vendent quatre à cinq fois plus cher à Puerto Rico qu'en Guadeloupe : « C'était une chose déplorable à voir que ces infortunés versant d'abondantes larmes et poussant des cris lamentables parce qu'on les arrachait à leur famille et au sol qui les avait vu naître » (Dugoujon, 1845, p. 97). À Case-Pilote, en Martinique, pour 506 mères ayant enfanté sur 8 propriétés de 1783 à 1848, seules 56 de leurs filles et 5 de leurs petites-filles accouchent dans ces mêmes

---

[20] Mais aussi de haine : ce sont souvent de proches parents, plutôt du côté paternel, qui sont supposés avoir jeté des sorts.

propriétés ; à chaque génération, il ne reste que 10 % des filles sur la propriété, ce qui ne peut s'expliquer uniquement par la mortalité ou les changements de nom, rares sur les inventaires (David, 1975, p. 77-79). À Bisdary, ces séparations semblent concerner surtout les jeunes hommes adultes, au moment de la mise au travail.

L'existence de cinq listes sur trente ans permet donc de donner un tout autre éclairage à la vie familiale sur la plantation. Celle-ci n'est jamais déterminée entièrement par la volonté du maître, comme le montre la persistance des couples illégitimes et des mères isolées en 1763. De plus, malgré l'importance de la mortalité, nombre d'esclaves présents sur la plantation ont des liens de parenté. Enfin, alors que l'esclavage se caractérise par une matrifocalité institutionnelle, 80 % des enfants vivent avec leurs deux parents et c'est le nom du père qui est le plus souvent donné.

Toutefois, de 1763 à 1793, un quart des femmes restent sans conjoint et sans enfant, pourcentage qui passe pour les hommes de 29 % à 62 %, alors même que le rapport de masculinité oscille autour de 60 %. Cela pourrait provenir en partie de la consanguinité sur la plantation, qui empêcherait un certain nombre d'unions.

2. *Les relations « du dehors »*

Certains esclaves demandent l'éloignement de leur épouse ou amie pour ne pas augmenter les risques de brimades, d'autres y sont simplement conduits par leurs goûts. Les hommes ont plus l'occasion de sortir des plantations, qu'ils soient loués ou réquisitionnés, et d'entretenir des relations « du dehors ». Ces liaisons, qui peuvent être stables, ne sont connues qu'à Case-Pilote où le curé de la paroisse a noté de 1760 à 1762 l'identité des pères des enfants : 49 esclaves du même atelier (36 %) dont 20 mariés, 56 esclaves appartenant à d'autres maîtres (41 %), les autres pères étant des libres (23 %), blancs ou de couleur. Dans ce cas, la présence du père ne peut être que lointaine puisque le temps de travail quotidien est de 14 heures au XVIIe siècle et de 10 heures au XIXe siècle ; le père n'a, au mieux, que le dimanche de libre et ne peut guère s'occuper de ses enfants. Il est donc particulièrement intéressant de se demander quels ont été les comportements des pères à la fin de l'esclavage, lors des inscriptions sur les registres d'état civil.

En 1848-1849, les inscriptions sur les registres d'état civil auraient dû permettre de mieux connaître les types de familles esclaves, mais les différences entre les deux îles laissent perplexe. Aussi, selon un premier sondage sur les 550 premiers individus, aux Abymes en Guadeloupe, 30 % des individus sont isolés, 48 % appartiennent à des familles que le père a reconnues et 22 % font partie de familles à filiation uniquement maternelle. À Fort-de-France et au Diamant, ces pourcentages sont respectivement de 15 %, 19 % et 66 % (tableau 1).

TABLEAU 1.– RÉPARTITION DES ESCLAVES DE BISDARY (1763-1793) ET DES NOUVEAU-LIBRES (1848) SELON LE TYPE DE FAMILLE (%)

Lieu	Date	Rapport de masculinité[a]	Africains (nés en Afrique) %	Répartition (%)		
				Isolés	Famille nucléaire	Famille mono-parentale
Bisdary	1763-1793	92	5	8	52	39
Guadeloupe	1848	95	12	30	48	22
Martinique	1848	86	10	15	19	66

[a] Nombre d'hommes pour 100 femmes.
Sources : Guadeloupe 1763-1793 : Gautier, *Bisdary, op. cit.*; Guadeloupe et Martinique : registres d'état civil des Abymes en Guadeloupe ainsi que du Diamant et de Fort-de-France en Martinique.

Le développement de ces îles ayant été identique, la différence pourrait venir soit du caractère urbain de Fort-de-France, soit du fait qu'en Guadeloupe les anciens esclaves auraient pu faire reconnaître tous leurs couples, même concubins, alors qu'en Martinique les agents de l'état civil n'auraient accepté d'inscrire sous le même nom que les esclaves mariés et, pour le reste, auraient suivi la vieille coutume coloniale : l'enfant suit la mère bien qu'il choisisse parfois un nom différent. Ainsi, en Martinique, les pères resteraient sans doute injustement inconnus, alors qu'aux Abymes ce sont les grands-parents, les frères et les sœurs qui le seraient, créant ainsi de toutes pièces un nombre excessif de personnes isolées.

Par ailleurs, la moitié des couples qui prennent le même nom aux Abymes n'habitaient pas la même plantation, ce qui donne une idée de la séparation physique vécue tant par les couples que par les pères et leurs enfants. Cela veut dire aussi que, pendant l'esclavage, un quart de ces familles étaient nucléaires et 46 % monoparentales, dont la moitié ayant des « relations de type ami », selon la terminologie antillaniste. Le pourcentage de familles nucléaires est alors identique dans les deux îles. Je pense donc que la différence entre ces îles résulte bien des modes d'enregistrement et ne reflète pas une réalité différente.

Aux Abymes, 67 % des enfants sont reconnus ou légitimés par les deux parents ou le père seul (10 %) : la grande majorité des enfants ont donc bien un père qui tient à se faire reconnaître comme tel. Et la plupart des femmes rejoignent leur compagnon après l'abolition : ces couples n'ont donc pas intériorisé la séparation des parents comme nécessaire. Cette norme matrifocale existe-t-elle cependant pour certaines femmes, ou vivent-elles sans compagnon parce que leurs amants étaient blancs ou déjà en couple, parce qu'elles étaient volages ou qu'elles n'ont pas voulu vivre avec leur amant ? Il est malheureusement impossible de répondre à ces questions, mais on peut dire que ces femmes pourraient constituer un groupe important : 40 % des familles avec enfants.

Conclusion

Nos sources ne permettent guère de conclure sur les différences entre les îles. Saint-Domingue est paradoxalement moins étudié puisque, d'une part, seules les grosses plantations y sont décrites, les listes par familles ayant disparu plus vite des minutes notariales, et que d'autre part, il n'existe pas de registres de nouveau-libres permettant de connaître la situation au moment de l'indépendance de Saint-Domingue. Dans les dossiers disponibles sur de grosses plantations, les familles sont bien représentées. On sait d'ailleurs que les paysans haïtiens ont reconstitué des familles polygamiques, où les femmes cultivent les lopins de leur compagnon mais n'ont pas toutes le même statut, dans un cadre par ailleurs très individualiste pour l'appropriation des terres, divisées à l'extrême entre chaque héritier masculin (Bastien, 1985).

Pour la Guadeloupe et la Martinique, en revanche, on peut conclure que les esclaves n'ont pas vécu majoritairement dans des familles nucléaires cohabitantes, sauf sur les grosses plantations anciennement installées, où les maîtres avaient des stratégies à long terme. Dans les autres plantations, on peut estimer qu'un quart des esclaves vivaient dans des familles nucléaires cohabitantes, alors qu'un quart vivaient une conjugalité non cohabitante du fait de l'esclavage, et un autre quart vivaient dans des familles monoparentales. Par ailleurs, les deux tiers des enfants connaissaient leurs deux parents. Les isolés étaient plus souvent africains (malgré leur plus forte propension à vivre en couple lorsqu'ils le pouvaient), mais ce pouvait aussi être la conséquence de la très forte mortalité qui sévissait sur les plantations. En dépit des séparations et de la concurrence exercée par les Blancs, *les esclaves ont donc pu maintenir une vie familiale*. Toutefois, il semble que les ouvriers qualifiés aient le mieux réussi à faire reconnaître leur rôle de père et d'époux, peut-être parce qu'eux seuls avaient la volonté et les moyens de maintenir un rapport inégalitaire auquel répugnaient les femmes. Les relations de parenté semblent avoir été maintenues dans ce contexte difficile, bien que la transmission de prénoms paraisse avoir été moins répandue que dans les plantations étudiées par Gutman (peut-être s'agit-il d'un artefact lié aux lacunes de nos sources).

Mais des esclaves vivant en couple, mariés ou concubins, pouvaient avoir en même temps d'autres relations, soit sur la plantation, soit à l'extérieur. Au XVIIe siècle, certains colons admettaient même que les cases des épouses soient construites autour de celle de l'homme : il y avait alors une nette reproduction de la polygamie africaine, l'élément de vie familiale qui pouvait le plus facilement se transmettre dans les conditions de l'esclavage car, en Afrique, la monoparentalité n'existait pas et le lignage structurait la vie des ménages, même si les captifs venaient de zones pratiquant des modèles de nuptialité et d'union très variés. Cependant, la fréquence de la polygamie chez les « commandeurs » incite à y voir une manifestation de rapports de pouvoir assez générale.

La pratique des relations « du dehors » semble plutôt s'expliquer par l'impossibilité pour les esclaves d'habiter avec la personne qu'ils avaient choisie. Elle introduisait sans doute une plus grande précarité des relations, du fait du moindre contrôle social et des difficultés inhérentes à cette situation. Elle a pu d'autant plus se transformer en polygamie non résidentielle que l'intimité conjugale n'est pas traditionnelle en Afrique, du fait précisément de la pratique répandue de la polygynie. De là viendrait peut-être le fait que les populations d'origine africaine ont plus souvent répondu par le recours à la monoparentalité et à la famille étendue aux conditions qui leur étaient faites que les engagés indiens du XIXe siècle, pourtant soumis à une vie de plantation peu différente (Charbit, 1987).

On peut donc dire du multipartenariat stable qu'il vient d'une tradition africaine qui a été adaptée à l'esclavage, ce qui ne veut pas dire que cette pratique ait été immuable. En effet, des changements économiques significatifs, et notamment l'égalité économique entre les sexes, peuvent se traduire par des transformations des relations personnelles entre les sexes et les générations, comme l'a montré Handwerker (1989) pour la Barbade. À la Martinique et à la Guadeloupe, le multipartenariat masculin n'est aujourd'hui pas majoritaire, comme l'a montré l'enquête ACSAG, et des couples stables et fidèles existent (Alibar et Lembeye-Boy, 1981, p. 165-182; Attias-Donfut et Lapierre, 1997). Il ne constitue pas non plus une norme également partagée par les deux sexes, pas plus que ce n'est le cas actuellement partout en Afrique (Fainzang et Journet, 1988). S'il se perpétue, outre le poids de l'histoire, c'est sans doute en raison du maintien de relations inégalitaires entre les sexes, longtemps entretenues par le Code civil français (1804-1965) et l'absence de droits politiques avant 1944, puis par une politique familiale discriminatoire envers les femmes, ainsi que par une exclusion économique très importante, qui pèse dans les rapports de sexe (Gautier, 1993 et 2000).

SOURCES

Archives départementales de la Guadeloupe :

Minutes notariales : Dizangremel 1759, Mimerel 1774-1777, Chuche 1778, Ezemard 1783, Jaille (1786-90, 1793, 1811), Lareillet 1792, Mathieu 1792, Brasdor 1792, Mollenthiel (1806-1807, 1813-1817, 1821-1827, 1829, 1835).

Dossier 6Hi : comprend 4 inventaires de l'habitation du Bisdary en 1768 (fol. 97-104), en 1783 (fol. 144), en 1793 (fol. 278) et en 1817 (fol. 314). Il a été complété par deux inventaires des minutes notariales des Archives départementales de la Guadeloupe qui datent de 1777 (notaire Mimerel MN 2-196 n°27) et de 1778 (notaire Chuche MN 3-74 n°95).

Archives départementales de la Martinique :

Registres d'état civil des nouveau-libres de Fort-de-France (1848) et de Diamant (1849) 2^E 10-41 n°1534 et 2^E 10-43 n°1536. Sondage sur les 550 premiers individus.

Archives nationales :

Abymes 472 mi (1).
AN COL série C7A fol. 132-145 (contrat de vente de l'habitation Bisdary en 1763).

Archives nationales section outre mer (ANSOM) :

Recensements : Guadeloupe : G1468, G1469, G1497; Martinique : G1470, G1470 BIS, G1499; Saint-Domingue : G1509.
Minutes notariales. Saint-Domingue. Nippes Saunier 1721-1754 (7 registres) et Beaulieu 1749-1770 (12 cartons).

BIBLIOGRAPHIE

ALIBAR France, LEMBEYE-BOY Pierrette, 1981, *Le couteau seul... La condition féminine aux Antilles*, volume II, Paris, Éditions caribéennes.
ATTIAS-DONFUT Claudine, LAPIERRE Nicole, 1997, *La famille providence. Trois générations en Guadeloupe*, Paris, La documentation française.
BASTIEN Rémy, 1951, *Le paysan haïtien et sa famille*, Paris, Karthala, (rééd. 1986).
BATTAGLIOLA Françoise, 1995, « Mariage, concubinage et relations entre les sexes. Paris, 1880-1890 », *Genèses*, 18, p. 68-96.
BONNIOL Jean-Luc, 1980, *Terre-de-haut-des Saintes*, Paris, Éditions caribéennes.
BOUTIN Raymond, 1983, *Petit-Canal : une commune de la Guadeloupe au XIXe siècle*. Paris, L'Harmattan.
BURTON Richard D.E., 1992, *La famille coloniale. La Martinique et la mère patrie, 1789-1992*, Paris, l'Harmattan.
CHARBIT Yves, 1987, *Famille et nuptialité dans la Caraïbe*, Travaux et Documents, Cahier n° 114, Paris, Ined/Puf, 412 p.
CHARBIT Yves, LERIDON Henri, 1980, *Transition démographique et modernisation en Guadeloupe et en Martinique*, Travaux et Documents, Cahier n° 89, Paris, Ined/Puf, 308 p.
COCHIN Auguste, 1861, *L'abolition de l'esclavage*, Fort-de-France, Desormeaux, (rééd. 1979).
CONDON Stéphanie, 1999, « Analyse critique », *Population*, 54(1), p.145-149.
COTTIAS Myriam, 1985, « Trois îlets de la Martinique au XIXe siècle : essai d'étude d'une marginalité démographique », *Population*, 40(4-5), p. 675-697.
COTTIAS Myriam, 1992, *La famille antillaise du XVIIe au XIXe siècle. Etude anthropologique et démographique*. Mémoire pour le doctorat, EHESS, Sorbonne microfiches.
CRATON Michael, 1979, « Changing patterns of slave families in the British West Indies », *Journal of interdisciplinary history*, 10, 1, p.1-35.
CURTIN Philip D., 1967, *The atlantic slave trade: a census*, Madison, The University of Wisconsin Press.
DAVID Bernard, 1975, « La paroisse de Case-Pilote, 1760-1848, notes d'histoire sociale », *Mémoires de la société d'histoire de la Martinique*, 4,113 p.
DAVID Bernard, 1973, « La population d'un quartier de la Martinique d'après les registres paroissiaux : Rivière Pilote, 1802-1829 », *Revue française d'histoire d'outre-mer*, n° 220, p. 330-363.
DAVIS Angela Y., 1999, *Blues legacies and black feminism. Gertrude "Ma" Rainey, Bessie Smith and Billie Holiday*, New York, Vintage Books.
DEBIEN Gabriel, 1974, *Les esclaves aux Antilles françaises (XVIIe-XVIIIe siècles)*, Basse-Terre, Fort-de-France, Sociétés d'histoire de la Guadeloupe et de la Martinique.
DEBIEN Gabriel, 1960, « Destinées d'esclaves à la Martinique, 1746-1778 », *Bulletin de l'Institut français d'Afrique noire*, 26, série B, p. 1-91.
DUBUISSON, 1780, *Nouvelles considérations sur Saint-Domingue, en réponse à celles de M.H. D'Auberteuil*, Paris, 2 volumes en 1.
DUTERTRE Jean-Baptiste, 1667-1671, *Histoire générale des Antilles habitées par les Français*, Paris, tome II.
ELKINS Stanley, 1959, *Slavery: a problem in American institutional and intellectual life*, Chicago, Chicago University Press.
« Ending violence against women », 1999, *Population Reports* série L, 27(4), déc.
ESCOTT Paul, 1978, *Slavery remembered*, Chapel Hill, University of North Carolina Press.

Exposé général des résultats du patronage des esclaves dans les colonies françaises, 1844, Paris, Imprimerie nationale.
FAINZANG Sylvie, JOURNET Odile, 1988, *La femme de mon mari. Anthropologie du mariage polygamique en Afrique et en France,* Paris, L'Harmattan.
FITTE-DUVAL Annie, 1997, « A l'ombre de la départementalisation : l'émergence de la citoyenneté féminine aux Antilles françaises », in Constant Fred ; Daniel Justin, *Cinquante ans de départementalisation aux Antilles 1946-1996,* Paris, L'Harmattan, p. 205-221.
FOURASTIÉ Jean, 1985, « De la vie traditionnelle à la vie "tertiaire". Recherches sur le calendrier démographique de l'homme moyen », in Le Bras Hervé *Population,* Paris, Hachette, Collection pluriel, p. 337-353.
FRAZIER F., 1949, *The Negro family in the United States,* Chicago, University of Chicago press.
GAUTIER Arlette, 1984, « Les esclaves de l'habitation Bisdary, 1763-1817 », *Bulletin de la société d'histoire de la Guadeloupe,* 60, p. 13-50.
GAUTIER Arlette, 1985, *Les sœurs de Solitude,* Paris, Éditions caribéennes.
GAUTIER Arlette, 1986, « Traite et politiques démographiques esclavagistes », *Population,* 41(6), p. 1005-1024.
GAUTIER Arlette, 1992, « Évolutions spatiales et temporelles de la monoparentalité en Guadeloupe (1954-1988) », in *Familles et contextes sociaux. Les espaces et les temps de la diversité,* Lisbonne, Centro de Investigaçao e Estudos de Sociologia ISCTE, p. 215-231.
GAUTIER Arlette, 1993, « Femmes seules et prestations familiales en Guadeloupe », in Gautier Arlette, Heinen Jaqueline, *Le sexe des politiques sociales,* Paris, Éditions Côté-femmes, p. 85-101.
GAUTIER Arlette, 2000, *« Nou le pa z'enfant bâtars.* La construction par la France du genre Outre-mer », *Clio. Histoire, femmes, sociétés,* 10.
GEGGUS David, 1989, « Sex ratio, age and ethnicity in the atlantic slave trade: data from French shipping and plantation records », *Journal of African History,* 30, p. 23-44.
GEGGUS David, 1996, « Slave and free colored women in Saint-Domingue », in Gaspar David Barry et Hine Darlene Clark (eds), *More than chattel. Black women and slavery in the Americas,* Bloomington and Indianapolis, Indiana University Press, p. 259-278.
GIRAUD Michel, 1997, « Entre particularités épidémiologiques et spécificités culturelles : l'enquête sur les comportements sexuels aux Antilles et en Guyane françaises (ACSAG) », *Sciences sociales et santé,* 15, 4, p. 73-93.
GISLER Antoine, 1965, *L'esclavage aux Antilles françaises (XVIIe-XIXe siècles). Contribution au problème de l'esclavage,* Fribourg, Éditions universitaires.
GLISSANT Édouard, 1964, *Le quatrième siècle,* Paris, Gallimard.
GLISSANT Édouard, 1981, *Le discours antillais,* Paris, Gallimard.
GOUBERT Édouard, 1840, *Pauvres nègres! ou quatre ans aux Antilles françaises,* Paris, Imprimerie de Moessard et Jousset.
GUTMAN Herbert, 1972, « Le phénomène invisible : la composition de la famille et du foyer noirs après la guerre de sécession », *Annales ESC* 27, 4-5, p. 1197-1218.
HANDWERKER W. Penn, 1989, *Women's power and social revolution. Fertility transition in the West Indies,* Londres, Sage.
HERSKOVITS M.J., 1962, *L'héritage du Noir,* Paris, Présence africaine.
HIGMAN B.W., 1975, « The slave family and household in the British West Indies, 1800-1834 », *Journal of Interdisciplinary history,* 6, 2, p. 261-287.
HOUDAILLE Jacques, 1991, « Reconstitution des familles de Saint-Domingue (Haïti) au XVIIIe siècle », *Population,* 46(1), p. 29-40.
KLEIN Herbert, 1986, *African slavery in Latin America and the Caribbean,* New York, Oxford University press.
KOPLAN Jeffrey, 1983, « Slave mortality in 19th century Grenada », *Social Science History* 7, 3, été, p. 311-320.
Le Code Noir ou recueil de règlements rendus jusqu'à présent concernant le gouvernement, l'administration de la justice, la police, la discipline et le commerce des Nègres dans les colonies françaises, 1767, Paris, reprod. Basse-Terre, Fort de France, Société d'histoire de la Guadeloupe/Société d'histoire de la Martinique, 1980.
LECHEVALIER Jules, 1843, *Rapport sur les questions coloniales, adressé à M. le duc de Broglie, président de la Commission coloniale, à la suite d'un voyage fait aux Antilles et aux Guyanes pendant les années 1838 et 1839,* Paris, Imprimerie royale.
LERIDON Henri, ZUCKER Élisabeth, 1970, *Fécondité et famille en Martinique. Faits, attitudes et opinions,* Travaux et Documents, Cahier n° 56, Paris, Ined/Puf, 186 p.
LEVY Joseph Josy, 1976, *Un village du bout du monde. Modernisation et structures villageoises aux Antilles françaises,* Montréal, Les Presses de l'Université de Montréal.

MALOUET Pierre-Victor, 1788, *Mémoire sur l'affranchissement des nègres, dans lequel on discute les motifs proposés pour leur affranchissement, ceux qui s'y opposent et les moyens praticables pour améliorer leur sort*, Neuchâtel.

MARINO, 1970, «Family, fertility and sex-ratios in the British Caribbean», *Population Studies* 24, 2, p. 159-172.

MARQUET Jacques, HUYNEN Philippe, FERRAND Alexis, 1997, «Modèles de sexualité conjugale : de l'influence normative du réseau social», *Population,* 52(6), p. 1401-1437.

MEILLASSOUX Claude, 1986, *Anthropologie de l'esclavage. Le ventre de fer et d'argent*. Paris, Puf.

MINISTÈRE DE LA MARINE ET DES COLONIES, 1835-1838, *États de population, de culture et de commerce...* ; 1840 –1847, *Tableaux et relevés de population, de culture et de commerce...*

MONNEREAU Elie, 1765, *Le parfait indigotier*, Marseille.

MOREAU DE SAINT-MÉRY Médéric Louis-Elie, 1784-1790 *Lois et constitutions des colonies françaises de l'Amérique sous le vent de 1750 à 1785*, Paris, 6 vol.

MOULIER-BOUTANG Yann, 1998, *De l'esclavage au salariat. Économie historique du salariat bridé,* Paris, Puf.

NEWTON John, 1750-1754, réed. 1962, *The Journal of a slave trader*, Londres, Epsworth.

PATTERSON Orlando, 1982, «Persistence, continuity and change in Jamaican working-class family», *Journal of Family History*, 7, 2, été, p. 135-161.

PETIT-JEAN ROGET Jacques, 1978, *La société d'habitation à la Martinique*, Paris, Champion.

REY-HULMAN Diane, 1998, «La face cachée de la matrifocalité», communication au séminaire *Identités...à partir de la Caraïbe*, Paris, INALCO.

ROBERTSON Claire, 1996, «Africa into the Americas? Slavery and women, the family and the gender division of labor», in Gaspar David Barry, Hine Darlene Clark (eds), *More than chattel. Black women and slavery in the Americas,* Bloomington and Indianapolis, Indiana University Press, p. 19-39.

SCHOELCHER Victor, 1842, réed. 1976, *Des colonies françaises. Abolition immédiate de l'esclavage*, Fort-de-France, Desormeaux.

STELLA Alessandro, 1997, «Des esclaves pour la liberté sexuelle de leurs maîtres (Europe occidentale, 14e-18e siècle», *Clio. Histoire, femmes, sociétés*, n° 5, p. 191-209.

VANONY-FRISCH Nicole, 1985, *Les esclaves de la Guadeloupe à la fin de l'ancien régime*, thèse pour le doctorat de 3e cycle en histoire, Paris 1, 1982, publié in *Bulletin de la société d'histoire de la Guadeloupe* n° 63-64.

WEBER Max, 1909, réed. 1998, *Économie et société dans la Grèce antique*, Paris, La découverte.

WILSON Peter, 1973, *Crab antics. The social anthropology of English-speaking Negro societies of the Caribbean*, Madison. Yale University Press.

GAUTIER Arlette.– **Les familles esclaves aux Antilles françaises, 1635-1848**

On a souvent considéré qu'il y avait peu de couples esclaves aux Antilles françaises parce qu'il y avait peu d'esclaves mariés ; mais le mariage est un mauvais indicateur de l'existence de familles, car les maîtres comme les esclaves – femmes et hommes – refusaient le mariage. Sur la base de listes d'esclaves contenues dans les recensements nominatifs et les minutes notariales, ainsi que des registres d'état civil au moment de l'abolition, nous concluons que les esclaves n'ont pu vivre majoritairement en couples que sur les grosses plantations ; ailleurs, un quart des esclaves auraient vécu dans de telles unions, un quart en auraient été empêchés et un quart auraient vécu dans des foyers monoparentaux, les autres étant isolés. Les deux tiers des enfants auraient connu leurs deux parents. Cependant, il y avait aussi une polygynie de fait et des « relations du dehors ». On peut donc dire que le multipartenariat stable est une tradition africaine qui a été adaptée aux conditions de l'esclavage.

GAUTIER Arlette.– **Slave families in the French Antilles, 1635-1848**

It has long been thought that there were few slave couples in the French Antilles because there were few married slaves. But marriage is a poor indicator of the existence of families since both owners and slaves – men and women – rejected marriage. Analysis of slave lists contained in the nominal census schedules, notarial records, and civil registration registers from the time of abolition, leads to the conclusion that a majority of slaves were able to live as couples only on the largest plantations; elsewhere such unions involved only a quarter of slaves, whereas a quarter were not allowed to, a quarter lived in one parent households, and the remainder lived alone. It is estimated that two-thirds of children knew both their parents. However, a *de facto* polygyny also existed, as did "outside" relations. Thus it can be said that the conditions of slavery adapted a version of the stable multipartnership that was traditional to Africa.

GAUTIER Arlette.– **Las familias esclavas en las Antillas francesas, 1635-1848**

El escaso número de esclavos casados en las Antillas francesas ha llevado a la conclusión frecuente de que había pocas parejas de esclavos. Pero el matrimonio es un mal indicador de la existencia de familias, ya que tanto amos como esclavos –hombres y mujeres- lo rechazaban. En base a las listas de esclavos incluidas tanto en los censos nominativos y las minutas notariales como en los registros de estado civil en el momento de la abolición de la esclavitud, concluimos que los esclavos sólo pueden haber vivido en pareja en las grandes plantaciones. En otros lugares, únicamente una cuarta parte de los esclavos habría vivido en tales uniones, a una cuarta parte se le habría impedido unirse, otra cuarta parte habría vivido en hogares monoparentales y el resto habrían vivido aislados. Dos tercios de los hijos habrían conocido a ambos progenitores. La poliginia y las "relaciones externas" también estaban presentes. De estas observaciones se concluye que los esclavos mantuvieron la tradición poligámica africana.

Arlette GAUTIER, CERPOS, Université de Paris X-Nanterre, tél. : 33 (01) 40 97 75 13, fax : 33 (01) 40 97 70 86, e-mail : gautier@u-paris10.fr

La mortalité maternelle en milieu rural au Sénégal

Gilles PISON*, Belco KODIO**,
Emmanuelle GUYAVARCH*, Jean-François ETARD**

Pouvoir accoucher en toute sécurité est une des dimensions essentielles de la « santé reproductive ». La Conférence d'Alma-Ata avait souligné en 1978 l'importance des soins de santé primaire, de préférence au développement de grandes infrastructures médicales : éducation aux problèmes de santé, suivi de la qualité de l'eau et de l'alimentation, vaccinations, mise à disposition de médicaments de base, etc. Pour l'accouchement, on met aujourd'hui l'accent sur la nécessité de centres bien équipés et spécialisés, mais à condition que le transport des futures parturientes puisse être assuré –quand nécessaire– rapidement et en toute sécurité. Gilles PISON, Belco KODIO, Emmanuelle GUYAVARCH et Jean-François ETARD analysent ici des données collectées dans plusieurs zones rurales du Sénégal (où la mortalité maternelle est de l'ordre de 0,5 à 1 décès pour 100 accouchements) en comparant les conditions des accouchements dans les trois zones, qui dépendent de leurs équipements respectifs.

D'après l'OMS, près d'un demi-million de femmes meurent en couches chaque année dans le monde (OMS/Unicef, 1996). L'immense majorité d'entre elles (99%) vivent dans des pays en développement, et près de la moitié (40%) en Afrique. La région ayant la mortalité maternelle la plus élevée du monde est l'Afrique de l'Ouest, l'OMS estimant qu'en 1990, 1 020 décès maternels s'y produisaient pour 100 000 naissances vivantes. En France, à la même époque, on n'en comptait que 15 pour 100 000 naissances vivantes, et dans l'ensemble de l'Europe, 36. Pour faire baisser la mortalité maternelle, différentes actions sont envisageables : éducation et information des communautés, soins prénatals, détection des complications de la grossesse, mise en place de moyens d'évacuation d'urgence, accouchement assisté par des personnes formées,

---

* Unité « Population et développement », Institut national d'études démographiques, Paris.
** Laboratoire « Population et santé », Institut de recherche pour le développement, Dakar.
Ont également participé à l'étude : Mariam Ba, Catherine Enel, Luc de Bernis, Valérie Delaunay, Alexis Gabadinho et Carine Ronsmans.

recrutement et affectation dans les hôpitaux locaux de chirurgiens pour les césariennes, soins du post-partum, etc. Quelle est l'efficacité de ces différents programmes ? Pour répondre à cette question, on manque d'informations sur les niveaux et les tendances de la mortalité maternelle et sur la part des décès maternels que les différentes mesures permettraient d'éviter.

Afin de contribuer au débat dans ce domaine, nous avons mené une étude de la mortalité maternelle en milieu rural au Sénégal dans les trois observatoires de population de Bandafassi, Niakhar et Mlomp. Son but est de fournir des mesures originales de la fréquence et des causes de décès liées à la grossesse et à l'accouchement. L'application d'une même méthode pour repérer les décès et en déterminer la cause dans les trois observatoires permet de comparer leurs situations, avant de tenter d'en expliquer les différences.

I. Populations et méthodes

1. Les populations étudiées

Les trois sites ruraux du Sénégal où l'étude a été réalisée sont situés dans différentes régions du pays (figure 1). Bandafassi se trouve au sud-est ; c'est le site le plus éloigné de la capitale, Dakar (à 700 km). Niakhar, localisé dans la partie ouest du pays, qui est la région la plus peuplée, en est le plus proche (à 150 km). Mlomp, situé au sud-ouest, en Casamance, est comme Bandafassi assez éloigné de Dakar (à 500 km).

En 1999, les trois sites comprenaient des populations d'environ 10 000 (Bandafassi), 30 000 (Niakhar) et 8 000 habitants (Mlomp) (tableau 1). La densité de population varie d'un site à l'autre : elle est élevée à Niakhar (131 habitants au km^2), faible à Bandafassi (15) et intermédiaire à Mlomp (63). La composition ethnique de la population y est également différente : à Niakhar, elle est très homogène, la population étant à plus de 95 % d'ethnie serer. À Mlomp aussi, une seule ethnie domine, celle des diolas ; en revanche, la population de Bandafassi est plus diverse et comprend trois groupes ethniques : peul (57 %), bedik (28 %) et malinké (16 %).

Les trois sites sont desservis par des dispensaires tenus par des infirmiers. Il y en a un à Bandafassi, un à Mlomp, et trois à Niakhar. Leur activité varie beaucoup. Le dispensaire de Mlomp, tenu par une sœur infirmière catholique, est le plus actif. Outre la salle de consultation, il dispose de 7 lits d'hospitalisation et d'un petit laboratoire. Presque toutes les femmes enceintes de Mlomp (99 %) vont aux visites prénatales et accouchent en maternité, la plupart du temps dans la maternité de la zone, qui jouxte le dispensaire et dispose de 8 lits. Les femmes présentant des grossesses à risque sont systématiquement évacuées un peu avant l'accou-

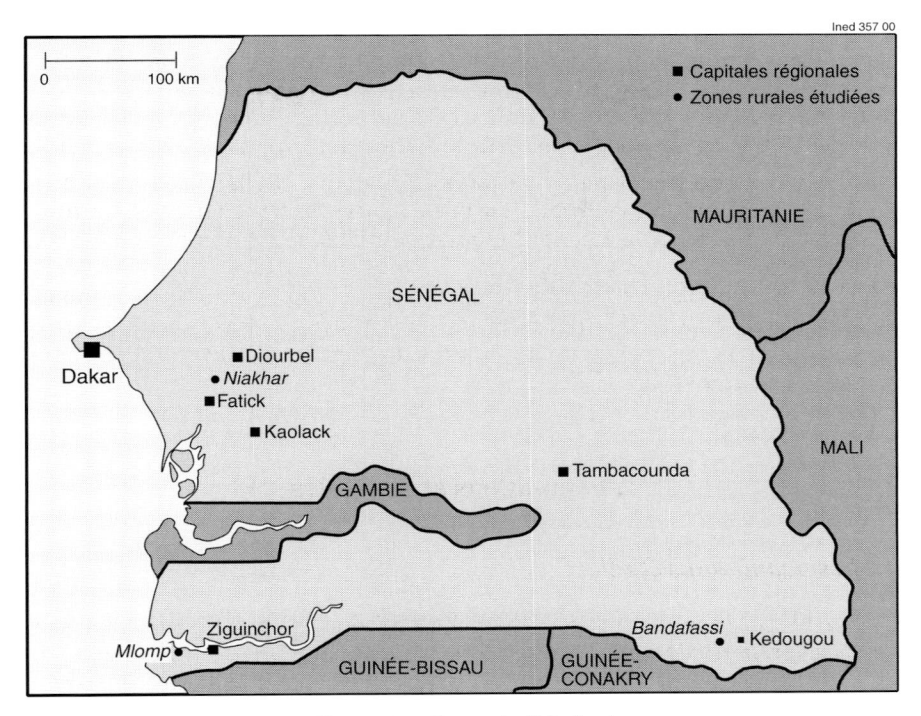

Figure 1.– Carte du Sénégal

chement à l'hôpital de Ziguinchor (à 50 km). Les accouchements s'effectuant dans la maternité de la zone se font sous le contrôle de deux matrones supervisées par l'infirmière du dispensaire.

Les dispensaires des autres sites ont des activités moindres ; les proportions de femmes accouchant en maternité sont faibles à Niakhar (15 %) et très faibles à Bandafassi (3 %) (tableau 1). Dans l'ensemble du Sénégal, près d'une femme sur deux a accouché en maternité au cours de la période 1988-1997[1], la proportion étant plus élevée en ville (près de 80 %) qu'à la campagne (près de 30 %) (Ndiaye et al., 1994 ; Ndiaye et al., 1997). Les proportions observées à Niakhar et à Bandafassi sont donc nettement en dessous de la moyenne rurale du pays, alors que celle de Mlomp atteint un niveau très élevé, bien au-dessus de la moyenne urbaine. Cette situation

---

[1] Les enquêtes démographiques et de santé menées au Sénégal en 1992/1993 (EDS II) (Ndiaye et al., 1994) et en 1997 (EDS III) (Ndiaye et al., 1997) ont porté sur des échantillons de plusieurs milliers de femmes ayant entre 15 et 49 ans, représentatifs à l'échelle nationale. Une histoire génésique complète a été recueillie auprès de chaque femme. Les rapports d'enquête indiquent la proportion, parmi les naissances survenues au cours des 5 années précédant l'enquête, de celles ayant eu lieu en établissement sanitaire. Pour l'enquête de 1992/1993, les proportions sont de 47 % pour l'ensemble du pays, 29 % en milieu rural et 81 % en milieu urbain. Pour l'enquête de 1997, elles sont de 48 % pour l'ensemble du pays, 33 % en milieu rural et 78 % en milieu urbain.

TABLEAU 1.– LES SITES ÉTUDIÉS

	Bandafassi	Niakhar	Mlomp
Population			
Effectif (au 1er janvier 1999)	9 721	30 042	7 888
Densité (nombre d'habitants au km²)	15	131	63
Indicateur synthétique de fécondité en 1990 (nombre d'enfants par femme)	6,3	7,7	5,0
Localisation (département)	Kedougou	Fatick	Oussouye
Éloignement			
Distance pour atteindre la capitale, Dakar (km)	700	150	500
Distance pour atteindre l'hôpital le plus proche où se pratiquent des césariennes (km)	250	25 ou 60[1]	50
Observation démographique suivie (enquête à passages répétés)			
Date du recensement initial	1970[2]	1984[3]	1985
Rythme des visites	annuel	variable[4]	annuel
Période retenue pour la présente étude (bornes comprises)	1988-1997	1984-1997	1985-1998
Conditions d'accouchement			
Proportion de femmes ayant accouché en maternité au cours de la période retenue	3 %	15 %	99 %

[1] Les femmes de Niakhar sont le plus souvent évacuées à l'hôpital de Diourbel (à 25 km) ou à celui de Kaolack (à 60 km).
[2] À son début, en 1970, l'étude de Bandafassi ne portait que sur une partie des villages de la zone choisie, le groupe de villages malinké. Elle a été étendue aux autres villages en deux étapes : en 1975 ont été ajoutés les villages peul, et en 1980 les villages bedik.
[3] Une première étude a commencé en 1962 sur 65 villages comptant 35 000 habitants au total. En 1969, la zone d'étude a été réduite à 8 villages totalisant près de 4 000 habitants. En 1983, cette zone a été agrandie et inclut depuis 30 villages.
[4] Visites annuelles de 1984 à 1986, hebdomadaires de 1987 à 1997, trimestrielles ensuite.

exceptionnelle est la résultante des efforts des personnels sanitaires de la région et de traditions propres à l'ethnie diola, peu favorables à l'accouchement à domicile (Enel *et al.*, 1993).

La fécondité est élevée dans les trois sites, avec cependant des différences sensibles de l'un à l'autre : elle est la plus forte à Niakhar (l'indicateur synthétique de fécondité y est de 7,7 enfants par femme en 1990), la plus faible à Mlomp (5,0 enfants par femme) et intermédiaire à Bandafassi (6,3).

Lorsqu'une femme rencontre des difficultés pour accoucher et a besoin d'être évacuée d'urgence à l'hôpital pour y subir une césarienne, les facilités d'évacuation et la distance à parcourir varient selon le site. La distance est la plus grande depuis Bandafassi, l'hôpital le plus proche pratiquant les césariennes étant situé dans la capitale régionale, Tambacounda, à 250 km. Mais certaines femmes de Bandafassi sont évacuées directement à Dakar, à 700 km. Le mauvais état des routes, souvent impraticables pendant la saison des pluies (de juin à octobre), ajoute aux difficultés liées à la distance et rend problématiques les évacuations d'urgence. Les deux autres sites sont mieux lotis de ce point de vue, les hôpitaux les plus proches pratiquant des césariennes étant situés, pour Niakhar, à Diourbel (à 25 km) et à Kaolack (à 60 km), et pour Mlomp, à Ziguinchor (à 50 km). Dans ce dernier site, l'ambulance prévue pour les évacuations est stationnée dans l'hôpital le plus proche, à Oussouye (à 10 km); si elle n'est pas disponible, l'infirmière du dispensaire dispose en permanence d'une voiture qu'elle utilise alors pour convoyer les femmes vers Ziguinchor.

2. L'observation démographique suivie

Les populations de chacun des sites font l'objet d'une observation démographique suivie par enquête à passages répétés depuis plusieurs années (Delaunay et al., 1998; Pison et al., 1993 ; Pison et al., 1997a). Après un premier recensement, les villages ont été visités à intervalles réguliers. À l'occasion de chaque visite, on fait un inventaire de tous les ménages, la liste des personnes présentes dans chaque ménage lors de la visite précédente est vérifiée et des informations sur les naissances, mariages, migrations et décès (y compris leur cause) survenus depuis sont recueillies. L'observation n'a pas débuté au même moment dans les différents sites, et le rythme des visites n'est également pas le même (tableau 1). À Bandafassi et à Mlomp, où l'observation a débuté respectivement en 1970 et en 1985, les visites sont annuelles et ont lieu en janvier-février. À Niakhar, où l'observation a débuté en 1984, le rythme a varié selon la période : annuel de 1984 à 1986, il est devenu hebdomadaire de 1987 à 1997, puis trimestriel ensuite.

Comme dans beaucoup de régions rurales d'Afrique, la majorité des décès a lieu sans qu'un médecin ait vu le malade avant sa mort ou qu'une autopsie ait pu être faite après. Pour déterminer les causes de décès, des informations sont recueillies en interrogeant les proches de la personne décédée sur les circonstances du décès et les symptômes de la maladie l'ayant précédé. La méthode, qualifiée d'*autopsie verbale*, est appliquée dans les trois sites avec le même questionnaire (Garenne et Fontaine, 1988 ; Desgrées du Loû et al., 1996). Cependant, à Bandafassi, contrairement aux deux autres sites, le questionnaire n'a été utilisé que pour les décès d'enfants de moins de 15 ans ; pour les décès de personnes de 15 ans ou plus, l'interrogatoire se fait de façon libre.

Les informations ainsi recueillies directement auprès des familles sont complétées par celles figurant éventuellement dans les registres des dispensaires ou des hôpitaux de la région, lorsque la personne est décédée au dispensaire ou à l'hôpital ou y a séjourné avant son décès. Dans le cas particulier de Mlomp, les sœurs du dispensaire tiennent depuis le début de l'enquête un registre de décès dont les informations sont également prises en compte. L'ensemble des informations ainsi rassemblées est soumis indépendamment à un ou plusieurs médecins qui portent un diagnostic.

Les informations recueillies par les systèmes d'observation démographique suivie, en vigueur dans les trois sites, sont de grande qualité.

La couverture des événements est en particulier quasiment complète et leur datation précise, ce qui assure une bonne fiabilité des mesures démographiques qui en résultent, en particulier celles concernant le niveau et les tendances de la mortalité.

3. *La détermination des causes de décès maternels*

Pour étudier en détail la mortalité maternelle et ses causes, une collecte d'information complémentaire a été organisée dans les trois sites dans le but de vérifier si tous les décès maternels avaient bien été repérés par l'enquête suivie et en préciser la cause détaillée. Cette enquête n'a porté que sur les décès survenus au cours d'une période relativement récente, pour lesquels les souvenirs étaient encore suffisamment précis : 1988-1997 pour Bandafassi, 1984-1997 pour Niakhar et 1985-1998 pour Mlomp. Après avoir dressé la liste des décès féminins survenus dans chaque site aux âges de maternité –en pratique dans un intervalle d'âge suffisamment large pour inclure tous les décès maternels– l'enquête a consisté à réinterroger à nouveau les proches de chaque femme décédée afin d'obtenir des précisions sur sa maladie et les circonstances de son décès, les entretiens étant conduits par un médecin. Des informations ont également été recueillies dans les établissements de santé. Cette enquête a été effectuée dans les trois sites entre 1996 et 1999 en utilisant un questionnaire particulier (Kodio et Etard, 1998).

Les dossiers ainsi constitués ont été soumis indépendamment à deux cliniciens en vue de déterminer la cause du décès. Lorsque les diagnostics étaient discordants, le dossier a été soumis à un troisième médecin qui a tranché. Les décès ont été classés ou non en décès maternels en se référant à la définition de la mort maternelle des 9e et 10e révisions de la Classification internationale des maladies (CIM) :

> « La mort maternelle se définit comme le décès d'une femme survenu au cours de la grossesse ou dans un délai de 42 jours après sa terminaison, quelle qu'en soit la durée ou la localisation, pour une cause quelconque déterminée ou aggravée par la grossesse ou les soins qu'elle a motivés, mais ni accidentelle, ni fortuite. » (OMS, 1977 ; OMS, 1993)

Les décès maternels ont été classés en deux groupes, les décès par cause obstétricale directe et les décès par cause obstétricale indirecte, en suivant là aussi les définitions de la CIM :

> — « décès par cause obstétricale directe : ce sont ceux qui résultent de complications obstétricales (grossesse, travail et suites de couches), d'interventions, d'omissions, d'un traitement incorrect ou d'un enchaînement d'événements résultant de l'un quelconque des facteurs ci-dessus » ;
> — « décès par cause obstétricale indirecte : ce sont ceux qui résultent d'une maladie préexistante ou d'une affection apparue au cours de la grossesse sans qu'elle soit due à des causes obstétricales directes mais qui a été aggravée par les effets physiologiques de la grossesse ».

II. Résultats et discussion

1. La mortalité générale

Dans les trois sites étudiés, la mortalité est élevée : l'espérance de vie à la naissance est inférieure ou égale à 61 ans et 10 % des enfants ou plus meurent avant 5 ans (tableau 2).

Les différences sont néanmoins importantes. Bandafassi a la mortalité la plus élevée, Mlomp, la plus faible, et Niakhar occupe une position intermédiaire, quel que soit l'indicateur considéré : l'espérance de vie à la naissance, le risque de décès chez les enfants avant 5 ans (5q0) ou le risque de décès entre 15 et 49 ans chez les femmes (35q15) (tableau 2)[(2)]. La figure 2, qui illustre les variations des risques de décès des femmes selon l'âge, montre qu'à tout âge ou presque la mortalité est la plus élevée à Bandafassi et la plus faible à Mlomp. De façon plus détaillée, la situation de Niakhar est plus proche de celle de Bandafassi que de celle de Mlomp pour la mortalité des enfants de moins de 5 ans et la durée de vie moyenne, et plus proche de celle de Mlomp que de celle de Bandafassi pour la mortalité des adultes entre 15 et 49 ans.

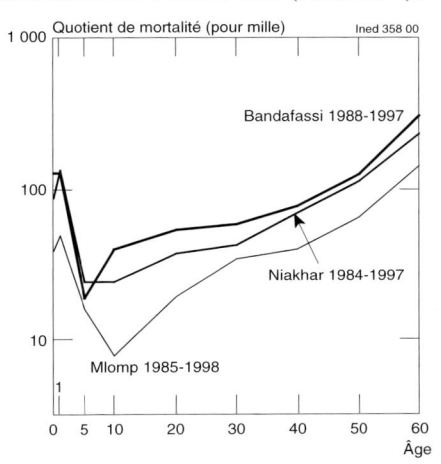

Figure 2.– Quotients de mortalité par âge selon le site (sexe féminin)

L'enquête démographique et de santé menée au Sénégal en 1997 permet de situer les niveaux de mortalité des enfants dans les trois sites par rapport à la moyenne nationale. Pour la période 1987-1996, le risque de décès avant 5 ans (5q0) est estimé à 139 pour mille dans l'ensemble du pays, avec une variation du simple au double (de 89 à 165 pour mille) entre villes et campagnes (Ndiaye *et al.*, 1997). Niakhar et Bandafassi sont donc à nouveau dans une situation nettement moins favorable que la moyenne rurale du pays, alors que Mlomp est, à l'inverse, dans une situation plus favorable.

La faible mortalité des enfants à Mlomp est étonnante pour une zone rurale. Cette situation est récente : la mortalité y était encore élevée au dé-

---

[(2)] Entre 15 et 49 ans, la mortalité des hommes est supérieure à celle des femmes dans les trois zones. La surmortalité masculine est très élevée à Mlomp où le risque de décès des hommes est 1,7 fois plus élevé que celui des femmes. Les morts violentes y sont particulièrement fréquentes chez les hommes : une partie importante d'entre eux exercent le métier de récolteur de vin de palme ; ils montent en haut des palmiers, avec un risque non négligeable d'effectuer une chute.

but des années soixante, le risque de décès avant 5 ans (5q0) approchant alors de 350 pour mille. Comme l'a montré une analyse des causes de décès, la baisse importante survenue depuis est le résultat d'un certain nombre de programmes de santé conduits de façon efficace : les vaccinations, bien menées depuis leur début, ont pratiquement éliminé les décès dus aux maladies infectieuses évitables par la vaccination (Pison *et al.*, 1993). Concernant les maladies pour lesquelles on ne dispose pas de vaccin, il faut noter l'efficacité remarquable de la lutte contre le paludisme ; la clé du succès semble ici tenir en partie à la bonne organisation des soins et à l'encadrement efficace de la population par le dispensaire local.

TABLEAU 2.– NIVEAUX D'ENSEMBLE DE LA MORTALITÉ

	Bandafassi 1988-1997	Niakhar 1984-1997	Mlomp 1985-1998
Espérance de vie à la naissance (en années)			
Hommes	46	49	58
Femmes	49	52	65
Ensemble	47	51	61
Mortalité de 0 à 5 ans (5q0) (p. 1 000)			
Ensemble	245	198	100
Mortalité entre 15 et 49 ans (35q15) (p. 1 000)			
Hommes	205	142	160
Femmes	193	119	96
Ensemble	199	131	130

2. *La mortalité maternelle*

Aucun décès maternel n'ayant été observé avant l'âge de 15 ans ou après 49 ans dans les différents sites au cours des périodes étudiées, nous restreignons dorénavant les mesures et l'analyse au groupe d'âges des 15 à 49 ans.

La fiabilité du repérage des décès maternels a été évaluée en examinant la concordance des diagnostics des deux experts (Kodio *et al.*, 1999). Elle est totale pour Mlomp, alors qu'il y a quelques discordances à Niakhar et à Bandafassi, mais elles sont peu fréquentes[3]. Rappelons qu'en cas de discordance, c'est l'avis du troisième expert que nous prenons en compte.

La mortalité maternelle est élevée dans les trois sites, avec plus de 400 décès maternels pour 100 000 naissances vivantes (tableau 3). Il existe un clivage très net entre Bandafassi d'un côté, avec un niveau de mortalité maternelle très élevé – 826 décès pour 100 000 naissances vivantes, soit près de 1 % –, et Niakhar et Mlomp de l'autre – avec res-

---

[3] Le coefficient de concordance «kappa» atteint respectivement 82 % et 92 % à Niakhar et Bandafassi (Kodio *et al.*, 1999).

pectivement 516 et 436 décès pour 100 000, c'est-à-dire près de 0,5 %.

TABLEAU 3.− NIVEAUX DE LA MORTALITÉ MATERNELLE SELON LE SITE

	Bandafassi 1988-1997	Niakhar 1984-1997	Mlomp 1985-1998
Décès féminins de 15-49 ans			
Décès maternels[1]	32	87	10
Ensemble des décès	110	317	44
Proportion de décès maternels (%)	29	27	23
Naissances vivantes de femmes de 15-49 ans	3 873	16 870	2 292
Taux de mortalité maternelle (en nombre de décès p. 100 000 naissances vivantes)	826	516	436
Intervalle de confiance à 95 %	541-1111	408-624	166-706

[1] Selon la définition de l'OMS (voir texte).

Les estimations sont entachées d'incertitudes en raison du nombre limité d'observations dans chaque site. Les intervalles de confiance à 95 % se recouvrent tous partiellement : 541-1111 (Bandafassi), 408-624 (Niakhar) et 166-706 (Mlomp) (tableau 3). Mais les comparaisons deux à deux montrent que le taux de mortalité maternelle de Niakhar est significativement différent de celui de Bandafassi (au niveau 95%), et qu'il l'est presque aussi de celui de Mlomp ; dans ce dernier cas, l'écart est à la limite de la significativité[4]. Ce n'est qu'entre Bandafassi et Mlomp que l'écart, pourtant le plus grand, est le plus incertain, en raison du petit nombre d'observations dans ces deux sites.

Les comparaisons sont par ailleurs légèrement faussées car elles portent sur des périodes qui ne sont pas exactement les mêmes pour les trois sites. Mais rien n'indique que la mortalité maternelle ait évolué rapidement dans le pays au cours de ces périodes. Et dans les sites étudiés, bien que les petits effectifs se prêtent mal à l'examen des tendances, on n'observe pas d'évolution sensible. Les écarts entre périodes ne remettent donc pas en cause le classement, ni l'ordre de grandeur des différences.

---

[4] Pour comparer les taux deux à deux, nous avons utilisé le test de comparaison de deux probabilités. Il consiste à calculer :
$$Z = (P_1 - P_2)/\sqrt{P_{12}(1 - P_{12})(1/N_1 + 1/N_2)}$$
avec p_1, estimation de la probabilité pour le groupe 1 ;
p_2, estimation de la probabilité pour le groupe 2 ;
p_{12}, estimation de la probabilité lorsque les deux groupes sont confondus ;
N_1, nombre total d'observations pour le groupe 1 ;
N_2, nombre total d'observations pour le groupe 2.
Si les risques ne sont pas différents, la quantité Z suit une loi normale centrée réduite. Si on compare Bandafassi et Niakhar, Z vaut 2,31, soit un peu plus que 1,96, la limite au niveau de confiance de 95%. Entre Mlomp et Niakhar, l'écart Z est de 1,80, soit très légèrement moins que 1,96 ; enfin, entre Bandafassi et Mlomp, Z n'est que de 0,50.

Les niveaux de mortalité maternelle dans les sites sénégalais sont à rapprocher de ceux observés récemment en Guinée-Bissau, au sud du Sénégal. En zone rurale, la mortalité maternelle y était de 880 pour cent mille au cours de la période 1990-1996, d'après une enquête menée dans un échantillon de zones rurales de ce pays (Høj et al., 1999). La situation à Bandafassi est donc proche de celle de la moyenne des régions rurales de Guinée-Bissau, alors qu'à Niakhar et à Mlomp, elle est meilleure.

Entre les trois sites sénégalais, on retrouve le classement déjà établi plus haut, signe que le niveau de mortalité maternelle est globalement corrélé au niveau de mortalité générale ou à celui de la mortalité des enfants. La raison en est que ces phénomènes sont sensibles à des facteurs communs comme le nombre et la qualité des infrastructures et des programmes sanitaires ainsi que les conditions socio-économiques.

Mais on ne retrouve pas les mêmes contrastes d'un site à l'autre quand on passe de la mortalité générale, ou de la mortalité des enfants, à la mortalité maternelle. On peut ainsi s'étonner que la mortalité maternelle ne soit pas nettement plus basse à Mlomp qu'à Niakhar, vu le bon encadrement médical de la population de Mlomp – pratiquement toutes les femmes enceintes vont à la visite prénatale et sont suivies pendant leur grossesse puis accouchent en maternité, comme on l'a vu plus haut – en comparaison de Niakhar, où l'encadrement médical est moindre et où seulement 15 % des femmes accouchent en maternité (tableau 1).

De même, l'écart important entre Bandafassi et Niakhar pour la mortalité maternelle surprend, alors que ces deux sites ont des niveaux de mortalité générale ou de mortalité des enfants assez proches.

Le site de Niakhar a bénéficié pendant plusieurs années, de 1987 à 1997, de soins privilégiés liés à plusieurs programmes d'essai de nouveaux vaccins. Ces programmes ont installé plusieurs médecins en permanence sur le site et ont pris en charge les vaccinations. Il en a résulté des conditions sanitaires meilleures que dans les zones alentour pendant cette période, et aussi probablement une moindre mortalité. Mais ces programmes ont dû influer à la fois sur la mortalité des enfants et sur celle des mères : la mortalité maternelle relativement faible à Niakhar, eu égard à la forte mortalité des enfants, reste donc étonnante.

Les contrastes de mortalité maternelle sont en fin de compte assez corrélés avec l'éloignement des centres – la capitale ou les grandes villes – et les facilités d'évacuation en urgence. Le site de Bandafassi, très éloigné des hôpitaux où l'on pratique des césariennes, est de ce point de vue très mal loti, et ceux de Niakhar et de Mlomp semblent bénéficier de situations assez comparables (tableau 1).

3. Les causes de décès maternels

L'origine obstétricale, directe ou indirecte

Dans les sites étudiés, entre la moitié et les deux tiers des décès maternels ont pu être attribués à une cause obstétricale directe (tableau 4). Dans ce cas, ils ont souvent été repérés par l'observation démographique suivie : c'est le cas de 100 % d'entre eux à Mlomp, de 81 % à Bandafassi, et de 79 % à Niakhar (pour la période 1984-1995).

TABLEAU 4.– CAUSES DE DÉCÈS MATERNELS (DÉCÈS D'ORIGINE OBSTÉTRICALE)

	Bandafassi		Niakhar		Mlomp	
	1988-1997		1984-1997		1985-1998	
	N	%	N	%	N	%
Décès maternels d'origine directe dus à[1]						
Hémorragie	5	28	24	41	1	(2)
Éclampsie	4	22	11	19	1	(2)
Dystocie (accouchement difficile)	2	11	9	15	1	(2)
Infection	5	28	6	10	1	(2)
Avortement			4	7	2	(2)
Cause indéterminée	2	11	5	8		
Total décès maternels d'origine directe	18	100	59	100	6	(2)
Décès maternels d'origine indirecte	3		9		1	
Décès maternels d'origine indéterminée	11		19		3	
Total décès maternels	32		87		10	

[1] Cause principale (ou essentielle) de décès.
[2] Les pourcentages n'ont pas été calculés en raison du petit effectif.

Les autres décès maternels, de cause obstétricale indirecte ou indéterminée, n'ont pas toujours été classés comme décès maternels lors de l'enquête suivie, soit que les informations alors recueillies sur le décès n'étaient pas assez détaillées, soit que la ou les personnes examinant les dossiers avaient établi à l'époque un autre diagnostic. Ainsi, seulement 37 % des décès de ce type ont été classés parmi les décès maternels à Niakhar, 71 % à Bandafassi et 75 % à Mlomp.

Les principales causes de décès maternels directs

Le classement des décès maternels de cause obstétricale directe selon la cause principale de décès montre que, dans tous les sites, environ un décès maternel direct sur dix est attribué au travail difficile (dystocie) et deux à une éclampsie (tableau 4). Les sept autres décès ne se partagent pas tout à fait de la même façon entre les différentes causes d'un site à l'autre. Sur dix décès maternels directs, environ quatre à Niakhar et trois à Bandafassi sont dus à une « hémorragie ». En revanche, une « infection » est à l'origine de trois décès sur dix à Bandafassi, mais de seulement un à Niakhar. La mortalité maternelle plus faible à Niakhar qu'à Bandafassi viendrait en partie d'un important recul des décès maternels dus aux infections dans le premier site. Ce recul ne serait pas lié à l'habitude d'accoucher en maternité, encore peu répandue à Niakhar; mais les accouchements effectués à domicile se produiraient dans de meilleures conditions d'hygiène et, en cas d'infection, les femmes y seraient traitées plus vite et plus fréquemment. Les antibiotiques seraient en particulier utilisés plus précocement. Pour Mlomp, les observations portent sur un tout petit nombre de décès, ce qui rend les comparaisons difficiles : la répartition des causes de décès y semble cependant assez différente de celle de Niakhar, alors que les niveaux d'ensemble de la mortalité maternelle sont voisins. Si près de 8 décès sur 10 sont attribuables à une hémorragie, une éclampsie ou une dystocie à Niakhar, ce n'est le cas que de 5 sur 10 à Mlomp. Cette différence reflète sans doute la meilleure détection et la prise en charge plus fréquente des grossesses à risque à Mlomp qu'à Niakhar.

Au cours des périodes étudiées, aucune femme n'est morte des suites d'un avortement provoqué. Cette pratique existe dans les trois populations rurales, mais elle y est encore rare, contrairement à ce qui se passe en ville où sa fréquence peut être élevée (Desgrées du Loû et al., 1999) et provoque de nombreux décès : par exemple, elle a probablement été la cause de la moitié des décès maternels à Antananarivo, à Madagascar, dans les années 1984-1995 (Waltisperger et al., 1998).

Conclusion

Nous avons mesuré la mortalité maternelle dans trois populations rurales du Sénégal en appliquant une méthode de recueil de données qui permet des mesures en population générale et assure à la fois une bonne fiabilité des estimations et la comparabilité des résultats d'une population à l'autre. La mortalité maternelle est élevée dans les trois sites étudiés : elle est partout supérieure à 400 décès maternels pour 100 000 naissances vivantes, avec des différences allant du simple au double selon les sites. Le site de Bandafassi a la mortalité maternelle la plus élevée, celui de Mlomp la plus faible, et celui de Niakhar est dans une situation intermédiaire, quoique assez proche de Mlomp. Ces différences correspondent en partie à celles du niveau de la mortalité générale, et elles s'expliquent sans doute par les variations du nombre et de la qualité des infrastructures et des programmes sanitaires, ainsi que par les différences de conditions socio-économiques générales d'un site à l'autre.

Que le niveau de la mortalité maternelle soit encore si élevé à Mlomp étonne cependant, quand on sait les succès rencontrés en matière de lutte contre la mortalité des enfants dans cette population. À l'inverse, le niveau relativement faible de la mortalité maternelle à Niakhar est également surprenant, toujours en comparaison du niveau de mortalité générale. Le suivi des grossesses et les conditions d'accouchement, le fait en particulier que ceux-ci se déroulent en maternité ou non, sont habituellement considérés comme des facteurs clés de la mortalité maternelle : pour la faire diminuer, il apparaît prioritaire de construire des maternités et de former des sages-femmes et des matrones pour assister les parturientes. Or, les variations d'un site à l'autre de la proportion d'accouchements se déroulant en maternité ne reflètent guère celles de la mortalité maternelle. En revanche, les différences de mortalité maternelle entre les trois sites semblent étroitement liées aux facilités d'évacuation en urgence des femmes ayant des difficultés à accoucher : ce résultat milite en faveur d'une politique de multiplication des installations chirurgicales permettant d'effectuer des césariennes, et de la mise en place de moyens d'évacuation d'urgence efficaces.

Notre étude montre par ailleurs que l'avortement provoqué n'est pas une cause de décès importante dans les populations étudiées (aucun des décès maternels observés n'est lié à l'avortement), signe que ce dernier est encore peu fréquent en zone rurale au Sénégal.

Enfin, la mortalité maternelle apparaît plus faible qu'attendu pour des zones rurales d'Afrique de l'Ouest. Pour l'ensemble de cette région, l'OMS estime les décès maternels à 1 020 pour 100 000 naissances vivantes en 1990 et pour le seul Sénégal, à 1 200. Il s'agit, certes, d'une mesure moyenne, englobant zones rurales et urbaines : la mortalité maternelle est très certainement plus élevée dans les premières que dans les secondes, ce qui la situerait pour ces dernières au-dessus de 1 200 pour 100 000. Or, dans les trois zones rurales étudiées, elle se situait entre 400 et 900 pour 100 000 vers 1990, donc nettement en dessous de ce niveau moyen déjà abaissé par l'inclusion des villes. Les deux sites de Mlomp et de Bandafassi étant assez représentatifs de situations respectivement favorables et défavorables au Sénégal et, de façon plus générale, en Afrique de l'Ouest, cette fourchette encadre donc sans doute le niveau moyen de la mortalité maternelle dans les zones rurales de cette région. Si une telle généralisation est légitime, il faut en conclure que l'OMS surestimerait de plus du double la mortalité maternelle en Afrique de l'Ouest. Il faut donc souhaiter que d'autres études viennent conforter notre analyse.

Remerciements : Ce travail a été réalisé dans le cadre du groupe MAMOCWA (Maternal Mortality and Emergency Obstetric Care in Longitudinal Population-Based Studies in West Africa). Il a bénéficié des soutiens financiers de la Communauté européenne (programme Inco-DC), de l'Institut national d'études démographiques (Ined), du Centre national de la recherche scientifique (CNRS), du Muséum national d'histoire naturelle et de l'Institut de recherche pour le développement (IRD).

BIBLIOGRAPHIE

DELAUNAY V. (sous la coordination de), 1998, *La situation démographique et épidémiologique dans la zone de Niakhar au Sénégal*, Projet population et santé à Niakhar, Orstom, Dakar, 130 p.
DESGRÉES DU LOÛ A., PISON G., SAMB B., TRAPE J.-F., 1996, « L'évolution des causes de décès d'enfants en Afrique : une étude de cas au Sénégal avec la méthode d'autopsie verbale », *Population*, 51 (4-5), p. 845-881.
DESGRÉES DU LOÛ A., MSELLATI P., VIHO I., WELFFENS-EKRA C., 1999, « Le recours à l'avortement provoqué à Abidjan : une cause de la baisse de la fécondité ? » *Population*, 54 (3), p. 427-446.
ENEL C., PISON G., LEFEBVRE M., 1993, « De l'accouchement traditionnel à l'accouchement moderne au Sénégal » *Cahiers Santé*, 3, p. 441-446.
GARENNE M., FONTAINE O., 1988, « Enquête sur les causes probables de décès en milieu rural au Sénégal » in Vallin J. et al. (eds) *Mesure et analyse de la mortalité, nouvelles approches*, Travaux et Documents de l'Ined, cahier n° 119, Ined-Puf, p. 123-141.
HØJ L., STENSBALLE J., AABY P., 1999, « Maternal mortality in Guinea-Bissau: the use of verbal autopsy in a multi-ethnic population », *International Journal of Epidemiology*, 28.
KODIO B., ETARD J.-F., 1998, « Mortalité maternelle », in Delaunay V. (sous la coordination de), *La situation démographique et épidémiologique dans la zone de Niakhar au Sénégal*, Projet population et santé à Niakhar, Orstom, Dakar, p. 85-90.
KODIO B., PISON G., GUYAVARCH E., BA M., ENEL C., DE BERNIS L., GABADINHO A., RONSMANS C., ETARD J.-F., 1999, « La mortalité maternelle en milieu rural au Sénégal : comparaison entre Bandafassi, Niakhar et Mlomp au cours de la période 1985-1998 », comunication au séminaire international sur *La santé de la reproduction en Afrique*, ENSEA/IRD, Abidjan, 9-12 novembre 1999.
NDIAYE S., AYAD M., GAYE A., 1997, *Enquête démographique et de santé au Sénégal (EDS-III) 1997*, Direction de la Prévision et de la Statistique, Dakar et Macro International Inc., Calverton, 238 p.
NDIAYE S., DIOUF P.D., AYAD M., 1994, *Enquête démographique et de santé au Sénégal (EDS-II) 1992/93*, Direction de la Prévision et de la Statistique, Dakar et Macro International Inc., Calverton, 284 p.
ORGANISATION MONDIALE DE LA SANTÉ, 1977, *Classification Internationale des Maladies. Révision 1975*, Vol. 1, OMS, Genève, Suisse.
ORGANISATION MONDIALE DE LA SANTÉ, 1993, *Classification Internationale des Maladies et des problèmes de santé connexes. Dixième révision*, Vol. 1, OMS, Genève, Suisse.
OMS/UNICEF, 1996, *Estimations révisées pour 1990 de la mortalité maternelle. Nouvelle méthodologie*, avril 1996, Genève, Suisse, p. 14.
PISON G., TRAPE J.-F., LEFEBVRE M., ENEL C., 1993, « Rapid decline in child mortality in a rural area of Senegal », *International Journal of Epidemiology*, 22(1), p. 72-80.
PISON G., DESGRÉES DU LOÛ A., LANGANEY A., 1997a, « Bandafassi: a 25 years prospective community study in rural Senegal (1970-1995) », in Das Gupta M. et al. (eds), *Prospective community studies in developing countries*, 1997, Clarendon Press, Oxford University Press, p. 253-275.
PISON G., HILL K., COHEN B., FOOTE K., 1997b, *Les changements démographiques au Sénégal*, Travaux et Documents de l'Ined, cahier n° 138, Ined-Puf, 240 p.
WALTISPERGER D., CANTRELLE P., RALIJAONA O., 1998, *La mortalité à Antananarivo de 1984 à 1995*, Ceped (Documents et Manuels n°7), Paris, 117 p.

Gilles PISON, Institut national d'études démographiques, 133, bd Davout - 75980 Paris, Cedex 20, tél. 01 56 06 21 26, fax 01 56 06 21 99, email : pison@ined.fr

PISON Gilles, KODIO Belco, GUYAVARCH Emmanuelle, ETARD Jean-François.– **La mortalité maternelle en milieu rural au Sénégal**

Nous avons mesuré la fréquence et les causes de décès maternels dans trois sites ruraux du Sénégal : Bandafassi, Niakhar et Mlomp. Leurs populations font l'objet d'une observation démographique suivie depuis de nombreuses années, en utilisant la même méthode, ce qui rend les résultats comparables.

Les trois sites diffèrent selon la proportion de femmes accouchant en maternité –99 % à Mlomp, 15% à Niakhar et 3 % à Bandafassi–, l'éloignement des hôpitaux pratiquant des césariennes et les facilités pour y évacuer les femmes ayant des difficultés à accoucher.

La mortalité maternelle varie de 1 à 2 selon le site : elle est la plus faible à Mlomp (436 décès pour cent mille naissances vivantes), la plus élevée à Bandafassi (826) et intermédiaire à Niakhar (516). Ces variations sont fortement liées aux facilités d'évacuation en urgence des femmes ayant des difficultés à accoucher. En revanche, les conditions d'accouchement, notamment la proportion de ceux qui se déroulent en maternité, ne semblent pas jouer un rôle aussi important qu'on l'imagine.

Enfin, l'OMS a estimé la mortalité maternelle pour l'ensemble du Sénégal à 1 200 décès maternels pour 100 000 naissances vivantes en 1990. Notre étude montre qu'à la même période elle était nettement en dessous dans les trois sites, qui se trouvent pourtant en zone rurale. L'OMS a donc sans doute nettement surestimé la mortalité maternelle pour l'ensemble de ce pays.

PISON Gilles, KODIO Belco, GUYAVARCH Emmanuelle, ETARD Jean-François.– **Maternal mortality in rural Senegal**

The frequency and cause of maternal death was measured in three rural localities in Senegal: Bandafassi, Niakhar, and Mlomp. Their populations have been subject to the same method of demographic observation over many years, thus ensuring the comparability of the results.

The three sites are contrasted by the proportions of women giving birth in hospital – 99% in Mlomp, 15% in Niakhar and 3% in Bandafassi – by the remoteness of hospitals equipped for caesareans and by facilities for evacuating women having difficulties in labour. Maternal mortality varies in a ratio of 1 to 2 between the sites. It is lowest in Mlomp (436 deaths per hundred thousand live births), highest in Bandafassi (826) and intermediate in Niakhar (516). These variations are closely related to the existence of facilities for emergency evacuation of women having difficulties giving birth. On the other hand, the conditions of birth, in particular the proportion occurring in hospital, seem to have a less important role than might be expected.

For Senegal as whole, the WHO estimated maternal mortality at 1200 maternal deaths for 100,000 live births in 1990. This study shows that the figure was appreciably lower in all three localities, even though all are in rural areas. The WHO would thus appear to have largely overestimated maternal mortality for the country as a whole.

PISON Gilles, KODIO Belco, GUYAVARCH Emmanuelle, ETARD Jean-François.– **La mortalidad materna en el medio rural en Senegal**

En este artículo examinamos la frecuencia y las causas de mortalidad materna en tres áreas rurales de Senegal: Bandafassi, Niakhar y Mlomp. Desde hace años, la población de estas tres áreas ha sido objeto de una observación demográfica continua, que se ha llevado a cabo utilizando siempre el mismo método, con lo que se obtienen resultados comparables.

La proporción de mujeres que dan a luz en centros de maternidad difiere según el área– 99% en Mlomp, 15% en Niakhar y 3% en Bandafassi-. Otros factores que las distinguen son la distancia a hospitales que practican cesáreas y los medios para evacuar a mujeres con complicaciones relacionadas con el parto. La mortalidad materna varia de 1 a 2 según el área: en Mlomp se registran los niveles más bajos (436 muertes por cien mil nacidos vivos) y en Bandafassi los más elevados (826); Niakhar se halla en un punto intermedio (516). Estas diferencias están fuertemente correlacionadas con los medios de evacuación urgente de mujeres que sufren complicaciones en el parto. En cambio, las condiciones del parto –en concreto, la proporción de partos que tiene lugar en centros de maternidad- no juegan un papel tan importante como se suele creer.

La OMS estima que, en Senegal, la mortalidad se elevaba a 1,200 muertes por 100,000 nacidos vivos en 1990. Nuestro estudio muestra que las tres áreas examinadas, que se hallan en zonas rurales, registraban niveles más bajos que éste durante el mismo periodo. La OMS parece haber sobre-estimado considerablemente la mortalidad materna para el conjunto del país.

NOTE DE RECHERCHE

F. Daguet — L'évolution de la fécondité des générations nées de 1917 à 1949 : analyse par rang de naissance et niveau de diplôme

L'évolution de la fécondité
des générations nées de 1917 à 1949 :
analyse par rang de naissance et niveau de diplôme

Les comportements de fécondité se sont modifiés radicalement pour les femmes nées dans les années 1940, quant à leur intensité et surtout leur calendrier. La descendance finale, qui avait baissé avec les générations nées dans les années 1930, se stabilise à partir de la génération 1947. Parallèlement, la longue phase de rajeunissement du calendrier des naissances, commencée dans la première moitié du XIXe siècle au moins (Festy, 1979), s'achève et l'âge moyen à la maternité augmente rapidement depuis la génération 1946.

Pourquoi et comment se sont produites ces évolutions ? Ont-elles concerné les femmes de toutes les couches sociales ou certaines catégories sont-elles restées en marge ? Les enquêtes Famille menées à l'occasion des recensements permettent de décrire précisément les comportements de fécondité des générations, en tenant compte du rang de naissance des enfants, et de dégager des contrastes entre groupes sociaux.

L'enquête Famille

L'enquête Famille, réalisée par l'Insee, est un vaste sondage associé à chaque recensement depuis 1954, sauf en 1968 : elle a eu lieu en 1954, 1962, 1975, 1982, 1990 et 1999[1]. Lors du recensement de 1990, plus de 330 000 femmes âgées de 18 à 64 ans, donc nées de 1925 à 1971, ont rempli un questionnaire de quatre pages destiné à apporter des informations sur le nombre d'enfants qu'elles avaient mis au monde et les principaux événements de leur vie familiale et professionnelle. L'enquête Famille fournit donc de nombreuses informations conjoncturelles et rétrospectives ; elle permet notamment de connaître les rangs de naissance biologiques, alors que, depuis 1966, l'état civil ne renseigne que sur les rangs de naissance dans le mariage. En outre, les femmes célibataires étant entrées dans le champ de l'enquête depuis 1982, l'enquête Famille permet aussi de déterminer la part des femmes qui restent sans enfant. Par ailleurs, pour le calcul d'indicateurs par milieu social, la même source fournit les numérateurs et les dénominateurs : une telle approche est donc bien adaptée à l'analyse différentielle. Enfin, et c'est ce qui constitue son apport le plus original, l'enquête Famille permet de suivre des cohortes et d'étudier leur histoire démographique.

Deux volumes (Lavertu, 1997 et Maréchal, 1997) rassemblent les principaux résultats de l'enquête Famille de 1990. Ils reprennent chaque fois que possible ceux de l'enquête précédente de 1982 (Desplanques, 1985a, 1985b et 1987), qui remontent à la génération 1917. La plupart des séries présentées ici sont issues de ces publications. On s'est reporté aux fichiers informatiques de l'enquête pour obtenir certains compléments, notamment les données par âge concernant les femmes nées en 1945-1949 (cf. annexe) et celles relatives au diplôme.

---

[1] Les résultats de l'enquête Famille de 1999, appelée « Étude de l'histoire familiale », seront disponibles à partir de 2001. Ils permettront de connaître précisément les évolutions vécues par les générations nées dans les années 1950, en incluant les périodes de cohabitation hors mariage. Pour la première fois, l'échantillon a intégré des hommes.

I. La fécondité des générations selon le nombre final d'enfants et le rang de naissance

1. Descendance des femmes et descendance des mères

La descendance finale des générations nées vers 1895 avait atteint un niveau exceptionnellement bas puisqu'elle se limitait à 2,00 enfants par femme. Elle est remontée ensuite jusqu'à 2,65 pour les femmes nées en 1928 et 1930 (tableau 1). Une nouvelle phase de baisse la ramène à 2,1 pour les générations 1947 à 1960. La descendance finale se stabilise donc, au moins provisoirement, à un niveau comparable à celui des générations nées à l'aube du XXe siècle. Mais cette similitude n'est qu'apparente : d'une part, la mortalité a reculé et la descendance finale nette – qui tient compte de la mortalité – atteignait à peine 1,5 enfant pour les femmes nées à la fin du XIXe siècle, tandis qu'elle se stabilise à 2 enfants par femme pour les générations 1944 à 1960 au moins ; d'autre part, les progrès médicaux, la contraception moderne et la régulation des naissances ont entraîné à la fois la baisse de l'infécondité et celle du nombre d'enfants par famille.

TABLEAU 1.–DESCENDANCE FINALE DES FEMMES ET DES MÈRES SUIVANT LEUR ANNÉE DE NAISSANCE, ET RÉPARTITION DES MÈRES SELON LE NOMBRE D'ENFANTS

Année de naissance	Ensemble des femmes		Femmes ayant eu au moins un enfant				
	Descendance finale (nombre d'enfants par femme)	Part des femmes sans enfant (en %)	Descendance finale (nombre d'enfants par mère)	Répartition selon le nombre d'enfants (en %)			
				Un enfant	Deux enfants	Trois enfants	Quatre enfants ou plus
1900	2,1	24,9	2,8	31,6	28,3	16,7	23,4
1905	2,2	23,9	2,9	30,6	27,7	16,9	24,8
1910	2,3	21,7	2,9	28,2	27,4	17,9	26,5
1915	2,4	20,0	3,0	25,3	27,4	20,0	27,4
1920	2,5	19,2	3,1	23,3	27,5	21,4	27,7
1925	2,6	17,9	3,2	21,0	27,5	22,8	28,8
1930	2,6	13,8	3,1	20,6	29,0	23,0	27,4
1935	2,6	11,5	2,9	18,8	32,5	24,1	24,5
1940	2,4	11,0	2,7	19,7	37,1	24,5	18,7
1945	2,2	11,3	2,5	21,5	41,9	23,8	12,7
1950	2,1	11,9	2,4	22,8	44,2	23,7	9,3
1955	2,1	12,3	2,4	22,7	42,5	25,5	9,3
1960	2,1	14,2	2,4	24,1	41,0	25,9	9,0

Source : Leridon et Toulemon, 1996, estimation d'après les enquêtes Famille de l'Insee.

La descendance finale des femmes ayant mis au monde au moins un enfant, qu'on appellera la descendance finale des mères, donne une autre image de l'évolution de la fécondité. S'élevant à 2,8 enfants par mère née en 1900, elle atteint son maximum dès la génération 1926, donc avant la descendance finale, avec 3,2 enfants par mère. Puis elle s'abaisse jusqu'à 2,4 enfants par mère née de 1947 à 1960. Les deux indicateurs (descendance finale des femmes et des mères) se sont rapprochés parce que l'infécondité a diminué : la part des femmes restant sans enfant s'est fortement réduite jusqu'à atteindre un niveau très bas dans les générations nées au début des années 1940 (Toulemon, 1995 ; Lavertu[2], tableau 2). Une femme sur quatre née

---

[2] Pour les lecteurs qui souhaiteraient se reporter aux sources publiées, nous signalons par « tableau xx » les principaux tableaux des volumes de l'enquête Famille se rapportant au sujet traité.

en 1900 n'a eu aucun enfant, contre une sur six née en 1925 et une sur dix née en 1940. Cette proportion tend cependant à augmenter depuis la génération 1943 et devrait atteindre 14 % parmi les femmes nées en 1960.

2. Émergence d'un modèle à deux enfants

Au cours du XXe siècle, alors que l'infécondité diminuait, les comportements de fécondité se sont fortement homogénéisés autour d'un modèle à deux enfants, au détriment des familles nombreuses et, dans une moindre mesure, des familles d'un seul enfant.

Pour les générations de mères nées de 1916 à 1931, la distribution des familles selon le nombre d'enfants est assez homogène : chaque taille de descendance (en regroupant celles de quatre enfants ou plus) représente entre 20 % et 30 % de l'ensemble. Puis la famille à deux enfants se détache nettement : alors qu'environ 28 % des mères nées de 1900 à 1928 ont eu deux enfants, cette proportion monte jusqu'à 44 % pour celles nées de 1947 à 1952. Après avoir augmenté jusque dans la génération 1926 (26 %), la proportion des familles nombreuses a chuté rapidement : 20 % des mères nées en 1939 et seulement 9 % de celles nées de 1950 à 1960 ont eu au moins quatre enfants. La part des familles d'un seul enfant, quant à elle, a d'abord diminué, avant de remonter légèrement : près d'une mère sur trois née en 1900 a eu un seul enfant, contre à peine une sur cinq née de 1932 à 1940, et près d'une sur quatre née de 1949 à 1960. Depuis la génération 1923, les familles de trois enfants sont un peu plus fréquentes que celles d'un seul enfant.

3. L'âge à la maternité cesse de baisser avec les générations nées après 1945

L'âge moyen à la maternité est passé de 28,7 ans pour les femmes nées en 1913 à 26 ans pour celles nées en 1945, soit une baisse de 2,7 ans en 32 générations. En conséquence de ce rajeunissement, les femmes nées à la fin des années 1940 avaient en moyenne près d'un enfant à 25 ans, comme celles nées vingt ans plus tôt (Lavertu, tableau 1), bien qu'elles aient eu une descendance finale plus faible de 0,5 enfant. L'âge moyen à la maternité a ensuite augmenté : il atteint 27 ans pour les femmes nées en 1955 et devrait dépasser 27,5 ans pour celles nées en 1960.

Trois éléments sont susceptibles d'influencer l'évolution de l'âge à la maternité : l'âge au mariage –au moins si les naissances hors mariage sont peu répandues–, la répartition des naissances par rang et l'espacement des naissances (*Vingtième rapport sur la situation démographique de la France*, 1991). La baisse de l'âge moyen à la maternité des femmes nées de 1913 à 1945 s'explique par la précocité croissante du mariage, qui a entraîné la baisse de l'âge moyen des mères aux naissances de chaque rang[3], la raréfaction des familles nombreuses dans les générations nées depuis les années trente, qui a provoqué une diminution de la fécondité aux âges les plus élevés, et le raccourcissement des intervalles entre naissances.

Une nuptialité de plus en plus précoce

L'âge au premier mariage (avant 35 ans) est passé de 22,7 ans pour les femmes nées en 1925-1929 à 22,1 ans pour celles nées de 1940-1944 à 1950-1954 (Maréchal, tableau 61). 52 % des femmes nées en 1930 et 59 % de celles nées de 1942 à 1946 étaient mariées le premier janvier suivant leur 22e anniversaire (Daguet, 1995), la nuptialité étant restée comparable au fil de ces générations (seulement 7 % des femmes étaient encore célibataires à 45 ans). Dans ces générations pour lesquelles les naissances hors mariage ont été rares (8 % au plus pour les femmes nées de 1919

---

[3] L'âge moyen à la maternité peut se calculer comme la moyenne des âges moyens des mères aux naissances des divers rangs, pondérée par les proportions rendant compte de l'importance relative de ces rangs dans la descendance.

à 1947), l'abaissement de l'âge au mariage s'est répercuté sur l'âge à la première maternité.

Les mères nées dans les années 1940 cessent d'avoir leurs enfants de plus en plus tôt, quel que soit le rang de naissance

Des générations nées en 1917 à celles nées au début des années 1940, l'âge des mères au premier enfant avait diminué de 0,8 an, passant de 24,7 à 23,9 ans (tableau 2). Plus le rang de la naissance est élevé –jusqu'au rang cinq–, plus l'âge moyen à l'accouchement a baissé : de 1,4 an pour les deuxièmes naissances (il passe de 27,8 à 26,4 ans), 2,1 ans pour les troisièmes (de 30,2 à 28,1 ans), 3,2 ans pour les cinquièmes (de 33,3 à 30,1 ans). La diminution est également de l'ordre de 3 ans pour l'ensemble des naissances de rang six ou plus.

TABLEAU 2.–ÂGE MOYEN DES MÈRES À LA NAISSANCE DES ENFANTS SUIVANT L'ANNÉE DE NAISSANCE DE LA MÈRE ET LE RANG DE L'ENFANT (EN ANNÉES)

Rang de l'enfant	Année de naissance de la mère						
	1917-1919	1920-1924	1925-1929	1930-1934	1935-1939	1940-1944	1945-1949*
Ensemble	28,6	28,3	27,7	27,5	27,0	26,2	26,2
Un	24,7	24,6	24,3	24,3	24,3	23,9	24,0
Deux	27,8	27,4	26,9	26,8	26,8	26,4	26,7
Trois	30,2	29,8	28,9	28,9	28,6	28,1	28,6
Quatre	31,8	31,5	30,7	30,4	29,8	29,0	29,6
Cinq	33,3	33,0	32,1	31,6	30,7	30,1	30,5
Six ou plus	35,6	35,4	34,6	34,0	32,8	32,5	33,2
Dernier	31,6	31,3	30,9	30,6	29,9	28,9	28,7

* *Évaluations* : pour ces générations, l'enquête Famille permet de calculer les âges moyens à la maternité des mères de moins de 40 ans. On a évalué l'âge moyen des mères de moins de 45 ans en y ajoutant la différence entre les âges moyens des mères de moins de 45 ans et de moins de 40 ans nées en 1940-1944.
Sources : Lavertu, 1997 et enquête Famille 1990, Insee.

L'âge moyen des mères aux naissances de chaque rang remonte dans les générations nées dès la première moitié des années 1940 ; plus le rang est élevé, plus la remontée est vigoureuse. Les femmes nées en 1949 mettent au monde leur premier et deuxième enfants respectivement 0,4 et 0,8 an plus tard que celles nées vers 1942, et leur quatrième 1,5 an plus tard. Cependant, l'âge moyen tous rangs confondus n'a augmenté qu'à partir de la génération 1946, lorsque la descendance finale des mères a cessé de baisser.

Les âges moyens à la maternité selon le nombre final d'enfants : un classement inversé

L'âge moyen à l'accouchement selon le nombre final d'enfants présente une évolution inattendue (tableau 3). Si l'âge des mères à la naissance d'un enfant unique n'a guère varié, celui des mères de plusieurs enfants a baissé nettement jusqu'aux générations 1940-1944. Plus la dimension de la famille est élevée, plus la baisse a été forte –jusqu'à six enfants–, à tel point que le classement des âges moyens à la maternité selon le nombre final d'enfants s'est inversé (figure 1).

Dans les générations nées jusqu'au début des années 1930, plus le nombre d'enfants mis au monde est élevé, plus l'âge moyen à la maternité l'est aussi et ce sont les mères d'un enfant unique qui accouchent en moyenne les plus jeunes (26,9 ans, contre 29,6 ans pour les mères de sept enfants dans les générations 1917-1919). Au contraire, dans les générations nées dans les années 1940, l'âge moyen des mères est d'autant plus jeune qu'elles ont plus d'enfants (sauf pour les mères d'au moins six enfants). Cependant, si les mères d'un enfant unique nées en 1945-

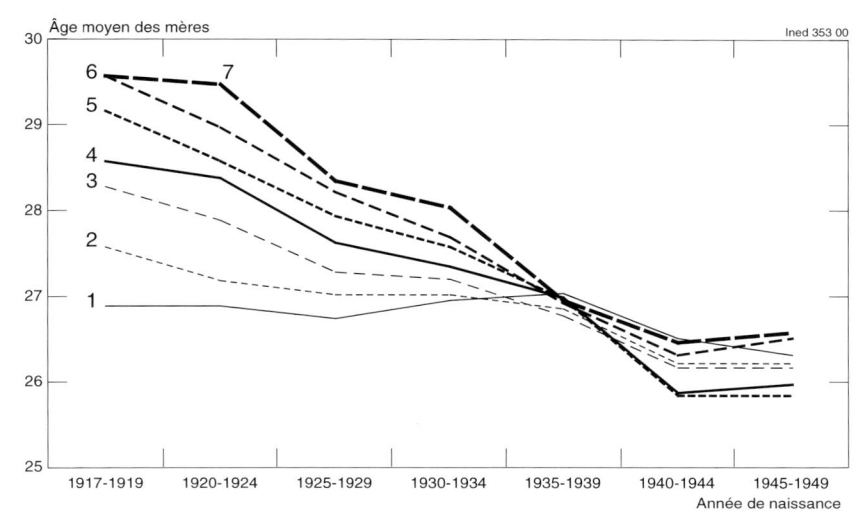

Figure 1.– Âge moyen à la maternité selon le nombre d'enfants (en années) et l'année de naissance de la mère

Note : Évaluations pour les générations 1945-1949 (cf. tableau 2).
Source : enquête Famille 1990, Insee.

1949 accouchent plus tôt que celles nées en 1940-1944, les mères de deux, trois ou cinq enfants accouchent au même âge, et celles de quatre, six et sept enfants accouchent plus tard.

Pour les femmes nées en 1917-1919, c'est surtout l'âge au dernier enfant qui variait avec la taille de la descendance (tableau 3). Au fil des générations, l'âge au premier enfant varie de plus en plus avec la taille de la descendance, et l'âge au dernier de moins en moins. On peut résumer l'évolution comme suit : dans les générations les plus anciennes, plus une femme avait d'enfants, plus le dernier naissait tardivement ; désormais, plus elle a d'enfants, plus elle a commencé sa vie féconde précocement.

À taille de descendance donnée, les naissances des premiers rangs continuent à être de plus en plus précoces

Dans les générations nées de 1917 aux années 1940, l'âge moyen à la maternité a baissé pour tous les rangs et toutes les tailles de descendance. En particulier, plus le nombre d'enfants mis au monde est élevé, plus l'âge au premier enfant a baissé (tableau 3) : dans les générations nées de 1917-1919 à 1945-1949, il est passé de 25,1 à 24,1 ans pour les mères de deux enfants et de 23,2 à 21,0 ans pour les mères de cinq enfants.

Quelle que soit la dimension de la famille, l'âge moyen des mères aux naissances des rangs les plus bas diminue encore chez les femmes nées en 1945-1949[4]. En revanche, il augmente au dernier rang dans les familles de trois enfants et aux deux derniers rangs dans les familles d'au moins quatre enfants. Dans les générations nées de 1940 à 1944, déjà, c'est pour les mères de six et sept enfants que l'âge moyen au dernier enfant avait le moins diminué.

---

[4] Alors que l'âge moyen aux naissances de chaque rang s'accroît. Ce paradoxe apparent provient évidemment de la composition de la descendance par rang, les familles nombreuses se raréfiant.

TABLEAU 3.–ÂGE MOYEN DES MÈRES À LA NAISSANCE DES ENFANTS SUIVANT L'ANNÉE DE NAISSANCE DE LA MÈRE, LA TAILLE DE LA DESCENDANCE ET LE RANG DE L'ENFANT (EN ANNÉES)

Nombre total d'enfants et rang de l'enfant	Année de naissance de la mère						
	1917-1919	1920-1924	1925-1929	1930-1934	1935-1939	1940-1944	1945-1949*
Ensemble	28,6	28,3	27,7	27,5	27,0	26,2	26,2
Enfant unique	26,9	26,9	26,8	27,0	27,1	26,5	26,3
Famille de deux enfants	27,6	27,2	27,0	27,0	26,9	26,2	26,2
Rang un	25,1	24,9	24,8	24,9	24,8	24,2	24,1
Rang deux	30,1	29,6	29,3	29,2	29,0	28,2	28,2
Famille de trois enfants	28,3	27,9	27,3	27,2	26,8	26,2	26,2
Rang un	24,2	24,1	23,7	23,7	23,5	23,0	22,8
Rang deux	27,9	27,4	26,8	26,7	26,4	25,7	25,7
Rang trois	32,7	32,1	31,4	31,2	30,5	29,8	30,1
Famille de quatre enfants	28,6	28,4	27,7	27,4	27,0	25,9	26,0
Rang un	23,6	23,5	23,0	22,9	22,8	21,9	21,7
Rang deux	26,6	26,3	25,6	25,3	25,1	24,1	24,1
Rang trois	29,9	29,6	28,7	28,5	28,0	26,8	26,9
Rang quatre	34,3	34,1	33,3	32,8	32,0	30,7	31,2
Famille de cinq enfants	29,2	28,6	28,0	27,6	27,0	25,9	25,9
Rang un	23,2	23,0	22,5	22,4	22,0	21,2	21,0
Rang deux	25,9	25,3	24,7	24,5	24,1	23,1	22,8
Rang trois	28,7	28,0	27,3	27,0	26,4	25,3	25,1
Rang quatre	31,8	31,2	30,5	30,0	29,3	27,9	28,0
Rang cinq	36,1	35,5	34,9	34,1	33,1	31,8	32,3
Famille de six enfants	29,6	29,0	28,2	27,7	26,9	26,3	26,5
Rang un	22,9	22,5	22,1	21,9	21,4	20,8	20,5
Rang deux	25,4	24,8	24,2	23,8	23,3	22,8	22,7
Rang trois	28,0	27,3	26,4	25,9	25,3	24,7	24,6
Rang quatre	30,7	29,9	28,9	28,3	27,6	26,9	26,7
Rang cinq	33,6	32,9	31,9	31,4	30,3	29,6	30,1
Rang six	37,3	36,9	35,9	35,2	33,9	33,3	34,1
Famille de sept enfants	29,6	29,5	28,4	28,1	27,0	26,5	26,6
Rang un	22,4	22,5	21,7	21,4	20,8	20,2	19,9
Rang deux	24,6	24,5	23,6	23,4	22,6	22,0	21,8
Rang trois	27,0	26,7	25,6	25,4	24,5	24,0	23,9
Rang quatre	29,3	29,0	27,8	27,5	26,4	25,9	26,0
Rang cinq	31,6	31,5	30,2	29,9	28,6	28,2	28,2
Rang six	34,1	34,4	33,1	32,7	31,3	30,8	31,0
Rang sept	38,1	37,9	36,8	36,1	34,6	34,2	35,0
Famille de huit enfants ou plus	29,9	29,8	29,2	28,6	27,6	27,3	27,1

* *Évaluations* : Cf. note du tableau 2.
Sources : Lavertu, 1997 et enquête Famille 1990, Insee.

Dans les générations nées en 1945-1949, les naissances se succèdent à un rythme moins rapide

Quel que soit le nombre d'enfants, les accouchements se succèdent avec des intervalles croissants dans la vie d'une femme, comme le confirment les âges moyens à chaque rang de naissance pour chaque taille de descendance.

Le rajeunissement des âges à la maternité était allé de pair avec un resserrement des intervalles entre naissances, quelle que soit la dimension de la famille. Celui-ci s'est maintenu jusqu'aux générations 1940-1944 pour les mères d'un à six enfants; pour les mères de sept enfants, il s'arrête dès les générations 1935-1939 (tableau 3).

Pour les femmes nées en 1945-1949, à taille de descendance donnée, les naissances deviennent un peu plus espacées à cause du double mouvement d'avancée de l'âge aux naissances des premiers rangs et de recul de l'âge aux naissances des derniers rangs. Par exemple, les mères de trois enfants nées en 1935-1939, 1940-1944 et 1945-1949 ont mis au monde leur deuxième enfant respectivement 2,9, 2,7 et 2,9 ans après leur premier, et leur troisième 4,2, 4,1 et 4,4 ans après leur deuxième. L'allongement des intervalles entre naissances est déjà sensible pour les rangs plus élevés; la durée écoulée entre avant-dernière et dernière naissances dans les familles d'au moins cinq enfants dépasse même celle des générations 1930-1934.

*
* *

Au total, l'abaissement de l'âge moyen à la maternité pour les naissances des premiers rangs persiste dans les générations 1945-1949[5]. Beaucoup de ces enfants sont nés dans les années 1960 et au début des années 1970 ; or, l'âge moyen conjoncturel à la naissance du premier enfant atteint son niveau minimum de 1972 à 1974 (Lavertu, tableau 36). *A contrario*, le mouvement de recul de l'âge à la maternité est déjà perceptible dans les générations nées en 1940-1944 pour les rangs élevés, qui correspondent à des naissances dont la plupart se sont produites après 1975. Les femmes et les couples avaient alors adopté de nouveaux comportements de fécondité, en rupture avec les modèles imposés dans les décennies précédentes. Ces effets de période expliquent pourquoi ce sont les naissances de rang élevé que les mères ont commencé à retarder.

II. Des différences suivant les groupes sociaux

Les résultats précédents sont relatifs à l'ensemble des femmes ou des mères, distinguées seulement par le nombre d'enfants mis au monde. Or, des différences de comportements de fécondité entre catégories sociales ont été mises en évidence depuis plusieurs décennies (Deville, 1972); elles portent aussi bien sur le calendrier de la fécondité que sur son intensité et la fréquence de l'infécondité.

La catégorie sociale est repérée ici par le diplôme de la femme (cf. annexe). Plus précisément, il s'agit de son diplôme le plus élevé, obtenu éventuellement après la naissance des enfants[6]. Dans cette partie, on a limité les comparaisons aux générations nées depuis 1925, car le classement par diplôme de l'enquête Famille de 1982, qui fournit des données à partir de la génération 1917, n'est pas tout à fait comparable avec celui de l'enquête Famille de 1990.

---

[5] Les femmes nées de 1945 à 1949 étaient âgées de 20 à 24 ans en 1970.
[6] Les divergences de fécondité entre catégories sociales ne sauraient s'expliquer uniquement par le diplôme de la femme. D'autres critères interviennent, comme la catégorie socio-professionnelle à laquelle ses parents, son mari éventuel et elle-même appartiennent ou appartenaient. Ou encore le type d'activité : les femmes très diplômées, par exemple, sont plus souvent actives (Desplanques, 1994 et 1987, tableau 118). En tout état de cause, « Le niveau d'instruction des femmes est lié à leur origine sociale; il est également corrélé avec le milieu social de leur mari. » (Desplanques, 1985c). Le diplôme présente l'intérêt d'être hiérarchisé et de concerner toute la population féminine adulte. Il faut souligner que la catégorie des femmes sans diplôme regroupe les femmes qui ont déclaré n'avoir aucun diplôme et celles dont le diplôme est inconnu.

1. La fécondité baisse quand le niveau de diplôme s'élève

La fameuse courbe en U –ou plutôt en J– mise en évidence dans les années 1960 décrivait le nombre d'enfants des femmes selon la catégorie socio-professionnelle de leur mari. Qu'en est-il lorsqu'on s'intéresse à l'ensemble des femmes (mariées ou non) ou à l'ensemble des mères selon leur niveau de diplôme ?

Les femmes diplômées de l'enseignement supérieur deviennent moins souvent mères...

Dans les générations nées de 1925 à 1954, les femmes n'ayant pas le baccalauréat se sont mariées dans des proportions peu différentes (Desplanques, 1985b, tableau 6 et Maréchal, tableau 59), le taux de célibat étant constamment minimum pour les titulaires d'un certificat d'études ; pour celles-ci, il est en moyenne de 7 % à 35 ans dans l'ensemble de ces générations. Pour les femmes qui ont obtenu le baccalauréat, le célibat est d'autant plus fréquent que les études ont été longues[7] et le taux moyen à 35 ans monte à 23 % pour les plus diplômées (au moins trois années d'études supérieures). La moindre fréquence du mariage est allée de pair avec une moindre précocité des unions (Maréchal, tableau 61). À 22 ans, dans les générations nées de 1920 à 1946, un dixième seulement des femmes les plus diplômées étaient mariées, contre un tiers des bachelières, la moitié des femmes sans diplôme ou titulaires du CEP nées avant 1940 et près des deux tiers de celles nées dans les années suivantes.

Dans ces générations où les naissances hors mariage ont été rares, les écarts de nuptialité se sont traduits par des différences du niveau de l'infécondité (Maréchal, tableau 71). À 45 ans, dans les générations nées de 1925 à 1949, une femme sur dix sans diplôme ou munie du seul CEP est restée sans enfant, contre une bachelière sur six et une sur quatre parmi celles qui ont obtenu un diplôme couronnant au moins trois années d'études supérieures. Quel que soit le niveau d'études, l'infécondité diminue sensiblement jusqu'aux générations nées au début des années 1940, mais les plus diplômées comptent constamment trois fois plus de femmes sans mari et sans enfant que celles qui ont suivi une scolarité courte.

En moyenne, plus une femme est diplômée, moins elle a d'enfants[8] (Desplanques, 1994 et Maréchal, tableau 73) : les femmes sans diplôme nées de 1925 à 1949 ont eu 3 enfants en moyenne et les plus diplômées, 1,8. La corrélation négative entre diplôme et fécondité provient en partie de ce qu'une bachelière, surtout lorsqu'elle a poursuivi des études supérieures, reste plus souvent célibataire et sans enfant.

... mais elles ont alors autant d'enfants que celles qui ont le BEPC

Quand les femmes très diplômées fondent une famille, elles ont autant d'enfants, en moyenne, que les autres femmes qui ont au moins le BEPC (figure 2). Pour l'ensemble des générations nées de 1925 à 1949 (cf. annexe), la descendance moyenne des femmes ayant eu au moins un enfant s'élève à 2,8 enfants par mère. Les plus fécondes ont été les mères sans diplôme (3,4 enfants par mère), suivies des mères titulaires du CEP (2,7), tandis que celles ayant au moins le BEPC ont eu un nombre d'enfants proche (2,3 à 2,5).

Dans les générations nées de 1925-1929 à 1945-1949, la famille à deux enfants est la plus fréquente quel que soit le niveau d'études. Les mères de trois enfants sont toujours plus nombreuses que les mères d'un enfant unique parmi les femmes

---

[7] C'est le contraire pour le sexe masculin (Desplanques, 1985b).
[8] Les titulaires du BEPC constituent une exception, sauf pour les générations nées depuis 1950. Le niveau de leur descendance, comme leurs âges moyens à la maternité à chaque rang de naissance, se situent entre ceux des titulaires d'un BEP et ceux des bachelières sans diplôme supérieur.

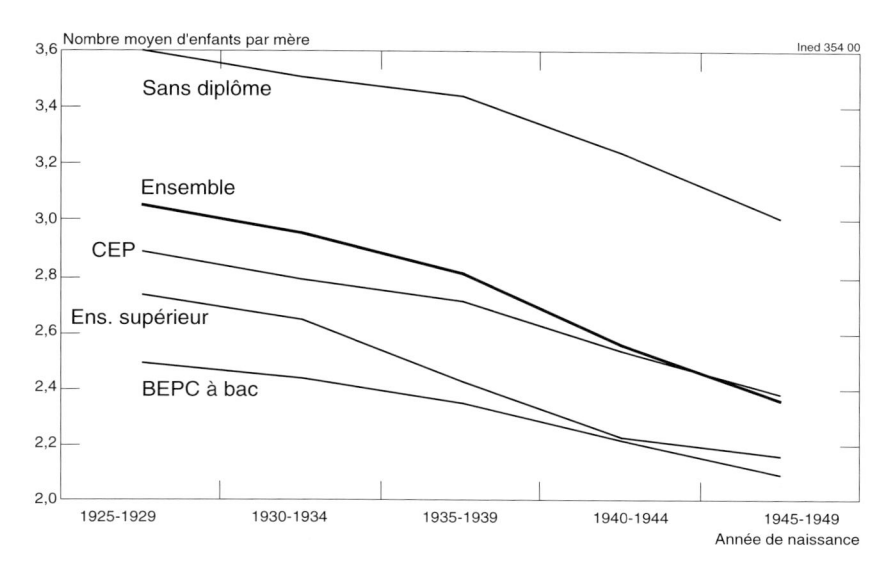

Figure 2. – Nombre moyen d'enfants par mère selon le diplôme
et l'année de naissance de la mère
Source : enquête Famille 1990, Insee.

sans diplôme, et généralement plus nombreuses parmi les titulaires du CEP ou d'un diplôme de l'enseignement supérieur. C'est la fréquence des familles de quatre enfants ou plus qui explique pour l'essentiel les différences de niveau de fécondité par mère selon le diplôme. Les femmes sans diplôme en constituent plus souvent : plus d'un tiers d'entre elles sur l'ensemble des générations nées de 1925 à 1949, contre une mère sur cinq titulaire du CEP et une mère sur sept parmi les plus diplômées. Aussi, plus la taille de la descendance est élevée, plus la part des mères sans diplôme déclaré ou pourvues du seul CEP est forte (90 % des mères d'au moins sept enfants) et moins elle diminue au fil des générations. Au contraire, plus la descendance est restreinte, plus la part des mères sans diplôme ou titulaires du seul CEP faiblit tout au long des générations.

Les plus diplômées ont amorcé la baisse de la fécondité

Le nombre d'enfants par mère a baissé continûment dans les générations nées de 1925 à 1949, passant de 3,06 à 2,36. Structurellement, la montée du niveau scolaire « explique » pour un quart l'ampleur de cette baisse, mais la diminution est sensible quel que soit le diplôme : elle va de 0,3 (pour les titulaires du BEPC) à 0,6 enfant (pour les mères sans diplôme et celles ayant suivi des études supérieures courtes). Au total, les écarts de fécondité des mères selon le diplôme demeurent, bien que légèrement atténués.

Plus le diplôme est élevé, plus le mouvement de baisse de la fécondité a été précoce[9]. Pour les diplômées de l'enseignement supérieur (figure 2), la réduction du nombre d'enfants par mère est rapide dans les générations des années trente et, pour celles ayant suivi des études supérieures longues, elle s'arrête dès les générations nées au début des années 1940. La baisse a touché les bachelières essentiellement dans les générations nées de 1935 à 1945, et les femmes ayant un CAP ou moins dans les générations des années 1940.

---

[9] L'évolution est comparable pour les mères et l'ensemble des femmes.

2. Le calendrier des naissances diffère suivant le niveau de diplôme

Premières à réduire leur fécondité, les plus diplômées ont été également les premières à en retarder le calendrier.

Les études retardent les naissances

Parce que l'âge au mariage augmente avec le nombre d'années d'études, les femmes mettent au monde leur premier enfant d'autant plus tard qu'elles sont plus diplômées (Maréchal, tableau 81). Par suite, une gradation identique s'observe pour les âges moyens aux naissances des rangs supérieurs. Quant aux âges moyens tous rangs confondus, ils suivent une progression qui n'est pas tout à fait analogue : le plus bas est celui des titulaires d'un CEP et non celui des mères sans diplôme déclaré, parce qu'elles fondent moins souvent une famille nombreuse. Les diplômées de l'enseignement supérieur sont toujours les plus âgées à la naissance du dernier enfant. Les mères sans diplôme le sont un peu moins tandis que les mères ayant au moins le CEP et au plus un BEP sont celles qui accouchent de leur dernier enfant le plus tôt.

Sur l'ensemble des générations 1925-1949, les mères sans diplôme ont mis au monde leur premier enfant à 23,3 ans, et celles ayant suivi des études supérieures longues à 27,8 ans, soit 4,5 ans plus tard. Tous rangs confondus, les âges moyens sont respectivement de 26,9 et 29,9 ans : l'écart est moins important (3 ans) car les mères les plus diplômées ont eu en moyenne un enfant de moins.

Le calendrier s'est avancé quel que soit le niveau de diplôme jusqu'aux générations 1940

Au fil des générations nées de 1917 aux années 1940, les mères ont accouché de plus en plus tôt de chacun de leurs enfants, quel que soit leur niveau d'études. Structurellement, le rajeunissement de l'ensemble a été atténué par la montée du niveau scolaire. Aussi est-il plus important pour chaque catégorie de diplôme que pour l'ensemble des femmes à la première et à la deuxième naissances : alors que l'âge moyen à la naissance du premier enfant se réduit de 0,4 an pour les mères nées de 1925-1929 à 1940-1944 (tableau 2), la baisse suivant le diplôme est comprise entre 0,8 et 1,2 an. Ce constat n'est pas vrai pour les rangs trois ou plus.

Le rajeunissement n'a pas eu la même ampleur pour toutes les catégories. Si la baisse de l'âge au premier enfant, d'un an en moyenne, ne dépend pas du niveau de diplôme, celle de l'âge aux naissances de rang deux ou plus a été moins prononcée pour les mères ayant au moins le baccalauréat.

Le retard des naissances a été plus précoce pour les femmes très diplômées

Les femmes ont reculé leurs maternités d'autant plus précocement qu'elles sont restées plus longtemps sur les bancs de l'école (figure 3). L'âge moyen à l'accouchement atteint son niveau minimum dans les générations nées de 1937 à 1943 pour les diplômées de l'enseignement supérieur long, vers 1942 pour celles ayant suivi des études supérieures courtes, de 1942 à 1945 pour les bachelières et les femmes ayant au moins un BEPC, de 1943 à 1947 environ pour les femmes sans diplôme ou pourvues du seul CEP.

Dans les générations nées en 1945-1949, les femmes diplômées de l'enseignement supérieur retardent leurs naissances de tout rang ; les femmes ayant le BEPC ou le baccalauréat les retardent à partir du deuxième enfant, tandis que leur âge moyen au premier enfant est stable par rapport à celles nées en 1940-1944. Quant aux titulaires du CEP et aux mères sans diplôme, leurs âges moyens à la maternité n'augmentent respectivement qu'à partir des rangs trois et quatre.

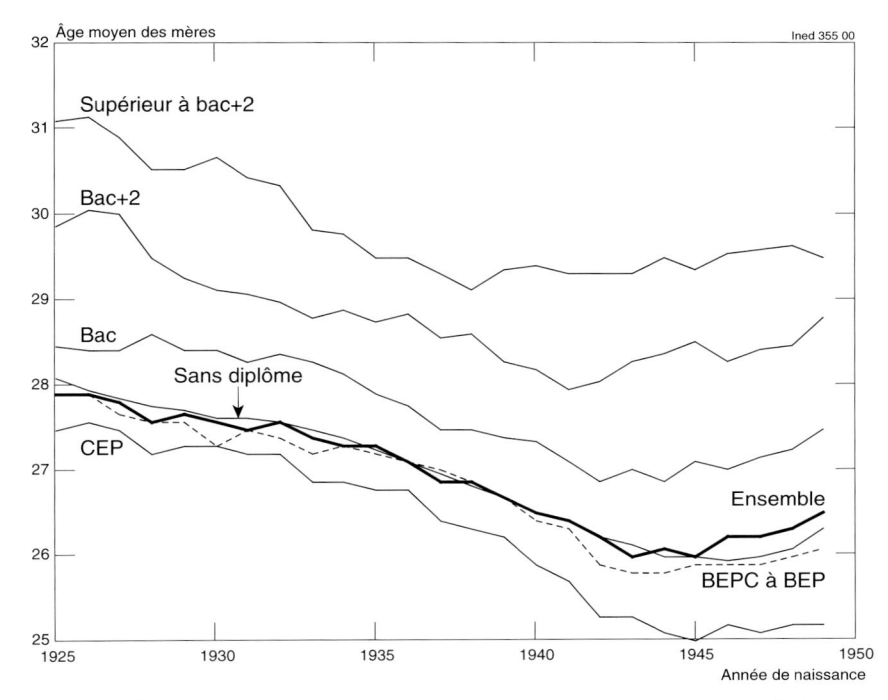

Figure 3.– Âge moyen à la maternité selon le diplôme et l'année de naissance de la mère (en années)
Source : enquête Famille 1990, Insee.

La montée du niveau scolaire explique peu le renversement de l'évolution des âges moyens à la maternité selon le nombre final d'enfants constaté au fil des générations (cf. partie I) : ce renversement se retrouve plus ou moins grossièrement pour chaque catégorie de diplômées, mais jamais avec les régularités observées pour l'ensemble des femmes. Ce sont les titulaires du CEP et du BEP qui s'en rapprochent le plus, et les diplômées de l'enseignement supérieur qui s'en éloignent le plus (figure 4). Une différence notable avec l'ensemble des femmes est que, pour la plupart des catégories, les mères d'un enfant unique sont toujours sensiblement plus âgées que les mères de deux ou trois enfants.

3. *Les évolutions conjoncturelles expliquent les disparités*

Les enquêtes Famille ont permis d'élaborer des indicateurs conjoncturels par niveau de diplôme pour les années 1962 à 1989. Si l'avance des femmes les plus diplômées s'explique en partie parce qu'elles ont conçu, en moyenne, leurs enfants plus tardivement que les autres, ils confirment le caractère discriminant du niveau d'études, quant au calendrier de la fécondité et à son intensité, et montrent que les différences perdurent à la fin du XXe siècle.

Comme dans l'approche longitudinale, la fécondité est plus forte pour les femmes les moins diplômées. Ainsi, l'indicateur conjoncturel de fécondité des années 1970-1974 variait entre 1,8 enfant par femme pour celles ayant suivi au moins trois années d'études supérieures et 3,1 pour les non-diplômées (Maréchal,

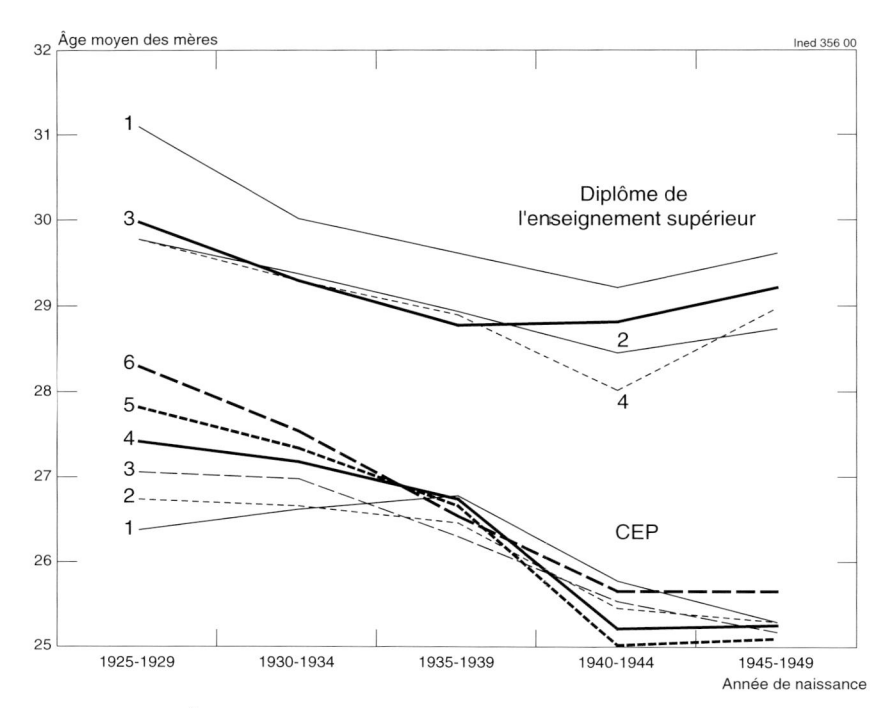

Figure 4.– Âge moyen à la maternité selon le nombre final d'enfants des mères ayant le CEP ou un diplôme de l'enseignement supérieur (en années) par année de naissance des mères
Source : enquête Famille 1990, Insee.

tableau 74). Les femmes ayant au moins le BEPC avaient une fécondité inférieure à la moyenne qui était de 2,4 enfants par femme.

La fécondité a diminué pour toutes les femmes quel que soit leur niveau d'études, mais pas simultanément. Dans les années 1960, la baisse a été d'autant plus marquée que la scolarité des femmes a été longue (Desplanques, 1987, tableau 74). Les femmes ayant suivi des études supérieures ont été les premières à utiliser la contraception moderne et à diminuer leur fécondité –dès 1964 (Desplanques, 1985a, tableau 68, et 1985c)–, déjà plus basse que la moyenne. Ainsi, les écarts entre les niveaux extrêmes de fécondité se sont accentués dans les années 1960 sous l'effet du décalage des calendriers. Ils se sont amenuisés au cours des années 1970, car c'est alors pour les femmes les moins diplômées que la chute de la fécondité est la plus marquée. L'écart entre les niveaux extrêmes, qui atteignait 1,35 enfant par femme en 1962-1964 et 1,6 dans la seconde moitié des années 1960, redescend à 1 enfant de 1975 à 1984 environ.

En conjoncturel comme en longitudinal, l'âge moyen à la naissance des enfants de chaque rang s'élève en fonction du nombre d'années d'études, mais les femmes non diplômées accouchent, en moyenne, un peu plus tard que celles qui ont le CEP (Maréchal, tableau 81).

L'évolution à la baisse puis à la hausse des âges moyens à la maternité s'observe pour toutes les catégories de diplômées, mais les dates de retournement diffèrent. Pour les femmes ayant au moins le baccalauréat, le minimum de l'âge moyen au premier accouchement est atteint au milieu des années 1960 (26 ans en moyenne). Pour celles ayant le BEPC ou un CAP, c'est au début des années 1970 que le plancher est atteint, à 24 ans, et vers 1975 seulement pour les moins diplômées (Desplanques, 1985a, tableau 84). L'âge moyen des mères au premier enfant augmente depuis 1975; il est passé de 23,9 ans en 1970-1974 à 24,1 ans en 1975-1979 (Maréchal, tableau 82). Il continue toutefois à baisser en 1975-1979 pour les femmes ayant au plus le BEPC, reste quasi stable pour les titulaires d'un CAP ou d'un BEP, et n'augmente réellement (de 0,3 an au minimum) que pour les femmes ayant au moins le baccalauréat. Dans les années 1980, la hausse de l'âge moyen au premier enfant est sensible quel que soit le diplôme, tout en demeurant plus vigoureuse pour les femmes ayant au moins un BEP. Le contraste s'est accentué suivant le niveau de diplôme : l'écart maximal des âges moyens à la naissance du premier enfant est de 6 ans en 1985-1989 au lieu de 5 ans en 1970-1974.

Conclusion

Dans l'ensemble des générations nées au XXe siècle, ce sont les femmes nées dans la première moitié des années 1940 qui ont constitué leur descendance le plus tôt et avec les intervalles les plus faibles[10]. Par la suite, ce sont les naissances de rang élevé que les mères ont commencé à retarder, ce qui est à relier aux évolutions des comportements de fécondité intervenus dans les années 1970. Une analyse différentielle montre qu'en matière d'intensité et de calendrier de la fécondité, l'hétérogénéité des comportements suivant le diplôme s'est maintenue au fil des générations; comme le confirment les indicateurs conjoncturels, les comportements de fécondité ont changé plus tard pour les femmes les moins diplômées.

Fabienne DAGUET, Insee

ANNEXE

Remarques générales

* Les rangs de naissance sont des rangs biologiques pour la mère, c'est-à-dire les rangs parmi tous les enfants mis au monde –ou éventuellement adoptés– par la femme.

* Les descendances sont des descendances avant 45 ans (très peu d'enfants naissent après le 45e anniversaire de leur mère : 1 pour mille dans ces générations). Les femmes nées de 1945 à 1949 étaient âgées de 40 à 44 ans en 1990 et approchaient donc de la fin de leur vie féconde: moins de 2 % des naissances ont eu lieu à 40 ans ou plus au sein de ces générations. On a évalué leur descendance avant 45 ans en ajoutant à leur descendance avant 40 ans la différence, entre les descendances moyennes des femmes nées de 1940 à 1944 avant 45 ans et avant 40 ans.

* Les chiffres portant sur les générations nées de 1925 à 1949 sont des moyennes standardisées afin de ne pas intégrer la structure par diplôme qui a évolué au fil de ces générations. Exceptions : les chiffres extraits de Maréchal, 1997.

---

[10] La situation de la France en matière de composition par rang de la descendance et d'infécondité, de retournement de l'évolution de l'âge moyen à la maternité et d'écarts suivant le niveau de diplôme de la femme est très proche de celle de la Norvège (Lappegård, 2000).

Nomenclature des diplômes dans l'enquête Famille 1990

Modalités	Intitulés des diplômes ou niveau du diplôme :
0	Sans diplôme ou inconnu (aucun diplôme déclaré) ;
1	CEP ;
2	BEPC ou équivalent ;
3	CAP ;
4	BEP ;
5	Baccalauréat ou équivalent ;
6	Bac + 2 : 1er cycle, BTS, DUT ;
7	Bac + 3 ou plus : 2e, 3e cycle ou plus.

BIBLIOGRAPHIE

Vingtième rapport sur la situation démographique de la France, 1991, ministère des Affaires sociales et de l'Intégration, préparé par l'Ined.

DAGUET F., 1995, *Un siècle de démographie française - Structure et évolution de la population de 1901 à 1993*, Insee-Résultats n° 434-435, collection Démographie-Société n° 47-48.

DESPLANQUES G., 1985, *Fécondité générale - Résultats de l'enquête Famille*, Archives et Documents n° 143.

DESPLANQUES G., 1985, *Recensement général de la population de 1982, Principaux résultats de l'enquête sur les familles, nuptialité et fécondité - France métropolitaine*.

DESPLANQUES G., 1985, «Fécondité et milieu social», *Économie et Statistique*, n° 175, mars 1985.

DESPLANQUES G., 1987, *Cycle de vie et milieu social*, n° 540 des collections de l'Insee, série D, n° 117.

DESPLANQUES G., 1994, Taille des familles et milieu social, *Insee-Première* n° 296.

DEVILLE J.-C., 1972, *Structure des familles, Enquête de 1962*, Les collections de l'Insee, série D, n° 13-14.

FESTY P., 1979, *La fécondité des pays occidentaux de 1870 à 1970*, Travaux et Documents, Cahier n° 85, Puf-Ined, 392 p.

LAPPEGÅRD T., 2000, *New fertility trends in Norway*, Demographic Research, volume 2, article 3.

LAVERTU J., 1997, *Fécondité et calendrier de constitution des familles - Enquête Famille de 1990*, Insee-Résultats n° 579, série Démographie-Société n° 62.

LERIDON H, TOULEMON L., 1996, «Deux enfants : le modèle de référence», *Populations, l'état des connaissances - La France - L'Europe - Le monde*, Ined, La Découverte, p. 18-19.

MARÉCHAL M., 1997, *Cycle de vie et milieu social - selon l'enquête Famille de 1990*, Insee-Résultats n° 580-581, série Démographie-Société n° 62-63.

TOULEMON L., 1995, «Très peu de couples restent volontairement sans enfant», *Population*, 50 (4-5), p. 1079-1110.

BIBLIOGRAPHIE CRITIQUE

Rubrique coordonnée par Jacques VÉRON
avec le concours de Dominique DIGUET
du service de la Documentation et de la Bibliothèque

I–ANALYSES

DE SANDRE Paolo, PINNELLI Antonella, SANTINI Antonio (a cura di), **Nuzialità e fecondità in trasformazione : percorsi e fattori del cambiamento**, Bologna, *Il Mulino*, 1999, 844 p.

Dans les années 1990, 24 pays industriels ont conduit des enquêtes sur la fécondité et la famille selon un protocole commun. Cet ensemble, dit FFS (*Fertility and Family Surveys*), a été coordonné par l'unité de recherche sur la population des Nations unies à Genève. L'enquête italienne que l'ouvrage analyse fait partie de cette vague et s'intègre ainsi dans une perspective comparative internationale. Réalisée en 1995-1996, elle prend aussi la suite d'une enquête italienne de 1979 sur le même sujet et permet une mesure des changements intervenus en quinze ans, dans des domaines où l'Italie apparaît à la fois comme « à la pointe » de l'évolution (la baisse de la fécondité) et « à la traîne » (la transformation de la famille).

La première partie du livre pose le cadre international ; la deuxième examine la qualité des données par confrontation avec diverses sources externes. La troisième partie offre diverses vues synthétiques sur les résultats de l'enquête, en mêlant analyses factorielles, analyses systémiques, typologies, etc. Les parties suivantes respectent les étapes classiques d'une recherche démographique centrée sur la famille et plus encore sur la fécondité : passage à l'âge adulte ; formation et dissolution des unions ; contraception et avortement ; facteurs socio-économiques de la fécondité réalisée et attendue. Enfin, la huitième partie prend le couple plutôt que les individus comme unité d'analyse.

L'ouvrage présente plusieurs caractéristiques dont la réunion fait l'originalité. D'abord, l'honnêteté et la qualité du travail réalisé. Il n'est pas si courant de voir présentées avec détail les données qui ont été recueillies : impression du questionnaire, description de l'échantillonnage, du travail sur le terrain, des redressements, étude de la précision et de l'imperfection des résultats, etc. Ensuite, le foisonnement des recherches pratiquées autour de ce matériau par les 70 auteurs, dont une proportion importante de jeunes chercheurs ayant fait leur thèse sur le sujet qu'ils présentent. Les textes sont courts, les méthodologies extrêmement variées, la qualité parfois inégale, mais l'ensemble est cohérent, sans doute grâce au travail des organisateurs du volume. Enfin, les principaux thèmes réservent une place équilibrée aux approches descriptives traditionnelles, dans une analyse des phénomènes concourant à la formation de la famille et à la constitution de la descendance, et aux sujets « à la mode » comme l'étude des rapports de genre ou celle de la sexualité.

On regrettera cependant trois points sur lesquels l'ouvrage reste indûment timide. Le premier est l'analyse conjointe des diverses biographies qui faisaient le cœur du questionnaire, les chapitres consacrés à la liaison entre vie familiale et vie professionnelle étant loin d'épuiser le sujet. Le second est la mise en rapport des données individuelles recueillies par l'enquête et de données collectives tirées d'autres sources. Des analyses dans ce sens sont présentes dans l'ouvrage; elles ouvrent des voies nouvelles, peu explorées jusqu'ici et l'on reste inévitablement sur sa faim en constatant que cette recherche prometteuse reste embryonnaire. Le troisième est le manque de perspective comparative internationale, malgré les efforts de la première partie. C'est sans doute la rançon d'un travail bien conçu et bien organisé, qui a permis aux collègues italiens de publier trois ans seulement après la fin du travail sur le terrain un ouvrage complet, alors que la plupart des enquêtes du projet FFS en sont encore à publier des analyses éparses[1]. En cherchant à confronter la situation italienne à celle des autres pays industriels, les auteurs auraient peut-être plus facilement dégagé une vue d'ensemble sur l'évolution de la famille en Italie, qui manque lorsqu'on ferme l'ouvrage.

Le livre édité par P. De Sandre, A. Pinnelli et A. Santini constitue, par le sérieux du travail réalisé et la diversité des approches utilisées, un ouvrage de référence sur l'évolution récente de la famille et de la fécondité en Italie. Il prendra une valeur encore accrue lorsqu'il s'intégrera dans une perspective comparative internationale, grâce aux efforts des autres responsables d'enquêtes FFS à travers l'Europe. Il permettra alors de répondre aux questions que le volume ne fait qu'effleurer : pourquoi le mouvement vers une basse fécondité partout à travers le continent s'accompagne-t-il de variantes remarquables, du Nord au Sud, l'Italie étant un de ces passionnants cas particuliers ?

Patrick FESTY

LE BRAS Hervé, **Naissance de la mortalité. L'origine politique de la statistique et de la démographie**, Paris, Hautes Études, *Gallimard, Le Seuil*, 2000, 377 p.

Dans son livre *Naissance de la mortalité*, Hervé Le Bras veut prouver que la statistique et la démographie sont marquées dès leur origine d'un sceau politique indélébile. Ces deux disciplines concourraient donc avant tout à l'exercice du pouvoir.

Ce n'est pas à notre avis cette thèse qui fait le réel intérêt de l'ouvrage de H. Le Bras, mais bien l'analyse historique et épistémologique des recherches sur la mortalité du genre humain qui y est menée. En effet, que la statistique et la démographie aient à évoluer dans un champ marqué par le politique, qui penserait à le nier ? Les recensements fournissent des informations aux gouvernants dont ils peuvent user et même abuser et, dans le même temps, des matériaux de base pour tous ceux qui veulent procéder à une analyse « scientifique » des populations. Et la pratique des recensements est bien ancienne, bien antérieure à la publication des *Observations...* par John Graunt en 1662 ! Très récemment encore, la préparation du recensement américain a fait naître une vive controverse : devait-on essayer de mieux compter des populations marginales, alors que celles-ci étaient en moyenne

---

[1] Des résultats préliminaires ont fait l'objet d'un premier ouvrage dès 1997 : P. De Sandre, F. Ongaro, R. Rettaroli, S. Salivini, *Matrimonio e figli : tra rinvio e rinuncia*, Bologna, Il Mulino, 1997.

plutôt de sensibilité démocrate que républicaine ? Le Sénat, majoritairement républicain, considérait que non. Les interférences entre *ce qui est* et *ce qui doit être*, c'est-à-dire entre science et politique, sont fréquentes. Lorsque Platon, au IVe siècle avant notre ère, aborde la question de la population qu'il juge fondamentale pour la vie de la Cité, il évoque des nombres (le fameux 5040 = factorielle 7, dont la vertu est d'avoir un très grand nombre de diviseurs, à savoir 59) et le philosophe note que le législateur doit en connaître les propriétés («C'est à ceux que la loi chargera de cette étude d'acquérir à loisir une connaissance exacte de ces propriétés numériques», *Les Lois*, Livre V). Mais Platon s'interroge aussi sur le nombre dont «les états peuvent tirer de plus grands avantages».

Dans la première partie de son ouvrage, *Naissance de la mortalité*, H. Le Bras cherche à démontrer, et sa démonstration nous paraît convaincante, que l'auteur des *Observations...* n'était pas John Graunt mais William Petty, connu notamment pour ses *Essais d'arithmétique politique*. Pour lui, si la très grande majorité des démographes ont une préférence pour la paternité de Graunt, c'est pour mieux asseoir la démographie comme «science naturelle» (par opposition à la «science politique»). Remarquons que H. Le Bras lui-même croyait encore à cette paternité de Graunt lorsqu'il écrivait dans un article de 1981 («Histoire secrète de la fécondité», *Le Débat*, n° 8) :

> «Au milieu du XVIIe siècle, un marchand drapier de Londres se met à compter les morts, à les ventiler par année, par sexe, par quartiers de sa ville. John Graunt vient de fonder la statistique. Par manie comptable de boutiquier habitué à aligner les grosses de draps et les aunes de toiles, le voilà qui assimile hommes et marchandises ; personne ne l'avait fait avant lui.»

Or, affirme H. Le Bras, si Petty, et non Graunt, est l'auteur des *Observations...*, la preuve est faite que, dès leur origine, statistique et démographie obéissent à des mobiles principalement politiques. Les éléments cités de la biographie de William Petty nous rappellent l'importance du personnage, qui fut aussi bien au contact du monde scientifique de son époque (il fut à l'origine de la *Royal Society*) que proche du pouvoir (il fut notamment l'ami de Cromwell). À l'influence de Hobbes, il devait d'avoir compris l'importance du politique :

> «Le calcul n'est pas pour Petty une opération abstraite, mais un instrument, un moyen d'agir sur les choses. [...] Au "connaître pour dominer" de Bacon, il ajoute un moyen hobbesien, le calcul : connaître *par le calcul* pour dominer», écrit H. Le Bras.

Pour bien rendre compte de cette première partie de l'ouvrage, il faut en distinguer clairement deux dimensions : la recherche de la preuve d'une paternité de Petty d'une part, la signification que l'on peut donner à celle-ci du point de vue de l'histoire des sciences d'autre part.

La démonstration de la paternité s'appuie sur deux arguments : la formation de Graunt, marchand drapier, ne lui permettait pas d'écrire les *Observations...* tandis que les études poursuivies par Petty (doctorat de médecine à Oxford), ses centres d'intérêt (que révèle par exemple son *Anatomie politique de l'Irlande*) et son style font de lui l'auteur le plus probable des *Observations...* Particulièrement intéressant est le calcul proposé pour la série des survivants publiée dans les *Observations...* : il suffit d'appliquer à un effectif de survivants à un âge donné la progression de 64/100 et de ne retenir que la partie entière du résultat pour retrouver le nombre des survivants à l'âge suivant (dix ans plus tard en réalité). Ainsi, sachant que sur 100 personnes à la naissance, 64 survivent à 6 ans, il suffit de multiplier ce nombre par la progression 64/100 et de prendre la partie entière du résultat 40,96, soit 40, pour retrouver les 40 survivants à 16 ans du tableau de la mortalité contenu dans les *Observations*... Or, remarque H. Le Bras, multiplier par 64/100, cela revient à multiplier six fois par deux et à supprimer les deux derniers chiffres. Dernier élément de preuve, puisque Petty était fasciné par les puissances de 2.

H. Le Bras convoque donc toutes sortes d'arguments forts pertinents pour prouver la paternité de Petty. Mais être convaincu par ces arguments ne signifie pas pour autant que l'on suive l'auteur sur le terrain du péché originel que constituerait la paternité de Petty sur les *Observations*... Toutes les sciences sociales nous semblent confrontées à cette interaction entre expertise scientifique et interprétations ou actions politiques. On peut « observer » les tendances de la fécondité, du vieillissement ou des migrations et s'en tenir à une démarche scientifique, mais quand on privilégie tel ou tel phénomène, est-ce absolument innocent ? On peut également essayer, toujours dans le cadre d'une démarche scientifique, d'identifier les conséquences possibles ou probables de la baisse de la fécondité, du vieillissement, etc. mais il existe également une demande sociale sur ces thèmes. On peut encore donner un avis, alors politique, sur le caractère problématique de ces évolutions, ou suggérer des mesures, politiques encore, pour infléchir ou inverser les évolutions projetées mais jugées non souhaitables. La frontière entre science et politique est parfois moins nette qu'un strict découpage des tâches ne le suggère, car les analyses scientifiques sont fréquemment exposées au risque d'interprétations normatives. Et les autres sciences, échappent-elles vraiment au politique ? Le physicien Jean-Marc Lévy-Leblond a, par exemple, démonté l'*Appel d'Heidelberg*, lancé en 1992 lors du « Sommet de Rio » (Conférence des Nations unies sur l'environnement et le développement), en faisant une lecture essentiellement politique d'un propos qui se voulait exclusivement scientifique mais relevait avant tout du scientisme : la « Science » est neutre et les solutions aux maux de l'Humanité tels que « la surpopulation » seront fournies par la « Science ». Or, les préoccupations de la science, les modes de financement de la recherche et les priorités affichées ne la font pas échapper aux contraintes et arbitrages politiques. Comment se transmet le sida ? est une question scientifique ; comment lutter contre le sida ? est une question politique. Les approches diffèrent *a priori*. Mais l'ampleur des moyens consacrés à une meilleure connaissance du phénomène et à l'étude des possibilités de lutte contre la maladie obéit, *in fine*, à une logique de préférences sociales. Le statut de la statistique et de la démographie ne nous paraît donc pas fondamentalement différent de celui des sciences sociales, voire des sciences en général.

La deuxième partie de l'ouvrage, « L'argent et la mort », traite de thèmes assez variés tels que les rentes viagères et les assurances sur la vie, les progressions arithmétique et géométrique ou encore la mesure de la croissance. Le fil conducteur apparaît moins nettement que dans la première partie, même si les développements se révèlent aussi très bien documentés. Il en va de même de la troisième partie, « Longue vie et âges dangereux », où l'auteur aborde des questions diverses : le chapitre premier est consacré à « Halley et Neumann : de l'astrologie à la mortalité », le chapitre II à la « Fabrication de l'empirisme », le chapitre III aux « Nombres climatériques dans l'Antiquité », etc.

Extrêmement documenté, l'ouvrage pèche parfois par excès de références gratuites ou d'incidentes, ce qui donne alors une impression de dispersion ou d'éclatement du propos initial, et la logique dans l'ordre d'exposition ne s'impose pas toujours clairement. Cela est particulièrement vrai des deuxième et troisième parties. La première partie qui, à elle seule, constituait la matière d'un excellent ouvrage, bénéficie par contre grandement d'une description très précise de l'atmosphère intellectuelle et politique de la seconde moitié du XVIIe siècle et des préoccupations des membres de la *Royal Society*.

Plus qu'un essai sur *L'origine politique de la statistique et de la démographie*, le livre d'Hervé Le Bras nous semble être une *Histoire de la mathématique de la vie et de la mort*.

Jacques VÉRON

II–COMPTES RENDUS

Jean-Claude CHESNAIS, Marc DE BRAEKELEER, Patrick FESTY, Jacques HOUDAILLE, Kamel KATEB, Roland PRESSAT, Jean-Marc ROHRBASSER, Jacques VÉRON

BLUM Alain, GUÉRIN-PACE France, **Des lettres et des chiffres : des tests d'intelligence à l'évaluation « du savoir lire », un siècle de polémiques**, Paris, *Fayard*, 2000, 191 p.

Une enquête internationale sur le niveau de « littératie » des populations dans plus de vingt pays développés, parrainée par l'OCDE et ayant pour maîtres d'œuvre Statistique Canada et un organisme privé américain, ETS (*Education Testing Service*), a conclu que « 40 % des Français seraient incapables de déchiffrer un texte de quelques lignes et plus encore d'en comprendre le sens ». Ces résultats, révélés en 1996 par les médias, avaient soulevé une polémique d'autant plus vive que le ministère de l'Éducation nationale s'était opposé à leur publication.

Dans ce livre, les auteurs se proposent de démontrer le manque de crédibilité de ces résultats et, plus largement, d'analyser le processus de construction d'un chiffre et son usage. À travers les statistiques disponibles (signatures des registres de mariage, enquêtes annuelles auprès des conscrits, recensements) et en s'appuyant sur un grand nombre de travaux, ils retracent l'histoire de la mesure de la scolarisation et de l'analphabétisme en France. Plus récemment, les enquêtes et évaluations du système scolaire à travers les tests menés en CE2, en sixième et en seconde montrent la difficulté d'établir une mesure comparative. Cependant, ces tests permettent de conclure que 14 à 15 % des enfants entrant en sixième ne maîtrisent pas les compétences de base (« saisir l'explicite d'un texte, comprendre de qui ou de quoi on parle, tirer des informations ponctuelles d'un écrit »).

La première critique porte sur le déroulement de l'enquête sur le terrain et sur la motivation inégale des enquêtés. La seconde interrogation se rapporte au contenu des épreuves elles-mêmes. Les concepteurs de l'enquête l'ont élaborée à partir de documents dits de la vie quotidienne (notice de médicament, annonce publicitaire, fiche de candidature, etc.). Mais peut-on supposer que c'est le même questionnaire qui est soumis à l'ensemble des individus, de milieux culturels et environnementaux différents ? Peut-on affirmer avec certitude que les questions sont de difficulté identique, quelle que soit la langue dans laquelle le questionnaire est exprimé ? Autrement dit, les versions française, suisse, allemande, canadienne ou encore américaine du questionnaire « mesurent-elles vraiment les mêmes compétences ? ». Les auteurs démontrent, à l'aide de nombreux exemples tirés de l'enquête, que la traduction modifie sensiblement la difficulté des questions posées.

Les auteurs détectent de nombreuses autres incohérences dans les résultats de l'enquête. En particulier, des personnes ayant un niveau de diplôme supérieur au baccalauréat ont échoué à une ou plusieurs parties du test et obtiennent ainsi un niveau de compétence extrêmement bas. Par ailleurs, le traitement des non-réponses a introduit des biais d'observation et conduit à une mesure erronée du niveau de compétence.

Que doit-on penser de l'attitude des maîtres d'œuvre de l'enquête, lorsqu'ils ne donnent aucune suite aux remarques qui leurs sont faites sur l'incohérence de certains résultats ?

Faut-il alors jeter au pilon cette enquête? La publicité qui en a été faite, en ignorant les réserves émises, n'a-t-elle pas volontairement eu un caractère sélectif dans les informations mises à la disposition du grand public ? Les auteurs s'interrogent finalement sur les similitudes entre la démarche de cette enquête d'origine américaine et celle de l'élaboration, au siècle dernier, des tests d'intelligence qui ont contribué à étayer les conceptions eugénistes et à développer des politiques démographiques aux États-Unis (quotas dans les politiques migratoires) et en Europe (stérilisation des handicapés dans les pays scandinaves). Ces dérives proviennent d'une même volonté d'opérer un passage sans transition des compétences individuelles (mesurées par les tests) à la comparaison des compétences de populations entières (hiérarchisation des plus adaptés aux moins adaptés à des conditions particulières). Un débat similaire avait été lancé avec la parution du livre de Stephen Jay Gould, intitulé en français *La mal-mesure de l'homme*.

K. K.

BRASME Pierre, **La population de la Moselle au XIXe siècle**, Metz, *Serpenoise*, 2000, 196 p.

Le XIXe siècle traité par P. Brasme s'ouvre avec les traités de 1815 et s'achève avec la première guerre mondiale. L'auteur s'appuie sur les recensements et les mouvements de la population ; pour la période 1815-1871, les statistiques déposées dans les casemates de Saint-Quentin ont été détruites en 1944 mais les archives municipales de Metz et des arrondissements de Château-Salins et Sarrebourg (non mosellans avant 1934) ont cependant été conservées. Pour la période allemande, on dispose de 33 volumes publiés qui donnent par commune le mouvement annuel de la population et les résultats des recensements quinquennaux.

De 1826 à 1866, la Moselle est passée de 463 000 à 506 000 habitants. Cette croissance est cependant loin d'être uniforme. Elle provient d'un Ouest dynamique et d'un Sud-Est en déclin. Les taux de croissance naturelle expliquent en partie ces différences : dans l'ensemble, ils sont restés beaucoup plus élevés dans les cantons germanophones. Ce contraste avait déjà frappé les géographes du XIXe siècle. Pour analyser ces différences, 500 familles de zone francophone et autant de germanophones ont été reconstituées sur la période 1820-1870. La fécondité par groupe d'âges quinquennaux est toujours plus basse chez les premières et l'écart s'accentue fortement à partir des femmes de 30 ans et plus. L'âge moyen au mariage, 25 à 26 ans, diffère peu d'une zone à l'autre. En Moselle de langue allemande, on compte 5,7 naissances par couple contre 4 en zone francophone. L'espérance de vie à la naissance se situe à 42,9 ans, de 1820 à 1870, trois ans au-dessus de la moyenne française. La mortalité est en baisse de 1820 à 1859 mais remonte après 1860.

La première moitié du siècle est marquée par les épidémies de choléra qui frappent surtout l'Ouest Mosellan en 1832, 1849, 1854 et 1860. Cette maladie était jusque-là à peu près inconnue en Europe : elle provoqua un grand effroi dans la population, en particulier à Metz.

Le dépeuplement des campagnes avait frappé les contemporains. On estime à 50 000 le nombre de Mosellans qui quittèrent leur département entre 1825 et 1850. Les départs vers les États-Unis furent nombreux, ainsi que les flux de migrants qui, faute de moyens, se dirigeaient vers Paris.

Cependant, entre 1835 et 1870, l'industrie se développa rapidement après le début de l'exploitation des mines d'Hayange par la famille de Wendel. Des cités ouvrières attirèrent l'immigration notamment dans la région de Sarreguemines, mais l'annexion par l'Allemagne en 1871 provoqua le départ de près de 200 000 habitants. Pendant les années d'occupation allemande, l'émigration clandestine est fort difficile à estimer. Jusqu'à la fin du siècle, elle concerne les jeunes gens en âge d'effectuer leur service militaire qui ne voulaient pas servir et se plier à la discipline sévère qui régnait dans l'armée allemande. Les familles appartenant à l'aristocratie, surtout à Metz, furent nombreuses à opter pour la France et les autorités allemandes ne firent guère obstacle à leur départ. À l'inverse, d'importantes garnisons furent établies dans les villes, surtout à Metz, et les cantons miniers de la région attirèrent beaucoup d'ouvriers prussiens, luxembourgeois et belges. La germanisation fut imposée dans les écoles de quelques cantons. Finalement, la population est passée de 474 000 habitants en 1870 à 610 000 en 1910.

J. Hd.

DE GANS Henk A., **Population Forecasting 1895-1945. The Transition to Modernity**, Dordrecht, *Kluwer Academic Publishers*, « European Studies of Population », Vol. 5, 1999, XVIII-291 p.

Cet ouvrage, écrit en anglais, retrace l'histoire de la prévision démographique de 1895 à 1945, en particulier aux Pays-Bas. Cette histoire est pour une large part méconnue, avertit l'auteur, et les ouvrages de référence n'en disent rien. Ses représentants apparaissent cependant comme des pionniers ; c'est le cas, notamment, de G. A. H. Wiebols (1895-1960) auquel s'adjoignent C. A. Verrijn Stuart (1865-1948) et H. W. Methorst (1868-1955).

Un premier chapitre introductif précise les intentions de l'auteur et la méthode qu'il adopte, méthode résolument historique. L'intérêt pour le futur état de la population est, selon H. De Gans, motivé en maint pays par les discussions roulant, depuis le XIXe siècle, sur le problème de la population. Ces discussions sont suscitées par la crainte des conséquences économiques liées à la surpopulation, par l'anxiété relative aux aspects démographiques stratégiques du déclin de la population, par la menace plus générale, aurait dit Spengler, du « déclin de l'Occident ». Ces débats sur la population relevant souvent de réactions émotives plus que de l'objectivité des arguments avancés, beaucoup d'économistes et de statisticiens ont ressenti le besoin de s'adosser à l'histoire pour mieux comprendre la dynamique démographique et imaginer l'évolution des populations dans le futur. La recherche de l'objectivité aboutit au développement d'une méthodologie de la prévision fondée sur l'élaboration d'une théorie de la table de mortalité et de l'analyse démographique.

C'est avec la biographie intellectuelle de Wiebols qu'apparaît véritablement, au deuxième chapitre, le corps de l'ouvrage. Au chapitre suivant, l'auteur replace cette biographie dans le contexte plus général de la prévision démographique en Europe, brossant à cette occasion un tableau rapide mais complet de l'histoire de la démographie aux Pays-Bas, et montrant comment on y passe de la notion de « loi de population » aux « théories de la population ».

Le quatrième chapitre, dans lequel l'auteur adopte le cadre d'une histoire des sciences de type « Kuhnien » largement inspirée par les avancées anglo-saxonnes en histoire sociale des sciences, relate la lutte entre les différentes écoles nationales pour l'établissement d'un paradigme dominant. L'innovation dans le domaine de la prévision démographique est alors fortement encouragée par le développement des congrès de statistique et des recensements publics, par la publication de données et de taux sur de longues périodes. Mais, simultanément, la nature spéculative de ces études prévisionnelles représente un obstacle à l'élaboration de leurs méthodologies, les statisticiens se focalisant en premier lieu sur la fiabilité des statistiques publiques.

Le cinquième chapitre présente les options méthodologiques en concurrence, spécifiquement aux Pays-Bas. Dans les années 1930, l'innovation dans les connaissances sur la prévision démographique et leur propagation y reçoit une nouvelle impulsion née de la prise de conscience que ces méthodes pouvaient être appliquées à la planification urbaine et régionale, à une meilleure organisation politique des municipalités. C'est l'objet des sixième et septième chapitres de présenter en détail la mise en œuvre de ces recherches appliquées. H. De Gans y expose tout un pan inconnu en France de l'histoire de la démographie.

Le dernier chapitre et la conclusion, utilisant la philosophie de George Herbert Mead, montrent que l'émergence d'une prévision démographique moderne résulte autant de l'évolution de la technique statistique et démographique que du « changement drastique de la position sociale et du statut » du spécialiste de la prévision. Les conséquences de cet état de fait sont, dit l'auteur, encore sensibles aujourd'hui. La situation aux Pays-Bas est d'ailleurs, conclut H. De Gans, spécifique, et diffère de celle d'autres pays européens, les pionniers étant des « outsiders » dans le champ scientifique de l'étude de la population : la motivation principale de ces pionniers néerlandais n'était en effet pas de contribuer à une revue scientifique internationale, mais au débat national néerlandais sur la population.

Cet ouvrage, érudit et technique, précis et vivant, ouvre des perspectives contemporaines tout en s'adossant à l'histoire intellectuelle la plus compréhensive. Il s'adresse aux chercheurs et étudiants de domaines variés (démographie, statistiques et économie appliquées, géographie sociale et urbaine, etc). Il intéressera également des plus vivement l'historien des sciences.

J.-M. R.

DOMENACH Hervé, PICOUET Michel, **Population et environnement**, Paris, *Puf*, Que sais-je ?, 2000, 127 p.

La tentative de synthèse des relations entre population et environnement réalisée par Hervé Domenach et Michel Picouet mérite d'être saluée à un double titre : le sujet est d'une particulière complexité, et les démographes ont tendance à déserter ce champ d'investigation. L'intérêt et l'importance de ces questions ne sont pourtant pas à démontrer.

Les difficultés commencent dès lors que l'on cherche à faire « L'état de la planète ». Les chiffres connus ou estimés de la population mondiale permettent bien de définir un cadre général, des dynamiques et des contraintes. Mais préciser ce qu'est réellement l'environnement est infiniment plus délicat : les auteurs retiennent comme définition celle d'« un ensemble complexe de milieux anthropisés (transformés par l'homme) et de milieux naturels (peu ou pas atteints par l'action de l'homme) ». Le paragraphe consacré à *L'émergence de la notion d'environnement* montre bien comment les préoccupations que l'on pourrait qualifier d'environnementales évoluent au cours du temps, du manque d'hygiène en milieu urbain aux conséquences du développement industriel, puis à la croissance urbaine, ensuite à la rareté des ressources après la crise pétrolière ; finalement, on assiste à une globalisation de la question, avec le sentiment d'un passage « de risques probables mais à peu près identifiés et limités, à des risques plus nombreux, plus complexes et plus diffus ».

La formalisation même du problème, au-delà des prises de position politiques souvent excessives, est délicate. L'équation de Commoner ([I=PxAxT] *Population, Affluence, Technology*) a ses vertus mais doit être établie pour chaque composante de l'environnement. Alors comment adopter une démarche globale et systématique ?

H. Domenach et M. Picouet mettent l'accent sur quelques grands problèmes : la dégradation des terres, la déforestation, la préservation de la ressource eau, etc. Ils nous invitent, à partir d'exemples et de données chiffrées, à dépasser des conclusions trop sommaires : les développements consacrés aux « Pratiques et usages de l'eau » montrent par exemple l'importance des enjeux et l'absence de solutions simples au problème du risque de pénurie d'eau.

Le chapitre « Pollutions, mutations et santé : vivrons-nous mieux demain ? » introduit à d'importantes questions comme la gestion des ressources génétiques, les manipulations génétiques et la chaîne alimentaire, le traitement des déchets, les défis de la pollution, etc. Les auteurs insistent aussi sur ce que seront « Les espaces du futurs », remodelés par l'urbanisation et les migrations.

H. Domenach et M. Picouet terminent leur ouvrage en explicitant les politiques possibles, ce qui conduit aussi bien à réfléchir aux idéologies, aux échelles d'intervention appropriées (locale et/ou globale), qu'aux modèles de croissance économique ou aux relations entre Nord et Sud.

On peut regretter que la bibliographie finale ne reprenne pas d'une manière systématique tous les classiques du sujet, dont une partie sont certes cités en notes de bas de page. Mais cela n'ôte rien à la qualité de cette présentation qui concilie réflexion théorique et analyse de questions actuelles, dont certaines sont « brûlantes ». Une excellente introduction au débat population-environnement.

J. Ve.

FEINGOLD Josué, FELLOUS Marc, SOLIGNAC Michel, **Principes de génétique humaine**, Paris, *Hermann*, 1998, 586 p.

Le livre *Principes de génétique humaine* dont la rédaction a été dirigée par Josué Feingold, Marc Fellous et Michel Solignac comprend 23 chapitres pouvant être regroupés en plusieurs sections.

Les trois premiers chapitres résument les notions élémentaires de génétique mendélienne, de cytogénétique et de biologie moléculaire.

Les chapitres 4 (hérédité monogénique) et 5 (liaison génétique) abordent l'étude des maladies héréditaires en développant les méthodes statistiques d'analyse de ségrégation et de liaison (*linkage*). Le modèle monogénique, décrit en détail au chapitre 4, ne s'applique cependant pas à l'étude de la composante génétique de la plupart des maladies multifactorielles auxquelles s'intéresse la génétique épidémiologique et qui repose sur un modèle polygénique, décrit aux chapitres 11 et 12. Nous pouvons peut-être regretter que ces quatre chapitres n'aient pas été regroupés en un même ensemble.

La section suivante (chapitres 6 à 9) décrit les différentes techniques utilisées pour localiser, cloner, séquencer les gènes et finalement identifier les mutations responsables des maladies génétiques. Elle explore le génome humain en discutant d'abord de la cartographie génétique et physique (chapitre 6), puis des stratégies de recherche de gènes nouveaux (chapitre 7) et ensuite des hybridations somatiques et cellulaires (chapitre 9). Le chapitre 8 s'intéresse aux mutations géniques, que ce soient leurs techniques d'identification, leur type ou leurs conséquences phénotypiques.

Le chapitre 13 s'intéresse à la génétique du développement qui cherche à comprendre les mécanismes conduisant aux malformations en faisant appel à l'embryogenèse et à l'action d'agents tératogènes présents dans l'environnement. Il est suivi d'un chapitre qui traite aussi du développement, à savoir la détermination et la différenciation sexuelles : toutes deux sont régies par des gènes qui permettent la transformation d'une gonade indifférenciée en un testicule ou un ovaire (détermination sexuelle) et d'autres menant au phénotype mâle ou femelle lorsque la gonade différenciée est en place (différenciation sexuelle).

Les chapitres 15 et 16 traitent de deux maladies multifactorielles, la pathologie coronarienne et le diabète. Si le chapitre sur le diabète fait le point sur les connaissances actuelles en génétique, nous pouvons cependant déplorer que le chapitre sur la pathologie coronarienne ne fasse pas une place plus importante à l'hypercholestérolémie familiale qui a été l'objet d'intenses recherches, même si elle n'est responsable que de 2% des infarctus avant l'âge de 65 ans.

La mitochondrie, organite cellulaire, est le siège de nombreuses réactions du métabolisme intermédiaire et de la respiration cellulaire. La génétique mitochondriale, dont traite le chapitre 17, fait l'objet d'intenses recherches, d'autant plus que certaines maladies héréditaires ont une origine mitochondriale.

Le chapitre suivant revient sur les maladies multifactorielles en discutant des prédispositions génétiques au développement des tumeurs. Ce chapitre aurait pu aussi aborder les autres aspects génétiques du cancer et ne pas se restreindre aux seules prédispositions. Nous pouvons également nous demander pourquoi, dans un livre de cette envergure, il n'y a aucun chapitre sur la génétique des maladies psychiatriques qui font l'objet de nombreuses recherches aboutissant à des résultats controversés.

La thérapie génique, qui consiste à traiter des patients atteints de maladies génétiques par l'introduction de matériel génétique étranger, est abordée au chapitre 19. Les recherches visant à mettre au point des vecteurs pour le transfert de gène et à mieux comprendre les mécanismes de l'expression des gènes vont bon train.

Le chapitre suivant, intitulé « Génétique et santé publique », présente différents aspects de l'application des connaissances acquises. L'auteur discute de l'impact des anomalies génétiques dans la population, du conseil génétique, des méthodes de diagnostic et de dépistage prénatals ainsi que du dépistage postnatal. Nous ne comprenons pas pourquoi le dépistage de la mucoviscidose n'est abordé que pour les hétérozygotes (porteurs du gène) et non pour les malades, alors que le dépistage néonatal est répandu dans quelques pays et régions de la France et qu'il le sera bientôt pour tout le territoire.

L'eugénisme et l'éthique font l'objet de deux chapitres (chapitres 21 et 22). Ces intéressants chapitres dressent un bon aperçu historique des questions, discutent de la mise en place des comités d'éthique et de la législation française en matière de bioéthique. Malheureusement, les implications de la génétique humaine en matière d'eugénisme et de bioéthique ne sont pas développés, ce qui aurait été attendu dans un livre de génétique.

Deux chapitres traitent de la génétique des populations. Cette discipline de la génétique s'intéresse à l'Homme en tant qu'espèce et fonde ses raisonnements sur l'étude de la diversité des gènes et leur transmission. Le chapitre 10 aborde le modèle de Hardy-Weinberg, la sélection et les écarts à la panmixie. Le chapitre 23 discute de la variabilité génétique des populations humaines, de leur structure et de leur évolution. Il se termine par un aperçu de l'origine de l'Homme moderne et de sa relation avec les autres primates. Ces deux chapitres complémentaires auraient pu être disposés ensemble dans le livre, voire même fusionnés.

Le livre se termine par une annexe, la carte des maladies génétiques tirée de la base de données Genatlas en décembre 1996 et disponible sur Internet (http ://www.infobiogen.fr rubrique Genatlas).

Même si ce livre *Principes de génétique humaine* est complet en ce qu'il aborde les différentes disciplines de la génétique, il est cependant difficile d'y trouver un fil conducteur, ce que l'on peut attendre d'un livre dont le titre commence par «Principes de...» et qui apparaît donc comme un ouvrage de référence. Une meilleure organisation des chapitres aurait certainement été souhaitable. Enfin, les 23 chapitres ne présentent pas non plus de cohésion dans leur finalité : les uns sont théoriques, les autres méthodologiques, d'autres enfin sont un résumé de travaux de recherche. Il s'agit en fait d'une collection de chapitres certes très bien écrits mais sans logique d'ensemble.

Malgré ces remarques, il n'en reste pas moins qu'il s'agit d'un très bon livre de génétique et l'un des rares rédigés en français.

M. De B.

FRANCONI Giacomo, ***Moralia conongolia* ou de l'impossible sacralité du mariage à l'époque de la raison 1750-1791**, Paris, *Septenthèse*, 1998, 496 p.

Présentation d'une thèse historique sur un sujet d'actualité. Avant la Révolution, le divorce était à peu près impossible à de rares exceptions près (impuissance qui devait être prouvée devant témoins par exemple). Mais la répudiation et plus encore la séparation de biens et de corps étaient autorisées sans permettre le remariage. Franconi a consulté les registres du Châtelet et en a tiré des statistiques publiées en annexe. La proportion des ruptures d'union par rapport aux affaires traitées par la Chambre du Conseil de ce tribunal augmente un peu jusqu'en 1730 et de nouveau mais très fortement de 1760 à 1780. Il s'agit surtout de personnes appartenant aux classes aisées et commerçantes. Dans la grande majorité des cas, la demande est formulée par la femme qui se plaint de l'ivrognerie de son mari et des coups qu'elle reçoit, dont elle montre les marques.

Le cas du juif alsacien Borach Levy constitue un cas particulier. Commerçant pour les fournitures aux armées, il fit de mauvaises affaires lors de la paix relative du début du règne de Louis XV. Il s'était marié et avait deux enfants. Il vint à Paris vers 1750 et fit valoir que son mariage, non consacré par l'église catholique, n'était pas valable ; il épousa une chrétienne mais un prêtre s'opposa à ce cas de bigamie. Les partisans des Lumières prirent fait et cause en sa faveur, et la question entraîna force discussions. Les ouvrages sur le mariage et le divorce étaient d'ailleurs très nombreux à cette époque.

En fait, la France et les pays catholiques étaient restés en retrait sur ce point par rapport aux pays protestants. En Suède, la première loi sur le divorce remonte à 1734 ; en Angleterre, le divorce par acte privé existait depuis le XVIIe siècle mais la procédure en était compliquée et coûteuse ; en Autriche, le programme de laïcisation de Joseph II en 1783 fit porter les affaires matrimoniales devant les tribunaux civils. En France, en 1769, les écrits de Cerfvol considéraient encore le mariage comme un lien indissoluble : la femme adultère devait être expulsée et reléguée dans un couvent pendant 5 ans. Le mari bafoué devait cependant lui verser une pension alimentaire mais était autorisé à faire usage de son bien. L'auteur de cette thèse s'est efforcé de découvrir l'identité de ce Cerfvol en qui il reconnaît Palissot, auteur de très nombreux ouvrages et ami de Voltaire.

Les Révolutionnaires se sont beaucoup inspirés de ces polémiques pour rédiger leur loi sur le divorce. Pour les plus avancés, le mariage était comparable à l'esclavage lorsqu'il rendait les époux malheureux.

Au reste, cette institution, longtemps considérée comme la base de nos sociétés, ne semble pas avoir été très en honneur chez les pauvres des villes où, selon l'auteur, le concubinage était courant du fait des migrations, surtout parmi les domestiques.

J. HD.

KLIGMAN Gail, **The politics of duplicity. Controlling reproduction in Ceaucescu's Romania**, Berkeley, *University of California Press*, 1998, 358 p.

Cet ouvrage raconte les tribulations subies par la société roumaine sous la dictature des Ceaucescu. Dans les annales de démographie politique contemporaine, seule l'expérience chinoise s'apparente à celle de la Roumanie ; dans un cas comme dans l'autre, en effet, l'État a imposé un contrôle de la vie sexuelle des couples. Ceci au nom d'une même volonté politique, celle d'augmenter les naissances et la population en Roumanie ; celle, au contraire, de diminuer les naissances en Chine. Des méthodes d'endoctrinement et de coercition comparables ont été mises en œuvre dans les deux cas : intimidation, incitation ou sanction, propagande, suivi des menstruations, détection et prise en charge des grossesses. Au total, donc, une véritable «police des corps», orchestrée par l'État et le Parti communiste.

En Roumanie, c'est la manipulation de l'avortement qui, faute de contraception, a été l'outil principal de régulation des naissances. D'abord interdit jusqu'en 1957, l'avortement a été libéralisé pendant une petite dizaine d'années (1957-1966), avant d'être, brusquement, à nouveau banni (octobre 1966) ; parallèlement, le divorce est devenu, lui aussi, illégal. C'est l'époque où le régime souligne le rôle critique de la famille dans l'édification du socialisme. Ceaucescu veut que la Roumanie compte 30 millions d'habitants en l'an 2000 (la population roumaine est de 19 millions en 1965); la procréation devient alors un devoir patriotique et l'avortement un crime contre l'État.

G. K. démonte la rhétorique du pouvoir, qui se veut féministe et avant-gardiste, et l'oppose à la réalité quotidienne, brutale, oppressive : les femmes ne sont socialement reconnues que dans leur capacité biologique de reproduction. Le discours sur leurs droits n'est qu'un leurre. Dès lors, la « duplicité » évoquée par l'auteur marque aussi bien l'attitude des dirigeants, du corps médical, des collègues de travail, des voisins, de l'entourage familial que celle des individus eux-mêmes. Le double langage et le mensonge généralisé permettent de sacrifier au rite sans perdre la face.

L'opinion publique internationale, rappelle Gail Kligman, n'a découvert le vrai visage de cette politique qu'à la suite de l'effondrement du communisme, fin 1989. Des milliers de femmes étaient mortes des suites d'avortements clandestins ; quant aux enfants non désirés et abandonnés, ils peuplaient des orphelinats délabrés où le manque d'hygiène et, surtout, la pénurie de seringues les exposaient au sida. L'auteur montre comment une telle tragédie a été possible en Europe dans le dernier tiers du XXe siècle, et ceci à intervalles répétés, car la vague des naissances des années 1967-1970 a été suivie de deux autres vagues, moins amples, mais fortes, vers 1975 et 1985 (périodes de relâchement suivies d'une intensification de la répression de l'avortement). L'isolationnisme, la démultiplication de l'encadrement politique du sommet à la base, le chantage, la complicité et la peur de la police secrète étaient au cœur du dispositif de contrôle démographique ; c'est la combinaison de ces facteurs qui aide à comprendre l'aberration roumaine.

Le chapitre 7 sur le coût de la politique de natalité forcée retrace l'extraordinaire recrudescence de la mortalité maternelle (le nombre de décès liés à l'avortement est multiplié par dix, passant de la cinquantaine au demi-millier, chaque année), les à-coups de la mortalité infantile, les abandons d'enfants, le commerce de l'adoption et le sort des générations « sacrifiées », mal acceptées par leurs parents, leurs enseignants, leurs employeurs et, dès lors, souvent livrées à la rue... Mais c'est le chapitre 6 qui devrait le plus retenir l'attention du lecteur. Gail Kligman y réunit des témoignages de femmes et de médecins sur leurs pratiques des avortements clandestins. Cet apport donne au document une grande force et l'illustre par des cas concrets, ramenés, par les vertus du récit, au présent le plus vif, quasi-chirurgical.

Sur la page la plus sombre des politiques de population en Europe, G.K. projette un éclairage cru, et très documenté. La précision du contenu, l'appareil de notes et la bibliographie devraient faire de son livre l'ouvrage de référence sur la question.

J.-C. C.

RUBELLIN-DEVICHI Jacqueline (dir.), **Regards sur le droit de la famille dans le monde** (The international survey of family law, 1995), Association internationale de droit de la famille ; éd. française Centre de droit de la famille, Lyon, *Presses universitaires de Lyon*, 1999, 534 p.

The survey of family law, préparé par l'Association internationale de droit de la famille, a été édité en français lors de ses quatre dernières livraisons, grâce au Centre de droit de la famille de l'Université de Lyon. Une trentaine de professeurs de droit y analysent les traits saillants de l'évolution récente du droit de la famille dans leur pays.

Les modes de présentation diffèrent d'un auteur à l'autre. Certains mettent l'accent sur des points particuliers (cf. par exemple l'article de Jehanne Sosson, qui prend la réforme du droit du divorce comme fil conducteur, en Belgique, ou le texte de Cecilia Grossman et Irene Martinez Alcortar, qui s'attache au droit dans les secondes familles « eu égard à l'augmentation du nombre d'enfants vivant avec un beau-parent » en Argentine). Mais une majorité d'auteurs passent en revue un large éventail de thèmes qui ont fait l'actualité juridique de leur pays, sans souci d'homogénéité du propos.

Au fil des années, la couverture géographique s'est étendue, mais elle reste partielle, puisqu'en quatre volumes, cinquante pays ont eu au moins un article qui leur était consacré, dont près de la moitié en Europe. En particulier, les pays dont le suivi a été systématique, d'un volume à l'autre, forment un petit noyau limité à une fraction du monde industriel (Allemagne, Angleterre, Australie, Canada, France, Pologne, Suède et Suisse). Le critère de sélection est vraisemblablement la présence d'un membre de l'association et son désir de contribuer régulièrement au *survey*.

L'information est donc riche, sans être systématique. L'ambition est sensiblement différente de celle qui anime *The Annual Review of Population Law*, publié par le Fonds des Nations unies pour la population et la *Harvard Law School*. Sur un thème plus large, mais où le droit de la famille occupe une place essentielle, un résumé ou le texte complet des principales lois récentes permet de suivre l'évolution législative dans 170 pays. Une information moins analysée mais plus systématique.

Ce sont les analyses juridiques qui font l'originalité de l'ouvrage bilingue de l'Association internationale de droit de la famille. La somme gagnerait sans doute en intérêt si les textes thématiques prenaient le pas sur les revues d'actualité, ou si un effort était fait pour extraire des droits nationaux un droit comparé. Saluons dans ce sens l'introduction cette année d'un texte de Géraldine Van Bueren sur le droit « international » de la famille.

P. F.

INFORMATIONS

Compte rendu de colloque

10ᵉ colloque de l'Aidelf, Byblos (10-13 octobre 2000)

Le 10ᵉ colloque de l'Aidelf s'est tenu à Byblos, au Liban, du 10 au 13 octobre 2000. En pleine période de recrudescence des tensions au Moyen-Orient, le colloque s'est déroulé dans le calme et dans d'excellentes conditions, grâce à l'accueil bienveillant de la municipalité de Byblos et des autorités libanaises, et grâce au soutien du Centre international de l'Unesco. Sans oublier l'activité déployée par le Comité d'organisation, et tout particulièrement à l'Ined celle de Joëlle Gaymu, Murielle Darblade et Youssef Courbage.

Le thème du colloque : *Vivre plus longtemps, avoir moins d'enfants : quelles implications ?* a suscité de nombreuses contributions, qui ont montré qu'au-delà du mécanisme de la transition démographique qui tend à rapprocher les pays, des différences importantes de valeurs et d'interprétations concernant ses implications demeuraient, soulignées notamment par certains orateurs du Maghreb et d'Afrique sub-saharienne. La formule « Vivre plus longtemps, avoir moins d'enfants » pouvait en effet être interprétée par les uns comme un constat, par les autres comme un objectif à poursuivre, ce qui fut discuté.

Le colloque a aussi permis d'entendre quelques interventions sur la situation démographique libanaise. Informations d'autant plus précieuses qu'on ne dispose pour l'étudier que de relativement peu d'éléments, pour trois raisons : la guerre du Liban, terminée il y a seulement une dizaine d'années, a entraîné une désorganisation de la collecte statistique ; l'absence de recensements, notamment pour des raisons politiques et confessionnelles ; et les très importants mouvements de migrations internationales de la population libanaise (R. Tabbarah, M. Deeb, Y. Makdessi).

Il faut également souligner l'intérêt des interventions inaugurales sur les grandes tendances de la fécondité, de la mortalité et du vieillissement démographique, avant le début des séances thématiques. Ces interventions ont permis de synthétiser les connaissances sur chacun de ces thèmes, aux plans empirique, historique et théorique, proposant ainsi pour la suite du colloque un cadre d'analyse commun (Y. Courbage, F. Prioux, P. Fei, J. Rychtarikova, T. Eggerickx et D. Tabutin).

Les implications individuelles (Séance 1)

D'une logique du destin à une problématique où l'individu a davantage de prise : c'est ainsi que Xavier Thierry, co-organisateur de la séance n° 1 avec France Prioux, a défini les enjeux de la discussion de cette matinée. L'individu peut mener une vie plus autonome par rapport à son milieu d'appartenance, il vit plus longtemps, il décide davantage qu'avant de certains événements tels que le mariage ou la naissance d'enfants, ainsi que de l'articulation des différentes étapes de sa vie. D'où une plus grande diversité et complexité des parcours individuels. Derrière celles-ci, est-il cependant possible de dégager quelques types de trajectoires et d'articulations des processus démographiques ?

Certaines communications répondaient à cette interrogation sur les articulations, en les étudiant à l'occasion d'un événement, tel que le décès d'un parent (A. Monnier et S. Pennec) ou le divorce, ou bien en replaçant les logiques individuelles dans les trajectoires des couples et des familles (L. Prokofieva et P. Festy, C. de Guibert-Lantoine). Un second ensemble de communications s'intéressait plutôt, selon la formule de Xavier Thierry, aux « situations extrêmes » et à l'expérience des limites : limites de la vie (É. de La Rochebrochard et H. Leridon), limites de la vie autonome et sans incapacités majeures (L. Martel, A. Bélanger, J.-M. Berthelot), limites de l'âge à la mort (F. Meslé et J. Vallin, J.-M. Robine) et, dans un autre registre, limites de la maîtrise juridique de sa vie (F. Munoz-Pérez).

Cette séance a permis de replacer les implications individuelles de l'allongement de l'espérance de vie, et notamment la perte d'autonomie, dans une problématique de politique publique : quel type d'encadrement juridique, quelles modalités de prise en charge sociale et médicale proposer à la population des plus âgés ? Elle a également abordé le thème de la conciliation des temporalités sociales et professionnelles avec celles imposées par les processus biologiques, à travers la question : l'augmentation de l'âge à la maternité risque-t-elle d'empêcher d'avoir la descendance souhaitée (É. de La Rochebrochard et H. Leridon) ?

Plusieurs interventions ont souligné qu'il fallait se poser la question des implications individuelles de manière différente suivant le sexe. Ainsi, on peut se demander si la nature, et même la mesure, de l'état de dépendance peuvent être étudiées sans tenir compte de la différenciation sexuelle des rôles. L'étude de l'impact du divorce (ou d'une rupture) et de la charge d'enfant sur la carrière professionnelle (en Russie) ou sur la probabilité d'une seconde union (en France), ainsi que l'étude de la relation entre la nuptialité, la fécondité, et le niveau scolaire et le statut professionnel au Cameroun, ont mis en avant l'importance de « l'effet de genre » (P. Festy et L. Prokofieva, C. de Guibert-Lantoine, N. Kishimba).

La séance a également abordé de nombreux points méthodologiques, dont on peut distinguer trois types :

— On s'est interrogé sur certaines notions et catégories : quel est l'impact de la différence d'enregistrement du rang des naissances (dans le mariage ou au sens biologique) ? Comment dater le début d'une (seconde) union (relation amoureuse stable, cohabitation, etc.) ? Comment définir la dépendance et l'autonomie ?

— En termes de méthodes, d'indicateurs et d'outils, on a pu réfléchir aux incidences de l'allongement de la durée de vie sur les tables de mortalité et sur l'intérêt de la méthode des « générations éteintes » (F. Meslé et J. Vallin) ou sur les représentations graphiques et les indicateurs de la « rectangularisation » de la courbe de survie, c'est-à-dire l'augmentation de l'espérance de vie à la naissance conjuguée à une forte concentration des durées de vies individuelles autour d'une valeur moyenne (J.-M. Robine). Un usage original de la micro-simulation a également été présenté, permettant de comparer sur un siècle l'expérience de la mort d'un parent suivant les étapes de la vie (S. Pennec et A. Monnier).

— Enfin, la séance a souligné l'apport d'autres disciplines à la démographie, en termes de questionnement : comment les catégories sociojuridiques (mise sous tutelle et curatelle) et les évolutions démographiques se rencontrent-elles, qu'est-ce que la biologie nous apprend en termes de fécondité (baisse de la fécondité naturelle avec l'âge, méthodes de procréation médicalement assitée, etc.) ?

Plusieurs communications ont finalement montré qu'il était souvent difficile de distinguer les implications individuelles (du phénomène de dépendance ou du report du calendrier des naissances par exemple) de celles pour la famille, et plus globalement pour la société, faisant ainsi le lien avec les séances suivantes.

Les implications pour les ménages (Séance 2)

L'objectif de cette séance, organisée par Philippe Wanner, était de distinguer la part des changements démographiques et des changements sociaux dans les évolutions des ménages. Le concept de ménage est d'ailleurs apparu comme relativement flou, étant parfois confondu avec celui de famille.

Les premières contributions ont porté sur l'évolution de la taille et de la composition des ménages. Quel que soit le pays étudié, la transition démographique a le même impact sur les ménages, articulé en deux temps : elle provoque d'abord une augmentation de la taille des ménages en raison de l'amélioration de la survie des nouveau-nés et des adultes, puis une baisse de leur taille en raison de la baisse de la fécondité. On observe en particulier une baisse de la proportion des ménages de grande taille et une complexification de la structure des ménages (2 familles ou plus au Maroc et en Algérie, ménages tri-générationnels en Chine), et, en Chine, une hausse de la proportion des ménages de 3 personnes. Au total, les ménages vieillissent. La transition démographique apparaît comme le facteur initial des transformations de la structure des ménages, les transformations culturelles et économiques ne jouant qu'une fois la transition démographique bien amorcée. Le chômage, la crise du logement et l'allongement de la scolarisation, en compromettant les projets d'autonomie des jeunes adultes, concourent par exemple à l'accroissement de la taille des ménages (I. Attané, A. Ajbilou, A. I. Yaakoubd). Mais peut-on isoler les parts respectives des facteurs démographiques et socio-économiques ? Une contribution a proposé un modèle de prévision démographique permettant justement de distinguer la part des effets démographiques et des effets comportementaux (choix individuels et collectifs) sur l'évolution du nombre et de la taille des ménages. Ce modèle permet de prendre en compte la liaison entre la pyramide des âges et les ménages. En Suisse, sur la période 1920-1990, l'effet démographique est prépondérant tant sur la taille que sur la structure par âge des ménages (J. Menthonnex).

Un second ensemble de contributions proposait une approche dynamique du ménage, à travers les différentes étapes de sa constitution et de sa dissolution. L'accent a été mis sur la réorganisation des cycles de vie, notamment sur l'émergence et le prolongement d'une période " flexible " entre le départ de chez les parents et la naissance du premier enfant, en raison du recul de l'âge au départ de chez les parents. Alors que l'âge de la mise en couple demeure relativement stable, celui de l'âge au mariage, comme la proportion de couples mariés, évoluent diversement selon les pays européens. Les politiques familiales et fiscales expliqueraient en grande partie ces différences (L. Charton et J. Duchêne).

Le cycle de vie est également bouleversé à l'autre extrémité, après le départ des enfants. En raison de l'accroissement de l'espérance de vie, c'est la durée de vie post-parentale qui a le plus changé : celle-ci augmente, et devient supérieure à l'espérance de vie parentale. Cependant, le départ des enfants n'a que peu d'impact sur le mode de vie, et la stabilité du cadre de vie, notamment le maintien d'une chambre pour chaque enfant, révèle le désarroi que peut provoquer ce départ chez certains parents (C. Villeneuve-Gokalp).

Les implications pour le réseau familial (Séance 3)

Cette séance, organisée par Jean Kellerhals et Youssef Courbage, fut propice au croisement de la démographie et de la sociologie, et souligna le développement des approches en termes de réseaux, nouveau paradigme alternatif à l'opposition classique entre holisme et individualisme. Comment les liens familiaux se nouent-ils dans les réseaux de parenté? Comment ces réseaux se transforment-ils sous l'effet d'événements tels que naissances, entrée en institution, décès, etc.? Comment s'y concilient les recherches de solidarité et celles d'autonomie? Comment s'y exercent les contraintes familiales et les affinités choisies?

Un premier groupe de communications a porté sur l'analyse des formes de réseaux et de leurs fonctionnements. Cette analyse s'appuie souvent sur la construction de typologies de configurations familiales et de réseaux : les catégories de famille-entourage (C. Bonvalet et D. Maison), de réseau égocentré (C. Bonvalet et T. Vichnievskaïa), etc. furent définies dans ce cadre. Les formes de l'échange, produit et producteur de réseau familial, furent également étudiées comme caractéristiques des types de réseaux (L. Ortalda).

La distinction entre l'aide pécuniaire, directe et indirecte, l'aide matérielle, le soutien affectif et le conseil offre un premier critère de caractérisation des réseaux. L'étude de l'impact de l'éloignement géographique, et celle de la fréquence et de la réciprocité des échanges et de l'entraide. permettent d'approfondir la connaissance des fonctionnements des réseaux familiaux (S. Hillcoat-Nallétamby, A. Dharmaligam, I. Pool, P. Koopman-Boyden). Ainsi, il a été rappelé que les solidarités familiales s'exercent surtout verticalement, plutôt qu'entre collatéraux. Des parents vers les enfants, elles varient moins selon l'âge des parents que selon les besoins des enfants; des grands-parents vers les petits-enfants, elles dépendent cette fois plutôt de l'âge de ces derniers que de celui des premiers. Et, contrairement à certains *a priori*, les enfants des familles «monoparentales» reçoivent autant de marques de solidarité que les autres.

Une seconde partie de la séance a été consacrée aux facteurs d'activation et de modification des réseaux. Le vieillissement de la population joue ici un rôle important : le passage à la retraite de membres de la famille, et des événements tels que le veuvage ou l'entrée en institution des plus âgés, entraînent des réactions de l'ensemble du réseau (C. Delbès et J. Gaymu, A. Desesquelles). L'évolution des rôles respectifs des hommes et des femmes peut aussi être considérée comme un facteur d'activation et de transformation des réseaux, bien que les communications présentées aient plutôt incité au pessimisme et montré que le partage traditionnel des tâches n'évoluait guère (F. Crippa, A.-M. Devreux et G. Frinking) : si l'investissement des hommes dans les tâches ménagères et d'éducation dans les pays européens s'est un peu accru au premier enfant, leur désengagement paraît plus net lorsque la famille passe à deux et surtout trois enfants.

De manière plus globale, cette séance a été l'occasion d'aborder la question des réseaux familiaux en termes de genre à travers les thèmes suivants :

— rôle particulier de la femme dans la gestion des réseaux familiaux et amicaux, à travers l'étude des réseaux égocentrés (C. Bonvalet et T. Vichnievskaïa);

— influence de l'activité, de la catégorie socioprofessionnelle et du statut matrimonial de la mère sur les attitudes (différentes) de leurs filles et de leurs fils par rapport à l'institution du mariage et à l'emploi féminin (C. Clément) ;

— mobilisation différente du réseau familial auprès d'un veuf et auprès d'une veuve (C. Delbès et J. Gaymu), etc.

Dans un troisième temps, les communications ayant trait aux réseaux et aux traditions de solidarité familiale dans les pays africains ont permis de souligner qu'on ne pouvait les étudier sans tenir compte, plus largement, du contexte politique et social. Quel que soit d'ailleurs le niveau de développement du pays, il existe de fortes interactions entre le type et le niveau de protection sociale offerte, et la nature et le développement des réseaux familiaux. Lorsque la protection sociale est faible, les solidarités familiales deviennent cruciales. Les phénomènes de transition démographique que connaissent tous les pays africains à des vitesses variables, mais aussi le développement de la scolarisation et de l'activité féminine salariée remettent alors en cause les équilibres générationnels sur lesquels se construisaient les solidarités traditionnelles, obligeant à en trouver de nouveaux (J.-P. Toto, C. Vandermeersch, A. Lfarrakh, M. Maghri).

Au-delà des différentes analyses ponctuelles apportées par ces contributions, Jean Kellerhals avait introduit la séance en appelant de ses vœux le développement d'une nouvelle phase de la recherche sur les réseaux, axée sur leurs capacités d'adaptation, de correction, de rééquilibrage, de polyvalence, et cela notamment grâce à des études longitudinales, afin d'éviter des approches trop mécanistes et statiques.

La question du caractère cumulatif des travaux sur les réseaux familiaux revint justement plusieurs fois au fil des discussions. Est-on arrivé à une nouvelle étape de la réflexion sur les réseaux ? L'étude du choix de la « focale » (F. Héran) et de l'objet des enquêtes sur le sujet fournit une piste de réponse intéressante, suivant que l'on s'intéresse à l'ensemble des contacts que peuvent nouer des individus entre eux, aux relations intra-familiales formant système, ou encore à certains types particuliers d'échanges intergénérationnels (par exemple devant le problème de la dépendance). Jean Kellerhals proposa finalement de distinguer quatre étapes dans les études : a) l'identification et la quantification des contacts avec la parentèle ; b) la composition et la structure des réseaux familiaux ; c) les propriétés dynamiques de ces réseaux ; d) les aspects plus symboliques des réseaux, leur identité, leur projet.

Les implications pour la société (Séance 4)

Cette séance, organisée par Ahmed Bahri et Hervé Gauthier, visait à analyser l'impact du vieillissement démographique en termes de dépenses sociales, de dépenses d'équipements et de services, de pérennité des systèmes de retraite, et de renouvellement de la population active, dans les pays du Nord et du Sud.

Les ambiguïtés des termes « vieillissement » en français et *ageing* en anglais ont été soulevées dans les présentations et les discussions. Cette notion recouvre à la fois le phénomène d'accroissement des effectifs et de la proportion de personnes âgées, le processus de restructuration des pyramides des âges et le vieillissement individuel (I. Pool). Pour distinguer les deux premiers concepts, les termes de « gérescence » et de « gérité » devraient être respectivement employés.

Dans les pays du Nord, ce sont essentiellement les problèmes de financement des retraites et du système de santé qui ont été soulevés. Deux « solutions » ont été envisagées : d'abord une gestion plus flexible de l'âge de la retraite (Y. Montenay) et un allongement de la durée d'activité, rendu possible par l'amélioration de l'état de santé des travailleurs âgés (compression de la morbidité (I. Pool)) et par la raréfaction des emplois demandant une forte capacité physique ; ensuite, en référence au rapport de la Commission de la population des Nations unies, entendu comme scénario hypothétique, en préconisant le recours à l'immigration pour pourvoir les emplois les moins qualifiés, quitte à produire des irrégularités dans la pyramide des âges (A. Dittgen).

Le vieillissement de la population a également des implications en termes de politique de la ville. Une étude sur la région de Montréal montre que le vieillissement ralentit la suburbanisation et renforce la zone centrale. En effet, les personnes âgées migrent de la périphérie vers le centre (elles ont besoin de moins de place et d'une plus grande accessibilité des services) tandis que les flux du centre vers la périphérie sont moins nombreux (le poids des classes d'âges intermédiaires se réduit). Le recours à l'immigration internationale renforce encore la densité du centre ville (M. Termote).

Dans les pays du Sud, très hétérogènes, le vieillissement est à peine amorcé ; néanmoins, le poids des personnes âgées de plus de 60 ans et de plus de 80 ans augmente. L'accroissement de l'âge auquel les jeunes vont perdre leurs parents risque de susciter des problèmes de coexistence des générations. Les migrations vers les villes peuvent atténuer ces conflits, mais peuvent remettre en cause les solidarités familiales, favoriser l'isolement des personnes âgées et limiter leur accès aux soins. La persistance de la crise économique en Afrique sub-saharienne et en Algérie laisse craindre par ailleurs une paupérisation croissante des personnes âgées, notamment des femmes (T. Locoh et Y. Makdessi, S. Bouhdiha, O. Lebsari, D. Sari).

Les réponses politiques (Séance 5)

En raison de l'absence de nombreux orateurs initialement prévus, cette séance, organisée par Linda Hantrais et Marie-Thérèse Letablier, fut remaniée pour laisser la place, d'une part, à un exposé introductif programmatique, et d'autre part, à un débat final sur « le démographe et le politique ».

L'ensemble des communications permettait à la fois de développer une réflexion générale sur les questions philosophiques et morales de l'intervention étatique en matière démographique, et de nourrir cette réflexion par de nombreuses études de cas. Linda Hantrais proposa une grille d'analyse de l'intervention étatique suivant quatre catégories : sa nécessité, son efficacité, son acceptabilité, sa légitimité, tout en soulignant combien il est difficile d'isoler et d'évaluer l'effet autonome d'une politique publique. À travers les études nationales ou comparatives, il apparut également combien les différences de situations (notamment en termes de structure par âge) et les différences de perceptions et de valeurs, par exemple par rapport au mariage ou par rapport aux attentes face à l'État (M.-F. Valetas et É. Lelièvre) se conjuguaient pour composer un tableau très hétérogène, même au niveau européen. À travers cette séance ressortaient finalement deux grandes questions, posées au niveau national comme à celui des organismes internationaux : la première concerne la notion d'équité (A. Jourdain), qui à la suite des travaux de Rawls et de Sen est devenue un nouveau paradigme dans les approches théoriques de la redistribution et de la réduction des inégalités ; la seconde question porte sur la légitimité de l'intervention de l'État et son rythme d'adaptation par rapport aux changements démographiques et à l'évolution des mœurs.

La séance s'est achevée par un débat sur le rôle des démographes dans l'élaboration des politiques publiques. La majorité des intervenants ont considéré que les démographes n'ont pas à formuler eux-mêmes des mesures de politique familiale, économique ou sociale, et ne sont d'ailleurs pas formés à cela. Leur rôle est plutôt d'éclairer le débat public et d'offrir une expertise, notamment concernant les impacts à moyen et long termes des politiques engagées. La nécessité de s'investir dans le débat public est apparue plus forte chez les chercheurs de pays où il n'existe pas d'organisme de recherche public consacré à la démographie, dans la mesure où ils sont moins légitimés institutionnellement qu'en France, par exemple.

L'intervention dans le débat public doit aussi respecter une certaine éthique, les chercheurs devant préciser s'ils prennent part au débat à titre scientifique ou en tant que citoyens.

Cécile LEFÈVRE et Ariane PAILHÉ

Le programme général du colloque est consultable sur le site de l'Aidelf à l'adresse : http ://www.aidelf.org/

INFORMATIONS BIBLIOGRAPHIQUES

La rubrique « informations bibliographiques » propose une sélection d'ouvrages et d'articles parmi les titres récemment entrés au fonds documentaire de l'Ined. Les références qu'elle comporte sont présentées selon un plan de classement thématique. Les documents en langues rares (russe, japonais, chinois, etc.) sont volontairement peu présents. Ils sont néanmoins consultables à la Bibliothèque de l'Ined, qui possède de nombreuses collections de périodiques étrangers.

Pour plus d'informations sur l'ensemble des nouveautés, en particulier les recueils statistiques (annuaires, recensements, etc.) qui ne figurent pas ici, le lecteur consultera la base de données bibliographiques de l'Ined, sur place ou par le serveur Internet de l'Institut (http ://www. ined. fr).

SOMMAIRE

- DÉMOGRAPHIE, RECHERCHE DÉMOGRAPHIQUE, MÉTHODOLOGIE STATISTIQUE
- POPULATION MONDIALE, POPULATION PAR PAYS, PROJECTIONS DE POPULATION
- ENQUÊTES DÉMOGRAPHIQUES
- RÉPARTITION SPATIALE DE LA POPULATION, HABITAT, ENVIRONNEMENT, RESSOURCES NATURELLES
- CARACTÉRISTIQUES DE LA POPULATION
- SANTÉ, MORBIDITÉ, MORTALITÉ, ÉPIDÉMIOLOGIE
- MÉNAGE, FAMILLE
- NUPTIALITÉ, DIVORCE
- FÉCONDITÉ, CONTRACEPTION
- MIGRATIONS, POLITIQUE MIGRATOIRE
- DÉMOGRAPHIE HISTORIQUE, HISTOIRE
- SOCIÉTÉ, COMPORTEMENTS SOCIAUX
- CULTURE, ÉDUCATION, INFORMATION
- POPULATION ACTIVE, EMPLOI
- ÉCONOMIE, ÉCONOMIE DU DÉVELOPPEMENT, NIVEAU DE VIE, SÉCURITÉ SOCIALE
- ADMINISTRATION, POLITIQUE DÉMOGRAPHIQUE, LÉGISLATION

• DÉMOGRAPHIE, RECHERCHE DÉMOGRAPHIQUE, MÉTHODOLOGIE STATISTIQUE

Ouvrages

BERGOUIGNAN Christophe, Les sources administratives : un outil pour la démographie locale ; sous la dir. de Mme Chantal Blayo.– Bordeaux : Université Montesquieu-Bordeaux 4, 1999.– 2 vol. (484, 162) p. : graph., tabl. ; 24 cm

BERNDT Ernst R.,The practice of econometrics : classic and contemporary.– Reprinted ed. with corrections, February, 1996.– Reading (Mass.) : Addison-Wesley, cop. 1991.– XVIII-702 p. : photogr., tabl. ; 24 cm + 1 disquette

BERRY William D., Mitchell S. SANDERS, Understanding multivariate research : a primer for beginning social scientists.– Boulder (Colo.), USA : Westview Press, 2000.– XIII-87 p. ; 21 cm

CENTRE D'ENSEIGNEMENT ET DE RECHERCHE DE STATISTIQUE APPLIQUÉE (Paris), Tables statistiques.– Saint-Mandé : CISIA-CERESTA, 1995.– XII-163 p. : graph., tabl. ; 24 cm

De l'eugénisme d'État à l'eugénisme privé / Jean-Noël Missa, Charles Susanne, eds.– Paris ; Bruxelles : De Boeck Université, 1999.– 183 p. ; 24 cm.– (*Sciences, éthiques, sociétés*)

Enquêtes et sondages : méthodes, modèles, applications, nouvelles approches / sous la dir. de Gildas Brossier [et] Anne-Marie Dussaix.– Paris : Dunod, 1999.– XVI-365 p. : graph., tabl. ; 24 cm.– (*Sciences sup*)

GREENE William H., Econometric analysis.– 4th ed..– Upper Saddle River (N.J.) : Prentice Hall, 2000.– XXV-1004 p. ; 24 cm + 1 cédérom

POPULATION COUNCIL (États-Unis), A guide to research findings on the Cairo consensus / Population reference bureau.– New York : Population Council ; Washington, D.C. : Population reference bureau, 1999.– 68 p. ; 22 cm

Articles :

ALHO Juha M., Matti SAARI, Anne JUOLEVI, A competing risks approach to the two-sex problem.– fig., Dans : Mathematical population studies, n° 1, 2000, p. 73-90

CARTER Lawrence R., Imparting structural instability to mortality forecasts : testing for sensitive dependance on initial conditions with innovations.– fig., tabl., Dans : Mathematical population studies, n° 1, 2000, p. 31-53

CHU C. Y. Cyrus, Huei-Chung LU, Predator-prey models with endogenenous decisions.– fig., Dans : Mathematical population studies, n° 1, 2000, p. 55-71

NAN Li, Marcus W. FELDMAN, Shripad TULJAPURKAR, Sex ratio at birth and son preference.– fig., Dans : Mathematical population studies, n° 1, 2000, p. 91-107

Reconstructing susceptible and recruitment dynamics from measles epidemic data / Georgiy V. Bobashev, Stephen P. Ellner, Douglas W. Nychka, Bryan T. Grenfell.– fig., tabl., Dans : Mathematical population studies, n° 1, 2000, p. 1-29

Special issue : new directions in demographic theory.– fig., Dans : Mathematical population studies, n° 1, 2000, p. 91-107

• POPULATION MONDIALE, POPULATION PAR PAYS, PROJECTIONS DE POPULATION

Ouvrages :

ARGENTINE. Instituto nacional de estadistica y censos, Situacion y evolucion social provincial : Buenos Aires.– Buenos Aires : INDEC, 1998.– 269 p. : tabl. ; 25 cm.– (*Serie Sintesis* n°1)

AUSTRALIE. Bureau of Statistics, Australia : population projections : 1999 to 2101 ; [réd. par] Dennis Trewin.– Canberra : Australian Bureau of Statistics, 2000.– 160 p. : graph., tabl., pyram. ; 30 cm

DI COMITE Luigi, Eros MORETTI, Geopolitica del Mediterraneo.– Roma : Carocci, 1999.– 167 p. : cartes, graph., tabl. ; 22 cm.– (*Biblioteca di testi e studi* ; 96. *Geografia*)

EBERSTADT Nicholas, Prosperous paupers and other population problems.– New Brunswick [N.J.], USA : Transaction Publishers, 2000.– X-272 p. : graph., tabl. ; 24 cm

HOCKINGS Paul, Kindreds of the earth : Badaga household structure and demography ; with a forework by John C. Caldwell.– New Delhi ; Thousand Oaks (Calif.) : Sage publications, 1999.– 302 p.- [17] p. de pl. : graph., tabl. ; 22 cm

MAESTRIA EN DEMOGRAFIA (Cordoba), Estimacion y proyeccion de la poblacion de la provincia de Cordoba : 1991-2005 / Universidad nacional de Cordoba, Facultad de ciencias economicas, Centro de estudios avanzados.– Cordoba (Argentine) : Copiar, 1999.– 97 p. : graph., pyram., tabl. ; 22 cm

OBSERVATOIRE DU DÉVELOPPEMENT DE LA RÉUNION, Actes du séminaire du 26 novembre 1999 / Institut austral de démographie.– Saint-Denis : Observatoire du développement de la Réunion, 1999.– 132 p. : cartes, fig., tabl. ; 30 cm

Articles :

FARNSWORTH RICHE Martha, America's diversity and growth : signposts for the 21st century.– fig., tabl., Dans : Population bulletin, n° 2, june 2000, 43 p.

GRÜNHEID Evelyn, Juliane ROLOFf, Die demographische Lage in Deutschland 1999 mit dem Teil B «Die demographische Entwicklung in den Bundesländern : ein Vergleich».– fig., tabl., Dans : Zeitschrift für Bevölkerungswissenschaft, n° 1, 2000, p. 3-150

Premiers résultats de la collecte de données démographiques pour 1999 en Europe.– fig., tabl., Dans : Statistiques en bref, n° 10/2000, 7 p.

THOMSIN Laurence, La reprise démographique rurale en Wallonie et en Europe du Nord-Ouest.– tabl., cartes, Dans : Espace, populations, sociétés, n° 1, 2000, p. 83-99

• **ENQUÊTES DÉMOGRAPHIQUES**

Ouvrages :

MACRO INTERNATIONAL (États-Unis), Turkish demographic and health survey 1998 / Hacettepe University, Institute of population studies ; Macro international.– Ankara : Hacettepe University, Institute of population studies ; Calverton (Md.),

USA : Macro International, 1999.– XVIII-338 p. : cartes, graph., tabl. ; 28 cm

Turkey : demographic and health survey 1998, Reproductive health survey Georgia, 1999 : preliminary report / National center for disease control, Center for medical statistics and information, Ministry of health and social affairs, Georgia...[*et al.*] ; prepared by Florina Serbanescu, Leo Morris, Nick Nutsubidze...[*et al.*].– Atlanta : Centers for disease control and prevention, 2000.– 129 p. : tabl. ; 30 cm

Articles :

Nicaragua 1998 : results of the Demographic and health survey.– fig., tabl., Dans : Studies in family planning, n° 2, June 2000, p. 178-182

Philippines 1998 : results of the Demographic and health survey.– fig., tabl., Dans : Studies in family planning, n° 2, June 2000, p. 183-187

• RÉPARTITION SPATIALE DE LA POPULATION, HABITAT, ENVIRONNEMENT, RESSOURCES NATURELLES

Ouvrages :

ACTION CONTRE LA FAIM, Géopolitique de la faim : édition 2000.– Paris : Presses universitaires de France, 1999.– 404 p. : cartes, photogr. ; 24 cm

FOURCAUT Annie, La banlieue en morceaux : la crise des lotissements défectueux en France dans l'entre–deux–guerres.– Grâne (Drôme) : Créaphis, 2000.– 339 p. : ill. ; 23 cm

Logements de passage : formes, normes, expériences / sous la dir. de Claire Lévy-Vroelant ; préf. d'Hervé Vieillard-Baron.– Paris : L'Harmattan, 2000.– 297 p. : tabl. ; 24 cm.– (*Habitat et sociétés*)

People in the balance : population and natural resources at the turn of the millennium / Robert Engelman, Richard P. Cincotta, Bonnie Dye...[*et al.*].– Washington, D.C. : Population action international, 2000.– 31 p. : cartes, graph., tabl. ; 22 cm

RÉSEAU SOCIO-ÉCONOMIE DE L'HABITAT (France), Logement et habitat : bibliographie commentée ; sous la dir. de Catherine Bonvalet, Jacques Brun, Marion Segaud.– Paris : La Documentation française, 2000.– 251 p. ; 24 cm

Articles :

ANTONOVIC Jelena, Starenje seoskog stanovnistva Jugoslavij = Aging of rural population in Yugoslavia.– fig., tabl., pyram., Dans : Stanovnistvo, vol. XXXVII n° 1-4, januar-decembar 1999, p. 73-92

FRANTZ Klaus, Gated communities in the USA : a new trend in urban development.– fig., tabl., cartes, Dans : Espace, populations, sociétés, n° 1, 2000, p. 101-113

GARCIA BALLESTEROS Aurora, Different spatial approaches in geodemographic studies, Dans : Espace, populations, sociétés, n° 1, 2000, p. 9-15

• CARACTÉRISTIQUES DE LA POPULATION

Ouvrages :

CENTRE NATIONAL DE LA RECHERCHE SCIENTIFIQUE (France), Travailler le temps libre : la construction de l'insertion sociale des jeunes : une enquête longitudinale : rapport final ; Université de Caen, Maison de la recherche en sciences humaines.– Caen : MRSH, 2000.– 228 p. : graph., tabl. ; 30 cm

CHAFETZ Janet Saltzman, Handbook of the sociology of gender.– New York : Kluwer Academic : Plenum, 1999.– XIII-630 p. : graph., tabl. ; 26 cm.– (*Handbooks of sociology and social research*)

COMMUNAUTÉS EUROPÉENNES. Direction générale de l'emploi, des relations industrielles et des affaires sociales, L'égalité des chances pour les femmes et les hommes dans l'Union européenne : rapport annuel 1999 / Commission européenne, Direction générale de l'emploi, des relations industrielles et des affaires sociales.– Luxembourg : Office des publications officielles des Communautés européennes, 2000.– 28 p. ; 30 cm.– (*Emploi & affaires sociales. Egalité entre femmes et hommes*)

Envejecimiento y sociedad : una perspectiva internacional / Coordinadora : Maria Teresa Bazo ; Benjamin Garcia Sanz, Concepcion Maiztegu. Onate, Jesus Martinez Paricio ; presentacion : José Manuel Ribera Casado.– Madrid : Editorial Medica Panamericana, 1999.– 138 p. : graph., tabl. ; 24 cm.– (*Gerontologia social*)

FONDS DES NATIONS UNIES POUR L'ENFANCE. The progress of nations 2000 / United Nations children's fund.– New York : UNICEF, 2000.– 38 p. : graph., photogr., tabl. ; 30 cm

FONDS DES NATIONS UNIES POUR L'ENFANCE.. Centre de recherche Innocenti, A league table of child poverty in rich nations.– Florence : UNICEF Innocenti research centre, 2000.– 28 p. : graph., tabl. ; 30 cm.– (*Innocenti report card*)

FONDS DES NATIONS UNIES POUR L'ENFANCE. Centre de recherche Innocenti, La violence domestique à l'égard des femmes et des filles.– Florence : Centre de recherche Innocenti de l'UNICEF, 2000.– 28 p. ; 30 cm.– (*Digest innocenti*)

FONDS DES NATIONS UNIES POUR L'ENFANCE.. Centre international pour le développement de l'enfant, Children at risk : perils and promises.– Florence : UNICEF, 1997.– X-170 p. : fig. ; 24 cm.– (*Regional monitoring report*)

Les années collège : enquête santé HBSC 1998 auprès des 11-15 ans en France / réd. Emmanuelle Godeau; sous la dir. de Christiane Dressen, Félix Navarro; avec la collab. de Geneviève Mouret, Benoît Jeunier; préf. de Ségolène Royal; postf. de Philippe Jeammet.– Vanves : Ed. CFES, 2000.– 114 p. : fig., graph., photogr. ; 24 cm.– (*Baromètres*)

NATIONS UNIES. Commission économique et sociale pour l'Asie et le Pacifique, A demographic perspective on women in development in Cambodia, Lao People's Democratic Republic, Myanmar and Viet Nam.– New York : United Nations, 1998.– XVI-135 p. : tabl. ; 30 cm.– (*Asian population studies series*; 148)

NIMAL Patricia, Willy LAHAYE, Jean-Pierre POURTOIS, Logiques familiales d'insertion sociale : étude longitudinale des trajectoires de jeunes adultes.– Bruxelles : De Boeck Université, 2000.– 229 p. : graph. ; 24 cm.– (*Pédagogies en développement*)

PARIS. Direction de l'action sociale, de l'enfance et de la santé. Centre de Chaligny, Vieillir à Paris : quels choix de vie à l'horizon 2010?.– Paris : Mairie de Paris, Direction de l'action sciale, de l'enfance et de la santé, 2000.– 2 vol. (271-270 p.) : graph., tabl. ; 24 cm.– (*Les Cahiers de Chaligny*)

Articles :

Domestic violence in the South Asian immigrant community : special issue / guest ed. : Helen E. Sheehan, Rafael Art, Javier and Theresa Thanjan.– tabl., Dans : Journal of social distress and the homeless, n° 3, July 2000, p. 167-259

Droit et personnes âgées.– fig., tabl., Dans : Gérontologie et société, n° 93, 2000, p. 6-228

FIRDION Jean-Marie, Une revue de la littérature sur les jeunes sans domicile, Dans : Recherches et prévisions, n° 60, juin 2000, p. 79-109

Gender in the 21st century.– tabl., Dans : Gender and development, n° 1, March 2000, 119 p.

GRIMMEAU Jean-Pierre, Véronique VERBEKE, Comparaison des structures par âge des pays européens.– fig., cartes, Dans : Espace, populations, sociétés, n° 1, 2000, p. 71-81

La jeunesse en mutation.– fig., tabl., Dans : Revue internationale des sciences sociales, n° 164, juin 2000, p. 147-277

Parcours et détours : insertion sociale et professionnelle des jeunes haut-normands.– fig., tabl., Dans : Cahier d'Aval, n° 55, août 2000, 60 p.

PARRA CASADO Daniel La, Desigualdades de género durante la transicion a la vida adulta : estudio exploratorio.– tabl., Dans : Papers, n° 61, 2000, p. 113-124

SANCHEZ VERA Pedro, Sociologia de la vejez, versus economia de la vejez.– tabl., Dans : Papers, n° 61, 2000, p. 39-88

SILVER Catherine B., Obligations et responsabilités familiales aux États-Unis et au Japon.– tabl., fig., Dans : Retraite et société, n° 31, 2000, p. 55-67

YOON In-Jin, Forced relocation, language use, and ethnic identity of Koreans in Central Asia.– fig., tabl., Dans : Asian and Pacific migration journal, n° 1, 2000, p. 35-64

• SANTÉ, MORBIDITÉ, MORTALITE, ÉPIDEMIOLOGIE

Ouvrages :

ÉTATS-UNIS. International programs center. Health Studies Branch, Recent HIV seroprevalence levels by country : June 2000 / U.S. Census bureau, Population division.– Washington, D.C. : U.S. Bureau of the Census, 2000.– VII-65 p. : cartes, graph., tabl.; 28 cm.– (*Research note*; 27)

FRANCE. Direction de la recherche, des études, de l'évaluation et des statistiques, Données sur la situation sanitaire et sociale en France en 1999 : édition 2000.– Paris : La Documentation française, 2000.– 154 p. : cartes, graph., tabl.; 24 cm.– (*Études et statistiques / DREES*)

Global forum for health research, The 10/90 report on health research 2000 : overview of the Global forum, complementary approaches for priority setting, progress in methodological issues, priority areas in health research, advances in selected priority areas, progress in initiatives, capacity development.– Geneva : Global forum for health research, 2000.– XIX-155 p. : fig., tabl.; 27 cm

Les inégalités sociales de santé / sous la dir. de Annette Leclerc, Didier Fassin, Hélène Grandjean, Monique Kaminski, Thierry Lang.– Paris : La Découverte : Inserm, 2000.– 448 p. : cartes, graph., tabl.; 24 cm.– (*Recherches*)

OBSERVATOIRE RÉGIONAL DE SANTÉ (Île-de-France), La mortalité des jeunes de 10 à 29 ans en Ile-de-France; étude réalisée par Philippe Pépin et Isabelle Grémy.– Paris : ORS Ile-de-France, 2000.– 69 p. : graph., tabl.; 30 cm.– (*Mortalité des jeunes*)

ORGANISATION MONDIALE DE LA SANTÉ, Rapport sur la santé dans le monde 2000 : pour un système de santé plus performant.– Genève : Organisation mondiale de la santé, 2000.– XX-237 p. : cartes, fig., tabl.; 26 cm

PÉPIN Philippe, La mortalité infantile en Île-de-France : comparaison des situations nationale et régionale : analyse détaillée de la situation en 1988-1992 : les raisons d'une évolution décevante en Île-de-France; sous la dir. de M. Alain Norvez.– Paris : Université Paris 1-Panthéon-Sorbonne, 1999.– 2 vol. (328) p. : cartes, graph., tabl.; 24 cm

The Cambridge encyclopedia of human growth and development / ed. by Stanley J. Ulijaszek, Francis E. Johnston, Michael A. Preece.– Cambridge (UK) : Cambridge University Press, 1998.– XII-497 p. : graph., tabl., ill.; 29 cm

Articles :

BIRG Herwig, An approach for forecasting life expectancy and its application in Germany.– tabl., Dans : Zeitschrift für Bevölkerungswissenschaft, n° 1, 2000, p. 175-198

COHEN Alex, Excess female mortality in India : the case of Himachal Pradesh, Dans : American journal of public health, n° 9, September 2000, p. 1369-1371

DOBLHAMMER Gabriele, Reproductive history and mortality later in life : a comparative study of England and Wales and Austria.– fig., tabl., Dans : Population studies, n° 2, July 2000, p. 169-176

DESQUEYROUX H., I. MOMAS, Pollution atmosphérique et santé : une synthèse des études longitudinales de panel publiées de 1987 à 1998, Dans : Revue d'épidémiologie et de santé publique, n° 4, septembre 1999, p. 361-375

Environment and health : special theme.– tabl., Dans : Bulletin of the World Health Organization, n° 9, 2000, p. 1067-1171

FRIED Linda P., Epidemiolgy of aging, Dans : Epidemiologic reviews, n° 1, 2000, p. 95-106

GJONÇA Arjan, Hilke BROCKMANN, Heiner MAIER, Old-age mortality in Germany prior to and after reunification.– fig., tabl., Dans : Demographic research, vol. 3, article 1, 12 july 2000, 29 p.

GRAY Ronald H., Stan BECKER, Selected topics in the epidemiology of reproductive outcomes, Dans : Epidemiologic reviews, n° 1, 2000, p. 35-56

HUSSAIN R., A. H. BITTLES, Sociodemographic correlates of consanguineous marriage in the muslim population of India.– fig., tabl., Dans : Journal of biosocial science, n° 4, October 2000, p. 433-442

JOHNSON Nan E., Jacob J. CLIMO, Special issue : aging and eldercare in lesser developed countries.– tabl., Dans : Journal of family issues, n° 6, September 2000, p. 683-805

JOHNSON Nan E., The racial crossover in comorbidity, disability, and mortality.– tabl., Dans : Demography, n° 3, August 2000, p. 267-283

JOHNSON Nan E., Jacob J. CLIMO,, Special issue : aging and eldercare : facing the 21st century in more developed countries.– tabl., Dans : Journal of family issues, n° 5, July 2000, p. 531-674

KUMAR DATTA Ashish, Radheshyam BAIRAGI, Improvement in female survival : a quiet revolution in Bangladesh.– fig., tabl., Dans : Asia-Pacific population journal, n° 1, March 2000, p. 19-40

LINET Martha S., Evolution of cancer epidemiology, Dans : Epidemiologic reviews, n° 1, 2000, p. 35-56

NOTKOLA Veijo, Ian M. TIMAEUS, Harri SIISKONEN, Mortality transition in the Ovamboland region of Namibia, 1930-1990.– fig., tabl., Dans : Population studies, n° 2, July 2000, p. 153-167

PEDERSEN Jon, Determinants of infant and child mortality in the West Bank and Gaza Strip.– tabl., Dans : Journal of biosocial science, n° 4, October 2000, p. 527-546

PICKLE L. Williams, Exploring spatio-temporal patterns of mortality using mixed effects models, Dans : Statistics in medicine, n° 17/18, 2000, p. 2251-2264

REHER David Sven, Alberto SANZ-GIMENO, Mortality and economic development over the course of modernization : an analysis of short-run fluctuations in Spain, 1850-1990.– fig., tabl., Dans : Population studies, n° 2, July 2000, p. 135-152

VAN DEN OORD Edwin J. C. G., David C. ROWE, Racial differences in birth health risk : a quantitative genetic approach.– tabl., Dans : Demography, n° 3, August 2000, p. 285-298

• MÉNAGE, FAMILLE

Ouvrages :

CADOLLE Sylvie, Être parent, être beau-parent : la recomposition de la famille ; préf. d'Irène Théry.– Paris : O. Jacob, 2000.– 304 p. ; 22 cm

CADOLLE Sylvie, La relation beau-parent bel-enfant dans les familles recomposées : des représentations communes aux trajectoires identitaires ; sous la dir. de Madame Irène Théry.– Paris : Institut des études politiques de Paris, 1998.– 2 vol. (709) p. ; 24 cm

FAGNANI Jeanne, Un travail et des enfants : petits arbitrages et grands dilemmes.– Paris : Bayard, 2000.– 197 p. ; 22 cm.– (*Société*)

FIZE Michel, À mort la famille! : plaidoyer pour l'enfant.– Ramonville Saint-Agne (Haute-Garonne) : Erès, 2000.– 223 p. ; 22 cm.– (*Sociologie de la vie quotidienne*)

Handbook on grandparenthood / ed. by Maximiliane E. Szinovacz.– Westport (Conn.); London : Greenwood Press, 1998.– VIII-364 p.; 24 cm

HAREVEN Tamara K., Families, history and social change : life-course and cross-cultural perspectives.– Boulder (Colo.), USA : Westview Press, 2000.– XXVI-374 p.; 23 cm

Homoparentalités : état des lieux : colloque APGL 1999 « Parentés et différence des sexes » / sous la dir. de Martine Gross.– Issy-les-Moulineaux : ESF, 2000.– 303 p.; 24 cm.– (*La vie de l'enfant*)

LENSEL Denis, Jacques LAFOND, La famille à venir : une réalité menacée mais nécessaire; préf. de Jean Foyer.– Paris : Economica, 2000.– VIII-241 p.; 24 cm

PILON Marc, Ménages et familles en Afrique sub-saharienne : du village à la capitale, entre permanence et changement : l'exemple de la société Moba-Gurma du Togo; sous la dir. de Yves Charbit.– Paris : Université René Descartes, 2000.– 509 p. : graph., tabl.; 30 cm

Regards sur le droit de la famille dans le monde : [1995] = The international survey of family law : 1995 / sous la dir. de Jacqueline Rubellin-Devichi; éd. par l'Association internationale de droit de la famille; éd. française Centre de droit de la famille.– Lyon : Presses universitaires de Lyon, 1999.– 534 p.; 24 cm

SEGALEN Martine, Sociologie de la famille.– 5e éd..– Paris : A. Colin, 2000.– 293 p. : fig., tabl.; 24 cm.– (*Collection U. Sociologie*)

Articles :

BOBIC Mirjana, Savremena seoska porodica i domacinstvo u Jugoslaviji = Modern rural family and household in Jugoslavia.– tabl., Dans : Stanovnistvo, vol. XXXVII n° 1-4, januar-decembar 1999, p. 93-118

GRUNDY Emily, Co-residence of mid-life children with their elderly parents in England and Wales : changes between 1981 and 1991.– fig., tabl., Dans : Population studies, n° 2, July 2000, p. 193-206

SEYS François-Olivier, Formation et dissolution des familles dans la Slovaquie de la transition.– fig., cartes, Dans : Espace, populations, sociétés, n° 1, 2000, p. 17-31

WAGNER Michael, Gabriele FRANZMAN, Die Pluralisierung der Lebensformen.– tabl., Dans : Zeitschrift für Bevölkerungswissenschaft, n° 1, 2000, p. 151-173

ZHAO Zhongwei, Coresidential patterns in historical China : a simulation study.– fig., tabl., Dans : Population and development review, n°2, June 2000, p. 263-293

• **NUPTIALITÉ, DIVORCE**

Ouvrages :

FRANCE. Sénat, Rapport d'information sur les auditions publiques relatives à la proposition de loi de M. Nicolas About... visant à remplacer la procédure de divorce pour faute par une procédure de divorce pour cause objective, Session ordinaire de 1999-2000; fait au nom de la commission des Lois constitutionnelles, du suffrage universel, du Règlement et de l'administration générale; [réd.] par M. Jacques Larché.– [Paris] : Sénat, 1999-2000.– 141 p.; 24 cm.– (*Impressions 1999-2000 / Sénat Les rapports du Sénat*) Actualité de la loi de 1975 sur le divorce : auditions publiques

SMART Carol, Pippa STEVENS, Cohabitation breakdown.– London : Family Policy Studies Centre : J. Rowntree foundation, 2000.– 53 p. : graph.; 30 cm.– (*Family & Parenthood. Policy & Practice*)

Articles :

FESTY Patrick, Le déclin du mariage?, Dans : Futuribles, n° 255, juillet-août 2000, p. 69-88

Rude-Antoine Edwige, Le mariage des Marocains et des Vietnamiens en France : contrainte, persuasion ou liberté.– fig., Dans : Hommes et migrations, n° 1227, septembre-octobre 2000, p. 77-86

• Fécondité, Contraception

Ouvrages :

Brugeilles Carole, La fécondité et les comportements reproductifs à la frontière Mexique-États-Unis ; sous la dir. de Mme Maria Eugenia Cosio-Zavala.– Paris : Université Paris 3-Sorbonne nouvelle, 1998.– 534 p. : tabl. ; 24 cm

La Rochebrochard Élise de, Modélisation de la baisse de la fertilité avec l'âge de la femme et l'âge de l'homme ; sous la dir. de Henri Leridon.– Paris : Université Pierre et Marie Curie, 2000.– 438 p. : graph., tabl. ; 30 cm

Madhavan Sangeetha, Collaboration and conflict among women in rural Mali : effects on fertility and child survival.– Ann Arbor (Mich.) : UMI, 1998.– XV-247 p. : tabl. ; 22 cm

Unité de recherches épidémiologiques sur la santé périnatale et la santé des femmes (Paris), Enquête nationale périnatale 1998 / Inserm (U 149) ; rapport réd. par Béatrice Blondel, Joanna Norton, Christiane du Mazaubrun, Gérard Bréart.– Paris : Inserm, [ca 2000].– 25-[52] p. ; 30 cm

Uzan Michèle, Rapport sur la prévention et la prise en charge des grossesses des adolescentes.– [Paris] : [ministère de l'Emploi et de la Solidarité], 1998.– [33] p. : graph., tabl. ; 30 cm

Articles :

Boggess Scott, Carolyn Bradner, Trends in adolescent males' abortion attitudes, 1988-1995 : differences by race and ethnicity.– tabl., Dans : Family planning perspectives, n° 3, May-June 2000, p. 118-123

Buber Isabella, Alexia Prskawetz, Fertility in second unions in Austria : findings from the Austrian FFS.– fig., tabl., Dans : Demographic research, vol. 3, article 2, 17 july 2000, 44 p.

Colombo Bernardo, Guido Masarotto, Daily fecundability : first results from a new data base.– fig., tabl., Dans : Demographic research, vol. 3, n° 5, 6 September 2000, 38 p.

Edlund Lena, Son preference, sex ratios, and marriage patterns, Dans : Journal of political economy, n° 6, part 1, December 1999, p. 1275-1304

Fisher Kate, Uncertain aims and tacit negociations : birth control practices in Britain, 1925-50.– fig., Dans : Population and development review, n° 2, June 2000, p. 295-317

Foster Caroline, The limits to low fertility : a biosocial approach.– fig., Dans : Population and development review, n°2, June 2000, p. 209-234

Hinde Andrew, Akim J. Mturi, Recent trends in Tanzanian fertility.– fig., tabl., Dans : Population studies, n° 2, July 2000, p. 177-191

Hogan Dennis P., Rongjun Sun, Gretchen T. Cornwell, Sexual and fertility behaviors of American females aged 15-19 years : 1985, 1990, and 19951.– fig., Dans : American journal of public health, n° 9, September 2000, p. 1421-1425

Kannisto Väinö, Measuring the compression of mortality.– fig., tabl., Dans : Demographic research, vol. 3, n° 6, 12 September 2000, 23 p.

Kohler Hans-Peter, Social interactions and fluctuations in birth rates.– fig., tabl., Dans : Population studies, n° 2, July 2000, p. 223-237

KOHLER Hans-Peter, Jere R. BEHRMAN, Susan Cotts WATKINS, Empirical assessments of social networks, fertility and family planning programs : nonlinearities and their implications.– fig., tabl., Dans : Demographic research, vol. 3, n° 7, 20 September 2000, 36 p.

KRAVDAL Oystein, A search for aggregate-level effects of education on fertility, using data from Zimbabwe.– tabl., Dans : Demographic research, vol. 3, article 3, 4 August 2000, 35 p.

La situation périnatale en France en 1998.– tabl., Dans : Études et résultats, n° 73, juillet 2000, 8 p.

LARSEN Ulla, Sharon YAN, Does female circumcision affect infertility and fertility? : A study of the Central African Republic, Côte d'Ivoire, and Tanzania.– tabl., Dans : Demography, n° 3, August 2000, p. 313-321

MACUNOVICH Diane J., Relative cohort size : source of a unifying theory of global fertility transition?.– fig., Dans : Population and development review, n° 2, June 2000, p. 235-261

MANNING Wendy D., Monica A. LONGMORE, Peggy C. GIORDANO, The relationship context of contraceptive use at first intercourse.– tabl., Dans : Family planning perspectives, n° 3, May-June 2000, p. 104-110

OPPENHEIM MASON Karen, Herbert L. SMITH, Husbands' versus wives fertility goals and use of contraception : the influence of gender context in five Asian countries.– tabl., Dans : Demography, n° 3, August 2000, p. 299-311

Patterns of contraceptive use in 5 European countries / Angela Spinelli, Irene Figà Talamanca, Laura Lauria... [et al.].– tabl., Dans : American journal of public health, n° 9, September 2000, p. 1403-1408

PENEV Goran, Prirodno kretanje seoskog stanovnistva Jugoslavije sa posebnim osvrtom na fertilitet pocetkom 1990-ih = Natural movement of the rural population of Yugoslavia with an emphasis on fertility in the early 90s.– tabl., Dans : Stanovnistvo, vol. XXXVII n° 1-4, januar-decembar 1999, p.45-72

Politics and fertility : a new approach to population policy analysis / L. Lush, J. Cleland, K. Lee, G. Walt.– fig., tabl., Dans : Population research and policy review, n° 1, February 2000, p. 1-28

RASHAD Hoda, Demographic transition in Arab countries : a new perspective.– tabl., Dans : Journal of population research, n° 1, May 2000, p. 83-101

RYCHTARIKOVA Jitka, Demographic transition or demographic shock in recent population development in the Czech Republic?.– fig., tabl., Dans : Acta universitatis carolinae, n° 1, 2000, p. 89-102

RYCHTARIKOVA Jitka, Is Eastern Europe experiencing a second demographic transition?.– fig., Dans : Acta universitatis carolinae, n° 1, 1999, p. 19-44

Violence and reproductive health / ed. by Alison M. Spitz and James S. Marks.– fig., tabl., Dans : Maternal and child health journal, n° 2, June 2000, p. 77-154

• **MIGRATIONS, POLITIQUE MIGRATOIRE**

Ouvrages :

BERHIL Mohammed, Les jeunes dans le territoire marginalisé : les jeunes issus de l'immigration maghrébine et leur intégration socio-économique en France : étude de cas : Castellane, Marseille, métropole méditerranéenne : la Noé, Chantelou-les-Vignes, métropole francilienne; sous la dir. de M. Jean-Paul Ferrier.– Aix-Marseille : Université de Provence, 1998.– 244 p. : graph., tabl. ; 24 cm

BLANC-CHALÉARD Marie-Claude, Les Italiens dans l'Est parisien : une histoire d'intégration : 1880-1960.– Rome : Ecole française de Rome, 2000.– XVI p. de pl.– 803 p. : cartes, graph., tabl. ; 24 cm.– (Coll. de l'Ecole française de Rome; 264)

CENTRE D'OBSERVATION ET DE RECHERCHE SUR L'URBAIN ET SES MUTATIONS (Lyon), Modes de vie et intégration des enfants et adolescents issus de familles africaines subsahariennes : rapport final (ISM Rhône-Alpes CORUM); sous la dir. de Jacques Barou, Annie Maguer...[et al.].– Lyon : CORUM, 1999.– 182 p. ; 30 cm

EUROSTAT, Patterns and trends in international migration in Western Europe; [réd. par] John Salt, James Clarke, Sandra Schmidt...[et al.].– Luxembourg : Office for official publications of the European communities, 2000.– VIII-198 p. : cartes, graph., tabl. ; 30 cm.– (*Theme 3. Population and social conditions. Studies and research*)

EUROSTAT, Push and pull factors of international migration : a comparative report.– Luxembourg : Office for official publications of the European communities, 2000.– XXI-161 p. : graph., tabl., pyram. ; 30 cm.– (*Theme 1. General statistics. Studies and research*)

FELD Serge, Altay MANÇO, L'intégration des jeunes d'origine étrangère dans un société en mutation : l'insertion scolaire, socioculturelle et professionnelle en Belgique francophone.– Paris : L'Harmattan, 2000.– 217 p. : graph., tabl. ; 22 cm.– (*Logiques sociales*)

FRANCE. Direction de la population et des migrations, Rapport d'activité de la Direction de la population et des migrations. 1999.– Paris : ministère de l'Emploi et de la Solidarité, 2000.– 64 p. ; 16 cm

FRANCE. Sénat, Rapport d'information sur la coopération européenne dans le domaine de l'immigration , Session ordinaire de 1999-2000; fait au nom de la commission des Affaires étrangères, de la défense et des forces armées; [réd.] par M. Paul Masson.– [Paris] : Sénat, 1999-2000.– 53 p. ; 24 cm.– (*Impressions. 1999-2000 / Sénat Les rapports du Sénat*) L'Europe face à l'immigration : quels objectifs? : quels moyens?

FRANCE. Sous-direction des naturalisations, La politique de la nationalité en 1998 : données chiffrées et commentaires / inistère de l'Emploi et de la Solidarité, Direction de la population et des migrations.– Paris : Ministère de l'emploi et de la solidarité, 2000.– 146 p. : cartes, graph., tabl. ; 24 cm

Gender and migration / ed. by Katie Willis and Brenda Yeoh.– Cheltenham, UK ; Northampton (Mass.), USA : Edward Elgar, 2000.– XXII-535 p. ; 25 cm.– (*The international library of studies on migration*; 10)

Migration, diasporas and transnationalism / ed. by Steven Vertovec and Robin Cohen.– Cheltenham, UK; Northampton (Mass.), USA : Edward Elgar, 1999.– XXVIII-663 p. : tabl. ; 25 cm.– (*The international library of studies on migration*; 9)

Migration and public policy / ed. by Vaughan Robinson.– Cheltenham, UK; Northampton (Mass.), USA : Edward Elgar, 1999.– XXXIV-645 p. : graph., tabl. ; 25 cm.– (*The international library of studies on migration*; 8)

Migration and social cohesion / ed. by Steven Vertovec.– Cheltenham, UK; Northampton (Mass.), USA : Edward Elgar, 1999.– XXXVII-534 p. ; 25 cm.– (*The international library of studies on migration*; 7)

Minorities in European cities : the dynamics of social integration and social exclusion at the neighbourhood level / ed. by Sophie Body-Gendrot and Marco Martiniello.–

London : Macmillan Press; New York : St. Martin s Press, 2000.– XVIII-262 p. : cartes, tabl.; 23 cm.– (*Migration, minorities and citizenship*)

NATIONS UNIES. Haut Commissariat pour les réfugiés, Refugees and others of concern to UNHCR : 1999 statistical overview / Statistical Unit, United Nations High Commissioner for Refugees.– Geneva : United Nations High Commissioner for Refugees, 2000.– 114 p. : tabl.; 30 cm

OFFICE DES MIGRATIONS INTERNATIONALES (France), Omi classeur : réglementation de l'immigration.– Paris : Omi, 1998.– 11 fasc. : tabl.; 32 cm.– (*Les cahiers de l'Omi*)

SIMON Julian Lincoln, The economic consequences of immigration.– 2nd ed..– Ann Arbor (Mich.) : The University of Michigan Press, 1999.– XXXIV-434 p. : fig., tabl.; 23 cm

Articles :

AL-QUDSI Sulayman, Profiles of refugee and non-refugee Palestinians from the Palestinians from the West Bank and Gaza.– tabl., Dans : International migration, n° 4, 2000, p. 79-107

BOLZMAN Claudio, Rosita FIBBI, Maria VIAL, Modos de insercion socioprofesional, practicas socioculturales y pertenencias identitarias : el ejemplo de los jovenes adultos de origen espanol e italiano en Suiza.– tabl., Dans : Migraciones, n° 6, 1999, p. 61-84

BONIFAZI Corrado, Frank HEINS, Long-term trends of internal migration in Italy, Dans : International population geography, vol. 6, n° 2, March-April 2000, p. 111-132

BONNEUIL Noël, Nadia AURIAT, Fifty years of etnic conflict and cohesion, 1945-94.– fig., Dans : Journal of peace research, n° 5, September 2000, p. 563-581

CORDERO-GUZMAN Héctor, Ramon GROSFOGUEL, The demographic and socio-economic characteristics of post-1965 immigrants to New York city : a comparative analysis by national origin.– tabl., Dans : International migration, n° 4, 2000, p. 41-77

DJAMBA Yanyi K., Sidney Goldstein, Alice GOLDSTEIN, Migration and occupational changes during periods of economic transition : women and men in Vietnam.– tabl., Dans : Asian and Pacific migration journal, n° 1, 2000, p. 65-92

HUGO Graeme, The crisis and international population movement in Indonesia.– fig., tabl., cartes, Dans : Asian and Pacific migration journal, n° 1, 2000, p. 93-129

HUSSON Laurence, Yves CHARBIT (coord.), Dynamiques migratoires en Asie orientale.– cart., fig., tabl., Dans : Revue européenne des migrations internationales, n° 1, 2000, 266 p.

Inmigracion femenina en el sur de Europa.– tabl., Dans : Papers, n° 60, 2000, 413 p.

JANSKA Eva, Immigration policy in the Czech Republic.– fig., tabl., Dans : Acta universitatis carolinae, n° 1, 2000, p. 117-138

LAMELA VIERA Carmen, Relaciones y desigualdades de género como mecanismo de seleccion en los procesos migratorios.– tabl., Dans : Migraciones, n° 6, 1999, p. 105-127

MCDONALD Peter *et al.*, Net migration and migration effectiveness : a comparison between Australia and the United Kingdom, 1976-96. Part 1 : Total migration patterns.– fig., tabl., Dans : Journal of population research, n° 1, May 2000, p. 17-38

Perspectives on trafficking of migrants.– tabl., Dans : International migration, n° 3, special issue 1/2000, 131 p.

Problems and solutions in the measurement of migration intensities : Australia and Britain compared / Philip Rees, Martin Bell, Oliver Duke-Williams, Marcus Blake.– fig., tabl., Dans : Population studies, n° 2, July 2000, p. 207-222

ROTTE Ralph, Immigration control in United Germany : toward a broader scope of national policies.– tabl., Dans : International migration review, n° 2, Summer 2000, p. 357-389

SANCHEZ-ALONSO Blanca, Those who left and those who stayed behind : explaining emigration from the regions of Spain, 1880-1914.– fig., tabl., cartes, Dans : The Journal of economic history, n° 3, September 2000, p. 730-755

STILLWELL John, Arlinda GARCIA COLL, Age selectivity and inter-provincial net migration in Spain.– fig., tabl., cartes, Dans : Espace, populations, sociétés, n° 1, 2000, p. 57-70

Symposium on hunger and migration / ed. by Timothy W. Guinnane and Christoph M. Schmidt.– fig., tabl., carte, Dans : Journal of population economics, n° 3, 2000, p. 463-525

TWOMEY Patrick, Europe's other market : trafficking in people, Dans : European journal of migration and law, n° 1, 2000, p. 1-36

VOGEL Dita, Migration control in Germany and the United States.– tabl., Dans : International migration review, n° 2, Summer 2000, p. 390-422

WÜST Andreas M., New citizens– new voters? : political preferences and voting intentions of naturalized Germans : a case study in progress.– fig., tabl., Dans : International migration review, n° 2, Summer 2000, p. 560-567

• DÉMOGRAPHIE HISTORIQUE, HISTOIRE

Ouvrages :

BRESCHI Marco, Gustavo DE SANTIS, The own-children method of fertility estimation in historical demography ; in collab. with Alessandro Lubisco.– Udine : Forum, 1999.– 114 p. : graph., tabl. ; 24 cm + 1 cédérom

COTTEREAU Alain, Maurizio GRIBAUDI, Précarités, cheminements et formes de cohérence sociale au XIXe siècle.– Paris : Ecole des hautes études en sciences sociales, 1999.– 176 p. : graph., tabl. ; 30 cm

FRANCINI Giacomo, Moralia coniugalia ou De l'impossible sacralité du mariage à l'époque de la raison : 1750-1792 ; sous la dir. de André Burguière.– Villeneuve d'Ascq : Presses universitaires du Septentrion, 2000.– 496 p. : graph., ill., tabl. ; 24 cm.– (*Thèse à la carte*)

Il sistema demografico alla fine delle grandi epidemie : Venezia, il Dogado, Chioggia : tra Seicento e Settecento / a cura di Alessandro Rosina e Fiorenzo Rossi ; pref. di Massimo Livi Bacci.– Padova : CLEUP, 2000.– 361 p. : graph., tabl. ; 24 cm.– (*Materiali di demografia storica*)

LE BRAS Hervé, Naissance de la mortalité : l'origine politique de la statistique et de la démographie.– Paris : Gallimard : Éd. du Seuil, 2000.– 371 p. : graph., tabl. ; 24 cm.– (*Hautes études*)

Les Européens / Hélène Ahrweiler et Maurice Aymard, dir. de la publication ; sous l'égide de l'Université de l'Europe ; avec le concours de l'Unesco.– Paris : Hermann, 2000.– IX-604 p. : cartes ; 26 cm

PROST Antoine, Rémi SKOUTELSKY, Sonia ÉTIENNE, Aryanisation économique et restitutions ; avec la collab. de Fabrice Cardon, Fabrice Launay et Sylvain Lebreton ; Mission d'étude sur la spoliation des Juifs de France.– Paris : La Documentation française, 2000.– 286 p. : graph., tabl. ; 24 cm

Articles :

DESROSIÈRES Alain, L'histoire de la statistique comme genre : style d'écriture et usages sociaux, Dans : Genèses, n° 39, juin 2000, p. 121-137

Measuring fertility within marriage between 1841 and 1891 using parish registers and the census enumerator' books / B. Eckstein, A. Hinde, Dans : Local population studies, n° 64, Spring 2000, p. 38-52

• SOCIÉTÉ, COMPORTEMENTS SOCIAUX

Ouvrages :

A statistical portrait of the United States : social conditions and trends / ed. by Mark S. Littman.– Lanham (Md.) : Bernan Press, 1998.– XXI-404 p. : graph., tabl. ; 29 cm

BARREYRE Jean-Yves, Classer les exclus : enjeux d'une doctrine de politique sociale.– Paris : Dunod, 2000.– 184 p. : tabl. ; 24 cm

Criminalité et délinquance apparentes : une approche territoriale / sous la dir. de Jean Bergougnoux et Jean- Paul Romeuf ; préf. de Jean-Pierre Dintilhac ; étude conduite au GERI (Groupe d'étude et de réflexion interrégional) par Catherine Aaron et Jean-Marc Lucas ; infographie Florian Bergeron.– Paris : La Documentation française, 2000.– 212 p. : cartes, fig., graph., tabl. ; 24 cm

EDGAR Bill, Joe DOHERTY, Amy MINA-COUL, Services for homeless people : innovation and change in the European Union.– Bristol : Policy Press, 1999.– X-232 p. : tabl. ; 24 cm

ESSAMA-NSSAH Boniface, Inégalité, pauvreté et bien-être social : fondements analytiques et normatifs ; préf. de Peter J. Lambert.– Bruxelles : De Boeck Université, 2000.– 228 p. ; 24 cm.– (*Ouvertures économiques. Balises*)

FRANCE. Commissariat général du plan, Rapport sur les perspectives en France : rapport au Premier ministre.– Paris : La Documentation française, 2000.– 327 p. ; 24 cm.– (*Collection des rapports officiels*)

FRANCE. Ministère de l'Emploi et de laSolidarité, Construire ensemble une place pour tous : deux ans d'action de lutte contre les exclusions.– Paris : Ministère de l'emploi et de la solidarité, 2000.– 156 p. : graph., tabl. ; 30 cm

GOODY Jack, Famille et mariage en Eurasie ; trad. de l'anglais par Pascal Ferroli et révisé par Francis Zimmermann.– Paris : Presses universitaires de France, 2000.– 501 p. ; 24 cm.– (*Ethnologies*)

GUILLUY Christophe, Atlas des fractures françaises : les fractures françaises dans la recomposition sociale et territoriale.– Paris : L'Harmattan, 2000.– 181 p. : cartes, graph., tabl. ; 24 cm.– (*Logiques sociales*)

PINÇON Michel, Monique PINÇON-CHARLOT, Sociologie de la bourgeoisie.– Paris : La Découverte, 2000.– 121 p. : tabl. ; 18 cm.– (*Repères* ; 294)

SETEl Philip W., A plague of paradoxes : AIDS, culture, and demography in Northern Tanzania.– Chicago ; London : University of Chicago Press, 1999.– X-308 p. : cartes, graph., tabl. ; 23 cm.– (*Worlds of desire*)

Articles :

BROWN Mark S., Estimating the size and distribution of South Asian religious populations in Britain : is there an alternative to a religious question in the census?, Dans : International population geography, vol. 6, n° 2, march-april 2000, p. 87-110

COURGEAU Daniel, Réflexions sur la causalité en sciences sociales.– fig., Dans : Recherches et prévisions, n° 60, juin 2000, p. 49--60

La parenté aujourd'hui.– fig., tabl., Dans : Sociétés contemporaines, n° 38/2000, p. 5-65

MEEKERS Dominique, Ghyasuddin AHMED, Contemporary paterns of adolescent sexuality in urban Botswana.– tabl., Dans : Journal of biosocial science, n° 4, October 2000, p. 467-485

Violences : mythes et réalités.– fig., Dans : Hommes et migrations, n° 1227, septembre-octobre 2000, p. 1-63

• CULTURE, ÉDUCATION, INFORMATION

Ouvrages :

BLUM Alain, France GUÉRIN-PACE, Des lettres et des chiffres : des tests d'intelligence à l'évaluation du « savoir lire », un siècle de polémiques.– Paris : Fayard, 2000.– 191 p. : cartes, graph., tabl. ; 22 cm

CANADA. Bureau fédéral de la statistique, La littératie à l'ère de l'information : rapport final de l'enquête internationale sur la littératie des adultes / Organisation de coopération et de développement économiques ; Statistique Canada.– Paris : OCDE ; [s.l.] : Statistique Canada, 2000.– XVI-191 p. : graph., tabl. ; 27 cm

Articles :

GAUTHIER Guy (dir.), Langues : une guerre à mort.– fig., cartes, Dans : Panoramiques, n° 48, 2000, 212 p.

Projection du système éducatif à dix ans.– fig., tabl., Dans : Education et formations, n° 55, janvier-mars 2000, p. 5-60

Sources de la documentation sociale– II, Dans : Vie sociale, n° 4, juillet-août 2000, 156 p.

• POPULATION ACTIVE, EMPLOI

Ouvrages :

FRANCE. Direction de l'animation de la recherche, des études et des statistiques, La durée de vie active : un siècle d'évolution, 1896-1997 : projection jusqu'en 2050.– Paris : La Documentation française, 2000.– 79 p. : graph., tabl ; 30 cm.– (*Les dossiers de la Dares*)

FRANCE. Inspection générale des affaires sociales, Rapport annuel 1999 de l'Inspection générale des affaires sociales.– Paris : Igas : La Documentation française, 2000.– 258 p. ; 24 cm

Handbook of labor economics / ed. by Orley Ashenfelter and David Card.– Amsterdam : Elsevier, 1999.– 3 vol. (P. 1277-3630) ; 25 cm.– (*Handbook in economics* ; 5)

INSTITUT NATIONAL DE LA STATISTIQUE ET DES ÉTUDES ÉCONOMIQUES (France), Enquête sur l'emploi de mars 2000 : résultats détaillés.– Paris : Institut national de la statistique et des études économiques, 2000.– 162-31 p. : tabl. ; 30 cm.– (*Insee résultats* ; 708-709. *Emploi-revenus*, 0998-4747 ; 165-166)

Articles :

Dossier chômage et famille.– fig., Dans : Recherches et prévisions, n° 60, juin 2000, p. 5-60

MANTON Kenneth G., Kenneth C. LAND, Active life expectancy estimates for the U.S. elderly population : a multidimensional continuous-mixture model of functional change applied to completed cohorts, 1982-1996.– tabl., Dans : Demography, n° 3, August 2000, p. 253-265

Marchés du travail : comparaisons internationales.– fig., tabl., Dans : Economie et statistique, n° 332-333, 2/3 2000, 180 p.

Regards sur l'allocation parentale d'éducation.– fig., tab.., Dans : Recherches et prévisions, n° 59, mars 2000, p. 1-57

• ÉCONOMIE, ÉCONOMIE DU DEVELOPPEMENT, NIVEAU DE VIE, SÉCURITÉ SOCIALE

Ouvrages :

BANQUE INTERNATIONALE POUR LA RECONSTRUCTION ET LE DÉVELOPPEMENT, Attacking poverty : world development report. 2000/2001 / The World Bank.– Oxford : Oxford University Press, 2000.– XIV-335 p. : graph., tabl.; 27 cm.– (*World development report*)

COLLETTE Jean-Michel, Empirical inquiries and the assessment of social progress in Western Europe : a historical perspective.– Geneva : United Nations research institute for social development, 2000.– XI-79 p. : tabl.; 30 cm.– (*Social policy and development / UNRISD*)

Encyclopédie protection sociale : quelle refondation? / sous la dir. de François Charpentier.– Paris : Economica : Liaisons, 2000.– VIII-1494 p. : graph., tabl.; 25 cm

ESPING-ANDERSEN Gosta, Social indicators and welfare monitoring.– Geneva : United Nations research institute for social development. 2000.– VII-19 p. : tabl.; 30 cm.– (*Social policy and development / UNRISD*)

FRANCE. Commissariat général du plan, Minima sociaux, revenus d'activité, précarité : [rapport]; président Jean-Michel Belorgey; rapporteuse générale Annie Fouquet; avec la collab. de Cédric Afsa, Anne-Marie Brocas, Laurent Caussat...[*et al.*].– Paris : La Documentation française, 2000.– 458 p. : fig., graph., tabl.; 24 cm

L'Europe face à la pauvreté : les expériences nationales de revenu minimum / sous la dir. de Serge Paugam.– Paris : La Documentation française : Ministère de l'emploi et de la solidarité, 1999.– 294 p. : tabl.; 24 cm.– (*Cahier Travail et emploi*)

Sharing the wealth : demographic change and economic transfers between generations / ed. by Andrew Mason and Georges Tapinos.– Oxford : Oxford University Press, 2000.– XVI-408 p. : graph., tabl.; 24 cm.– (*International studies in demography*)

Articles :

JONES Gavin W., Terence H. HULL. Dennis AHLBURG, The social and demographic impact of the Southeast Asian crisis of 1997-99.– tabl., Dans : Journal of population research, n° 1, May 2000, p. 39-62

Politiques sociales et protection sociale : numéro spécial.– tabl., Dans : Revue internationale du travail, n° 2/2000, p. 123-237

Revue économique 1950-2000 : un demi-siècle en perspective / sous la dir. de André Lapidus.– fig., tabl., Dans : Revue économique, n° 5, septembre 2000, p. 951-1296

ROSENZWEIG Mark R., Welfare, marital prospects, and nonmarital childbearing.– tabl., Dans : Journal of political economy, n°6, part 2, December 1999, p. S3-S32

WILLIS Robert J., A theory of out-of-wedlock childbearing.– fig., Dans : Journal of political economy, n°6, part 2, December 1999, p. S33-S64

• ADMINISTRATION, POLITIQUE DÉMOGRAPHIQUE, LÉGISLATION

Ouvrages :

CONSEIL DE L'EUROPE. Assemblée parlementaire. Commission des migrations, des réfugiés et de la démographie, Conférence interparlementaire sur le changement démographique et le développement durable : actes, Bucarest, 21-23 octobre 1999.– Strasbourg : Conseil de l'Europe, 2000.– 105 p.; 30 cm

FRANCE. Commission nationale de l'informatique et des libertés : 20e rapport d'activité 1999.– Paris : La Documentation française, 2000.– 360 p.; 24 cm

HOBSBAWM Eric J., Les enjeux du XXIe siècle : entretien avec Antonio Polito; trad. de l'anglais par Lydia Zaïd.– Bruxelles : Complexe, 2000.– 199 p.; 22 cm.– (*Questions à l'histoire*)

L'égalité des chances : analyses, évolutions et perspectives / sous la dir. de Geneviève Koubi et Gilles J. Guglielmi.– Paris : La Découverte, 2000.– 267 p. : tabl.; 24 cm.– (*Recherches*)

Articles :

ORIOL Paul, A propos de la citoyenneté européenne : réflexions à partir du cas français.– tabl., Dans : Studi emigrazione, n° 137, marzo 2000, p. 190-200

PETROV Nikolaij, Aleksej TITKOV, Parlamentskie vybory–99 v zerkale demografii = Les élections de 1999 dans le miroir de la démographie.– tabl., Dans : Naselenie i obscestvo, n° 42, dekabr' 1999, 4 p.

Revue internationale des sciences sociales

Publiée par les Éditions Érès pour l'UNESCO

Revue internationale des sciences sociales Mars 2001 **167**

Le fédéralisme

UNESCO/érès

Sommaire / N° 167 / Mars 2001

Le fédéralisme

Conseiller de la rédaction : Ronald Watts

Ronald Watts
Introduction : le fédéralisme à l'ère de la mondialisation

Fédéralisme et partage des pouvoirs
Wole Soyinka
Centralisme et aliénation
Gamini Laksman Peiris
L'Asie du Sud : un regard neuf
Ronald Watts
Les modèles de partage fédéral des compétences

Diversité sociale et fédéralisme
Thomas Fleiner
Gérer la diversité
Ferran Requejo
Fédéralisme et groupes nationaux
Subrata K. Mitra
Langue et fédéralisme : le défi de la multi-ethnicité

Daniel J. Elazar
Diversité religieuse et fédéralisme
Peter J. Spiro
Fédéralisme et immigration : modèles et tendances
Daniel Weinstock
Vers une théorie normative du fédéralisme

Politiques économique, financière et sociale
John Kincaid
Avantages et inconvénients du modèle fédéral pour l'action économique
Bev Dahlby
Choix fiscaux : attribution des responsabilités en matière d'imposition dans les fédérations
Robin Boadway
L'impératif des transferts de répartition fiscale
Peter Whiteford
La garantie de revenu : comment concilier le transfert de compétences et l'équité

Relations intergouvernementales
David Cameron
Les structures des relations intergouvernementales dans les systèmes fédéraux
Brian R. Opeskin
Mécanismes régissant les relations intergouvernementales dans les fédérations
Michael Crommelin
Le règlement des différends dans les systèmes fédéraux
Richard Simeon
La capacité d'adaptation des systèmes fédéraux

Niveaux émergents du gouvernement
David C. Hawkes
Les peuples autochtones : autonomie et relations intergouvernementales
Roger Gibbins
La gouvernance locale dans les systèmes politiques fédéraux

Prochains numéros
La science et sa culture, N° 168, Juin 2001
Le trafic international des drogues, N° 169, Sept. 2001

Conditions d'abonnement
Quatre numéros par an :
Mars, Juin, Septembre et Décembre
Pays industrialisés : 400 F
Pays en développement : 260 F
Prix de vente au numéro : 130 F

Éditions Érès
11, rue des Alouettes 31520 Ramonville Saint-Agne France

Annales

Histoire, Sciences Sociales

Fondateurs : Marc BLOCH et Lucien FEBVRE
Ancien directeur : Fernand BRAUDEL

Revue bimestrielle publiée depuis 1929 par l'École des Hautes Études en Sciences Sociales avec le concours du Centre National de la Recherche Scientifique

55ᵉ ANNÉE — N° 5   SEPTEMBRE-OCTOBRE 2000

L'ÉTAT ET L'EXCLUSION EN FRANCE. LES RESSORTS DÉVOILÉS D'UNE POLITIQUE D'ASSISTANCE

Didier FASSIN, La supplique. Stratégies rhétoriques et constructions identitaires dans les demandes d'aide d'urgence

CONTRE LES STÉRÉOTYPES. ÉTUDES SUR LA COLONISATION ET L'ESCLAVAGE

Josep TORRÓ, Jérusalem ou Valence : la première colonie d'Occident

Roger BOTTE, L'esclavage africain après l'abolition de 1848. Servitude et droit du sol

BANNIR AU MOYEN ÂGE, NATURALISER À L'ÉPOQUE MODERNE

Robert JACOB, Bannissement et rite de la langue tirée au Moyen Âge. Du lien des lois et de sa rupture

Peter SAHLINS, La nationalité avant la lettre. Les pratiques de naturalisation en France sous l'Ancien Régime

LE POUVOIR ET L'ÉCRIVAIN AU GRAND SIÈCLE

Robert DESCIMON, Plusieurs histoires dans l'histoire littéraire (note critique)

Jean-Pierre CAVAILLÉ, Service de plume et autonomie de l'auteur (note critique)

Littérature et politique (xvIᵉ-xIxᵉ siècle) (comptes rendus)

RÉDACTION : 54, boulevard Raspail, 75006 PARIS

ABONNEMENTS 2000

	France	Étranger
Particuliers/*Individuals*	☐ 488 FF	☐ 620 FF
Institutions/*Institutions*	☐ 570 FF	☐ 695 FF
Étudiants/*Students*	☐ 320 FF	

Les abonnements doivent être souscrits auprès de
Send your order and payment to the order of :
COLIN-ABONNEMENTS - F 75704 PARIS CEDEX 13
Tél. : 01.45.87.53.83 - Fax : 01.43.37.53.00 - Numéro Vert : 0800 032 032.

Revue française de sociologie

publiée avec le concours du
CENTRE NATIONAL DE LA RECHERCHE SCIENTIFIQUE
et de l'INSTITUT DE RECHERCHE SUR LES SOCIÉTÉS CONTEMPORAINES

59-61, rue Pouchet 75849 Paris Cedex 17 – Tél. : 01 40 25 11 87 ou 88

OCTOBRE-DÉCEMBRE 2000, 41-4   ISBN 2-7080-0973-7

L'esclavage pour dettes	Alain TESTART
Rapports de générations	Claudine ATTIAS-DONFUT
La sociabilité téléphonique	Carole RIVIÈRE
La contractualisation interne dans l'entreprise	François HOCHEREAU
Les bacheliers technologiques en question	Thierry BLÖSS Valérie ERLICH

NOTE CRITIQUE

Les classes moyennes dans la sociologie britannique	Catherine BIDOU-ZACHARIASEN

LES LIVRES

Abonnements :   L'ordre et le paiement sont à adresser directement à :
Éditions OPHRYS BP 87 05003 GAP Cedex – CCP Marseille 636 09 E

Tarif 2001 - France : 420 F (4 numéros trimestriels / *four quarterly issues*)
  - Étranger / *Abroad* : 580 F (4 numéros trimestriels + numéro supplémentaire en anglais / *four quarterly issues + the English selection*)

Vente au numéro / Single issue
  130 F le numéro trimestriel / *for each quarterly issue*
  180 F la sélection anglaise / *for the English selection*

Soit par correspondance à / *either by post (or mail) to*
**Éditions OPHRYS
BP 87
05003 GAP Cedex
04 92 53 85 72**
Post check : CCP Marseille 636 09 E

Soit auprès des libraires universitaires / *or place an order with your usual academic bookstore*

Revue publiée avec le concours du Centre National de la Recherche Scientifique (France)

ISSN 0769-3362

Administration et abonnements

Librairie Générale de Droit et de Jurisprudence,
  31, rue Falguière
  F-75741 Paris Cedex 15
  Tél : 01.56.54.16.00   Fax: 01.56.54.16.49

Secrétariat de rédaction

Ressource pour la Recherche Justice,
  54, rue de Garches, F-92420 Vaucresson
  e-mail : lesavre@ext.jussieu.fr
  Tél.: 01.47.95.98.66   Fax: 01.47.95.98.63

Au sommaire du numéro 46-2000

Dossier :
Complexités à l'œuvre
coordonné par André-Jean Arnaud

Jean-Louis Le Moigne : *Sur quelques topiques de la complexité... des situations que peut connaître le juriste dans ses pratiques*

Carlos Milani : *La complexité dans l'analyse du système-monde : l'environnement et les régulations mondiales*

Beinan Xue-Bacquet : *Une régulation complexe dans l'intégration financière*

Micheline Christen : *La supervision en travail social. Une approche de la complexité bricolée au quotidien*

Serge Diebolt : *La complexité comme paradigme pour concevoir une régulation juridique adéquate*

Études

Norbert Rouland : *Le droit français devient-il multiculturel ?*

Mark Anthony Armstrong, Alexandrine Cerfontaine : *Échecs économiques et dérive du pragmatisme juridique : l'expérience anglaise du droit de la faillite*

Philippe Auvergnon : *La peur des travailleurs et le droit du travail*

Stéphane Carré : *L'état du droit dans le transport routier de marchandises : une réglementation en trompe-l'œil*

Louis Assier-Andrieu : *Les politiques de la vérité familiale : le droit entre la science et le marché*

Chronique bibliographique

Fondation «Pour la science» - Centre international de synthèse
Direction : Michel Blay, Éric Brian

Revue de synthèse

Revue trimestrielle fondée en 1900 par Henri Berr

Rédacteur en chef : Éric Brian
Secrétaire de rédaction : Agnès Biard

N°s 1-2/2000 — FF 160/€ 24,39

HISTOIRE DES SCIENCES ÉCONOMIQUES

Isabelle GARO. — Monnaie et richesse chez John Locke. Une politique de l'économie/*Money and wealth according to John Locke. An economic policy.*

Frédéric LEFEBVRE. — La vertu des images. Analogie, proportion et métaphore dans la genèse des sciences sociales au XVIIIe siècle/*The Virtue of images. Analogy, proportion and metaphor in the formation of the social sciences in the XVIIIth century.*

Pierre-Charles PRADIER et David TEIRA SERRANO. — Frank H. Knight. Le risque comme critique de l'économie politique/*Frank H. Knight. Risk as a criticism of political economy.*

Essai

Alessandro STANZIANI. — Information, institutions et temporalité. Quelques remarques critiques sur l'usage de la nouvelle économie de l'information en histoire/*Information, institutions, and temporality. Some critical remarks on the use in history of the new information economics.*

Direction et rédaction

Fondation « Pour la science »
Centre international de synthèse
12, rue Colbert - 75002 Paris
Tél. +33(0)1.42.97.50.68
Fax. +33(0)1.42.97.46.46

Adresse électronique
synthese@pour-la-science.org
http://synthese.pour-la-science.org

Diffusion au numéro

Éditions Albin Michel
22, rue Huyghens - 75014 Paris
Tél. +33(0)1.42.79.10.00

Abonnements

Tarif annuel
France : € 50,30/FF 330
Étranger : € 61,00/FF 400

Ethnologie française

LES NOUVEAUX MOUVEMENTS RELIGIEUX 2000-4 OCTOBRE-DECEMBRE

Au début des années soixante-dix – un peu plus tôt aux États-Unis – est apparue en Europe une vaste mouvance de groupes religieux désignés sous le terme générique de « Nouveaux Mouvements Religieux ». La diversité est encore de mise aujourd'hui, comme le montre le dossier ici présenté. Outre des groupes complètement neufs, syncrétiques notamment, cette appellation recouvre aussi la diffusion des religions étrangères à l'Occident, ainsi que des groupes très lâches – des réseaux plutôt –, plus ou moins directement issus de la contre-culture, mêlant souvent références « psychédéliques », religieuses, ésotériques.

Il apparaît qu'aujourd'hui l'initiative religieuse n'est plus du côté d'une offre à prendre en bloc. Elle est du côté des individus, de leur demande, de leur « quête », de leur « recherche spirituelle », pour parler avec les termes des acteurs. Cela ne veut néanmoins pas forcément dire que l'on s'orienterait vers la disparition des systèmes collectifs de sens.

Ce numéro constitue le premier ensemble sur les Nouveaux Mouvements Religieux publié en France – qu'il s'agisse de revues ou d'ouvrages –, témoignant de ce que se posent actuellement des questions particulièrement stimulantes, qui appellent à croiser les approches disciplinaires, tout spécialement les perspectives sociologiques et anthropologiques.

Françoise Champion	*La religion à l'épreuve des Nouveaux Mouvements Religieux*
Alioune Koné	*Le zen en Europe : un vieux vin dans une nouvelle bouteille ?*
Véronique Altglas	*Living in Harmony : le souffle à des fins thérapeutiques*
Frédérique Louveau	*Sukyo Mahikari : une identité religieuse au-delà des frontières*
Patricia Birman	*Multiculturalisme religieux en France : vers un nouvel Orient ?*
Enzo Pace	*Damanhur, de la religion à la politique*
Valérie Rocchi	*Du Nouvel Âge aux réseaux psycho-mystiques*
Marion Aubrée	*La nouvelle dynamique du spiritisme kardéciste*
Anne-Cécile Bégot	*Science chrétienne et antoinisme : la question thérapeutique à l'épreuve du temps*
Fabienne Randaxhe	*Trajectoires anabaptistes aux Etats-Unis. Vers une modernité technique et religieuse*
Maurizio Catani	*Le cochon didactique*
Annick Delorme	*Le carnaval étudiant*

Courrier
Maria Maïlat – Vintila Mihailescu

Comptes rendus

Actualités de la SEF

Rédaction : Musée national des Arts et Traditions populaires - 6, Avenue du Mahatma-Gandhi – 75116 Paris –
tél : 01 44 17 60 84 - fax : 01 44 17 60 60 - e-mail : ref@culture.gouv.fr

Abonnement (4 numéros par an) : Presses Universitaires de France – 6, Avenue Reille – 75014 Paris –
tel : 01 58 10 31 62 - fax : 01 58 10 31 82 – e-mail : revues@puf.com

Prix de l'abonnement pour l'an 2001 :   Particulier :   450F
(les abonnements partent du premier   Institution :   600F
fascicule de l'année en cours)   Étudiant   :   300F

Vente au numéro : par l'intermédiaire de votre libraire habituel et PUF

Prix au numéro : 135F

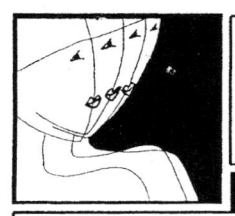

MIGRATIONS SOCIÉTÉ
La revue bimestrielle d'analyse et de débat sur les migrations en France et en Europe

novembre - décembre 2000   vol. 12 - n° 72   160 p.

ÉDITORIAL : Discrimination et citoyenneté	*P. Farine*
ARTICLES :	
Le couple franco-algérien au quotidien	*M. Mounier*
Un regard français sur l'immigration kurde en Europe	*P. Boulanger*
DOSSIER : Immigration et mouvement associatif	
Les étrangers face à la liberté d'association ou quelle laïcité ?	*J.-M. Belorgey*
Partenariat Nord-Sud et mouvement associatif issu de l'immigration	*B. Benyahia*
Associations de l'immigration et mouvement associatif français	*M. Poinsot*
Les associations issues de l'immigration, un outil d'intégration ?	*D. Baillet*
Le rôle des associations "issues de l'immigration"	*J. Matas, R. Pfefferkorn*
Les associations locales de femmes étrangères	*B. Veith*
Les associations de jeunes dans les quartiers populaires	*I. Taboada-Leonetti*
Le champ associatif islamique en France	*A. Moustapha Diop*
Associations issues de l'immigration et solidarité internationale	*R. Blion*
Bibliographie sélective	*C. Pelloquin*
REVUE DE PRESSE : France	
Le débat sur trois projets de textes gouvernementaux : mineurs étrangers maintenus en zone d'attente, incarcération des "clandestins" et réforme des centres de rétention des étrangers	*A. Perotti*
AU FIL DES JOURS	*P. Farine*
NOTICES BIBLIOGRAPHIQUES	*M. Giovanella*
DOCUMENTATION	*C. Pelloquin*
BILLET : Histoire de jeux	*P. Oriol*

Abonnements - diffusion : CIEMI : 46, rue de Montreuil - 75011 Paris
Tél. : 01 43 72 01 40 ou 01 43 72 49 34 / Fax : 01 43 72 06 42
E-mail : ciemiparis@aol.com / Siteweb : http://members.aol.com/ciemiparis/

France :	250 FF	Étranger :	300 FF
Soutien :	400 FF	Le numéro :	60 FF

REMI VOL.16 N°1- 2000

DYNAMIQUES MIGRATOIRES EN ASIE ORIENTALE

Coordination : **Laurence HUSSON** et **Yves CHARBIT**

2000 - Vol.16 - N°1
ISBN 2-911627-10-5

Éditorial

Ernst **Spaan** : Les migrations internationales en Asie

Massanori **Hanada** et Catherine **Quiminal** : La politique migratoire au Japon, un dilemme non tranché

Éric **Seizelet** : La criminalisation de l'étranger au Japon

Graeme **Hugo** : Labour Migration from East Indonesia to East Malaysia.

Reed L. **Wadley** : Transnational Circular Labour Migration in Northwestern Borneo

Nathalie **Fau** : D'une rive à l'autre : les migrations entre l'Indonésie et la Malaisie dans le détroit de Malacca

Dang **Phong** : The Vietnamese Diaspora : Returning and Integrating into Vietnam

Jean-Louis **Margolin** : Singapour : le grand retour de l'immigration

Note de recherche

Dorothée **Cibla** : Migrations de travail et mutations socio-spatiales des quartiers populaires de Tokyo

Andrew **Hardy** : L'amitié et ses valeurs : esquisse ethnographique des travailleurs vietnamiens dans les pays socialistes d'Europe de l'Est

Chronique scientifique

Laurence Husson : Les migrations asiatiques : une recherche encore lacunaire

REVUE EUROPEENNE DES MIGRATIONS INTERNATIONALES - REMI
MSHS - 99 avenue du Recteur Pineau
86000 POITIERS CEDEX
Tél.: 05 49 45 46 56 - Fax : 05 49 45 46 68
remi@mshs.univ-poitiers.fr
http://www.mshs.univ-poitiers.fr/migrinter/remi.htm

CAHIERS INTERNATIONAUX DE SOCIOLOGIE

Directeurs : Georges BALANDIER, Michel WIEVIORKA

Revue publiée avec le concours du Centre National de la Recherche Scientifique

Sommaire du volume 108 – 2000

Sociologies inactuelles, sociologies actuelles ?

Michel WIEVIORKA
    Sociologie postclassique ou déclin de la sociologie ?

Cecilia MONTERO CASASSUS
    Crépuscule ou renouveau de la sociologie : un débat chilien

Philippe STEINER
    Marx et la sociologie économique

Éric LETONTURIER
    Gabriel Tarde, sociologue de la communiaction et des réseaux

Lise DEMAILLY
    Les modes d'existence des techniques du social

Pierre MOULIN
    Les soins palliatifs en France : un mouvement paradoxal de médicalisation du mourir contemporain

Sylvia FAURE
    Dire et (d')écrire les pratiques de danse. Opposition entre pratiques discursives et non discursives

Études critiques

Vincent de GAULEJAC
    À propos d'un paysan polonais... Un nommé Wladek Wiszniewski

Alfredo JOIGNANT
    Agent, structure et cognition. Questions de recherche à partir de la sociologie de Pierre Bourdieu et Anthony Giddens

Comptes Rendus

Secrétariat de rédaction : Christine Blanchard Latreyte
    EHESS, 54, boulevard Raspail, 75006 Paris
    Tél. (33) 01 49 54 25 54 – Fax (33) 01 42 84 05 91

Abonnements ou vente au numéro : **Presses Universitaires de France**
    Départements des Revues :
    14, avenue du Bois-de-l'Épine, BP 90, 91003 Évry Cedex
    Tél. (33) 01 60 87 30 30 – Fax (33) 01 60 79 20 45
    Compte Chèques Postaux : 392 33 A Paris

PRESSES UNIVERSITAIRES DE FRANCE

REVUE INTERNATIONALE DU TRAVAIL

Vol. 139 (2000), no. 3   **2000/3**

L'économie du travail des enfants: un cadre de mesure
R. ANKER

La libéralisation des échanges, l'emploi et les inégalités dans le monde
A. K. GHOSE

Le modèle japonais et l'avenir du système d'emploi et de rémunération
S. WATANABE

Le changement de loi applicable au contrat de travail international
M.- A. SABIRAU-PÉREZ

La Revue sur Internet: Http://www.ilo.org/revue

Livres

Abonnement annuel édition imprimée
Quatre numéros: 99 Fr suisses; 396 Fr français; 60 euros.
Abonnement annuel édition électronique: http://www.ilo.org/revue
Quatre numéros: 40$EU; 30 euros.

Publications du BIT, Bureau international du Travail, 1211 Genève 22, Suisse, Fax: (41-22) 799.69.38; Tél.: 799.78.28; E-mail: **pubvente@ilo.org**, ou auprès de nos bureaux locaux:
Paris, 1 rue Miollis, 75015; Fax: (33-1) 45.67.20.04; Tél.: 45.68.32.50;
Bruxelles, 40 rue Aimé-Smekens, 1060; Fax: (32-2) 735.48.25; Tél: 538.51.69.

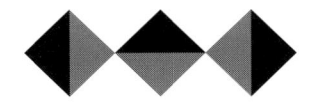

DERNIÈRES PARUTIONS

INED 2000

Fondé en 1945, l'Institut national d'études démographiques est un établissement public de recherche. Il regroupe aujourd'hui 60 chercheurs qui effectuent, seuls ou en collaboration, de nombreux travaux, théoriques ou appliqués, en démographie. Ils développent des relations entre cette discipline et les autres sciences humaines et sociales : économie, sociologie, génétique, biologie, histoire, géographie, mathématiques…

PUBLICATIONS

PÉRIODIQUES

POPULATION ET SOCIÉTÉS, BULLETIN MENSUEL

POPULATION, REVUE BIMESTRIELLE

POPULATION, NUMÉROS THÉMATIQUES

LA SITUATION DÉMOGRAPHIQUE DE LA FRANCE

OUVRAGES

TRAVAUX ET DOCUMENTS

MANUELS
Destinés à l'enseignement ou à la formation à des techniques nouvelles.

CLASSIQUES DE L'ÉCONOMIE ET DE LA POPULATION
Rééditions, souvent annotées, de textes de grands auteurs et précurseurs.

CONGRÈS ET COLLOQUES
Certains de ces ouvrages sont bilingues (anglais, français), et sont coédités avec John Libbey.

MÉTHODES ET SAVOIRS

DONNÉES STATISTIQUES

HORS COLLECTION

COLLOQUES DE L'AIDELF

DOSSIERS ET RECHERCHES

Ce catalogue présente seulement les dernières parutions. Un catalogue complet des éditions de l'Ined peut vous être envoyé sur simple demande (voir bon de commande). Les ouvrages sont disponibles en librairie (diffusion Puf), à l'Ined, ou par correspondance.

# QUELQUES PUBLICATIONS

N° 143, C. Bonvalet, A. Gotman, Y. Grafmeyer (éds)
La famille et ses proches. L'aménagement des territoires, 1999, XX + 296 p., Puf, 170 F -25,92 €

L'analyse proposée ici s'inscrit dans un courant de recherches qui tente de réinsérer le ménage dans le groupe de parenté. Conjuguant les données d'une enquête et des entretiens, elle permet de cerner les modes d'organisation familiale dans l'espace urbain, d'en suivre la genèse et d'en saisir la dynamique. Les résultats sont éloquents. Quatre personnes sur dix entretiennent avec un membre de leur famille une relation forte et le fréquentent au moins une fois par semaine ; parmi elles, plus de la moitié vivent dans la même commune. Et quand un ménage est privé temporairement de logement, c'est encore la famille qui l'héberge huit fois sur dix.

Se dégage ainsi l'existence d'une « famille entourage », dans laquelle l'individu n'est plus considéré comme défini par des relations familiales conventionnelles, mais comme façonnant son entourage de parents et de proches en jouant sur l'espace, les distances et les proximités. Étudier comment l'espace est associé à la dynamique des liens d'affinité, c'est ainsi comprendre le rapport que les personnes entretiennent avec leur famille proche, celle qu'ils ont d'une certaine façon « choisie ».

N° 141, Philippe Collomb et France Guérin-Pace
Les Français et l'environnement. L'Enquête « Populations-Espaces de vie-Environnements », 1998, 258 p., Puf, 170 F -25,92 €

L'environnement est devenu l'objet d'un débat politique et scientifique intense, avec la reconnaissance, depuis une trentaine d'années, de l'importance des risques écologiques qui menacent notre planète. Dans le même temps sont intervenus de profonds changements des modes de vie dans les sociétés industrielles, plus soucieuses de la qualité du cadre de vie, plus sensibles à la nature, aux paysages, à la faune, à la flore, à la préservation d'espaces vierges de toute présence humaine. Tout se passe donc comme si nos sociétés prenaient conscience de l'influence qu'exercent les groupes humains sur la biosphère. Mais, en est-il vraiment ainsi ? Que pensent réellement les individus de l'env-ronnement et des problèmes liés à sa préservation ?

C'est à ces questions que tente de répondre l'enquête « Populations-Espaces de vie-Environnements », effectuée par l'Ined auprès d'un échantillon représentatif de la population française. Les nombreuses informations collectées sur les opinions et attitudes relatives à l'environnement, permettent de dresser un tableau d'ensemble. Elles révèlent qu'il est encore prématuré de parler de citoyenneté écologique des Français.

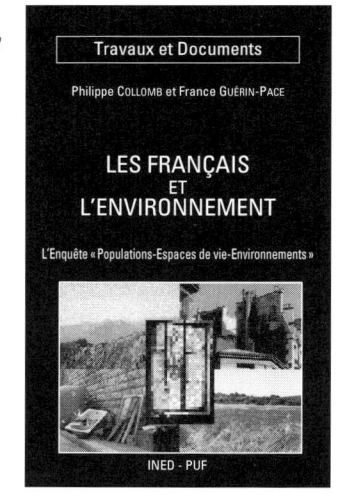

QUELQUES PUBLICATIONS

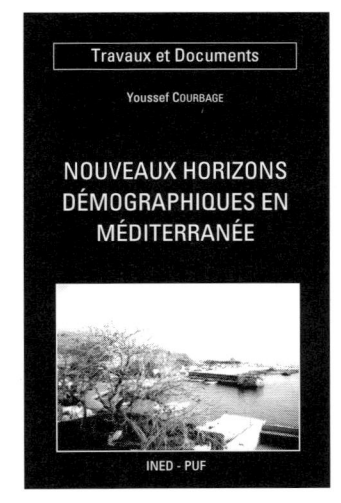

N° 142, Youssef Courbage
Les nouveaux horizons démographiques en Méditerranée, 1999, 200 p., Puf, 150 F -22,87 €

Les pays arabes, la Turquie, l'Iran et Israël, constituent un vaste ensemble d'États regroupant plus de 360 millions d'habitants, qui, il y a peu encore, connaissaient une croissance démographique explosive.

En réalité, l'examen attentif des évolutions les plus récentes, auquel se livre cet ouvrage, montre que la transition démographique est en cours dans tous ces pays : d'ici 2025, tout suggère que le nombre moyen d'enfants par femme passera de 4 à 2,3 pour la région dans son ensemble. Dans une génération, les différences de fécondité de part et d'autre de la Méditerranée pourraient ainsi être de quelques décimales seulement. Les nouvelles projections de population présentées ici, qui remettent souvent en cause les calculs analogues effectués par diverses institutions, permettent d'estimer la population, en 2025, à 586 millions d'habitants. Il y a quelques années seulement, ce sont près de 700 millions d'habitants qui étaient attendus.

En définitive, cette révision des projections démographiques appelle à un nouvel examen, loin de tout alarmisme, du contexte économique et social de la rive sud de la Méditerranée, pour le prochain quart de siècle.

N° 139, Édité par Jean-Claude Chasteland et Jean-Claude Chesnais
La population du monde. Enjeux et problèmes, 1997, 630 p.,Puf, 250 F - 38,11 €

Le rythme des changements démographiques paraît s'accélérer depuis la fin de la Seconde Guerre mondiale. Les trente prochaines années devraient être décisives pour l'avenir de la population mondiale.

Cet ouvrage se propose, dans la 1re partie, d'aborder quelques-uns des problèmes que pose l'évolution de la population dans les 18 pays qui atteignent ou attendent, d'ici 2025, 100 millions d'habitants. Les changements démographiques, économiques et sociaux de ces pays pèseront d'un poids considérable sur l'avenir de la planète.

La 2e partie adopte une approche thématique. Elle porte sur les défis posés par l'accueil de 2, 3 ou 4 milliards d'habitants supplémentaires. Urbanisation, emploi, environnement, alimentation, santé publique, lutte contre la mortalité, maîtrise de la fécondité, migrations internationales, stratégies de développement… appellent des réponses parfois pressantes, dans un contexte de mutations rapides.

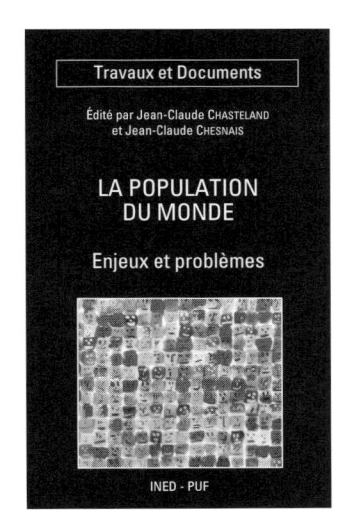

QUELQUES
PUBLICATIONS

Éva Lelièvre et Arnaud Bringé
Manuel pratique pour l'analyse statistique des biographies/Practical Guide to Event History Analysis, 1998, 400 p., Puf, 150 F -22,87 €

Les auteurs présentent un manuel pratique d'analyse biographique, détaillant la mise en œuvre de modèles de durée à l'aide de trois logiciels SAS®, TDA®, et STATA®, et proposent une comparaison systématique des programmations et des résultats des trois logiciels. Leur objectif est moins d'établir un score des qualités informatiques respectives, que d'exposer la programmation de base d'une même analyse conduite avec ces divers logiciels, d'en expliquer les caractéristiques ainsi que la variété des résultats obtenus et de comparer les sorties graphiques disponibles. Le but est de fournir un guide qui permette de faire une application pertinente selon ses propres contraintes et ses objectifs. Ainsi le manuel part d'une analyse la plus simple possible, passant par toutes les étapes intermédiaires avant de parvenir à des analyses plus sophistiquées.

Neuf ans après la parution de l'ouvrage théorique traitant de l'*Analyse démographique des biographies*, la collection *Méthodes et Savoirs* propose ce volume en version bilingue, afin de satisfaire au mieux le public concerné.

Groupe de réflexion sur l'approche biographique
Biographies d'enquêtes : bilan de 14 collectes biographiques, 1999, 336 p., Puf, 150 F -22,87 €

L'histoire de vie des personnes est un enchaînement continu d'événements de nature diverse concernant, entre autres, leur famille, leur résidence et leur profession. Pour appréhender les rythmes d'évolution multiples et imbriqués de ces différents phénomènes, il est nécessaire de disposer de données spécifiques que les enquêtes biographiques permettent de saisir au mieux dans leurs interactions.

Cet ouvrage confronte en termes directement comparables *quatorze* expériences de collecte biographique menées entre 1974 et 1997 en France, Pologne, Italie, Roumanie; au Sénégal, Mali, Cameroun; en Colombie; au Mexique; en Inde avec des objectifs et des moyens divers. Ce bilan est le fruit des discussions qui ont eu lieu lors d'un séminaire international en juin 1997, organisé par l'Ined, l'Orstom (IRD) et le Réseau Socio-économie de l'Habitat. Ses organisateurs ont élaboré, pour faciliter la comparaison des diverses collectes, une grille de présentation à laquelle les responsables d'enquête ont répondu. Ainsi, le cheminement théorique et les options méthodologiques sont présentés en détail et selon un plan commun. Ces présentations sont précédées d'une analyse comparative systématique faite par les organisateurs.

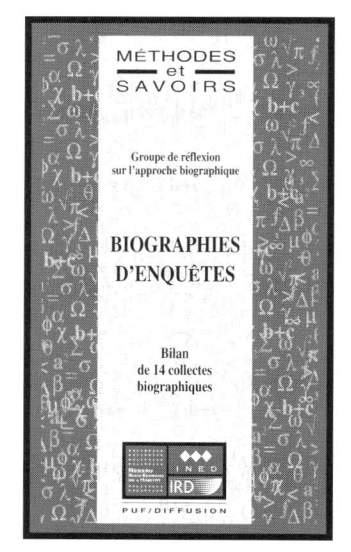

QUELQUES PUBLICATIONS

Johann Peter Süßmilch

L'Ordre divin dans les changements de l'espèce humaine… Texte intégral de l'édition de 1741, traduit et annoté par Jean-Marc Rohrbasser. 1998, CXXII+352+cxxiv p., Puf, 260 F -39,64 €

Süßmilch, théologien, maîtrisant les travaux des pionniers (Graunt, Petty, Halley, Struyck et Vauban), a écrit le premier grand traité de démographie en langue allemande. Il aborde la multiplication de l'espèce humaine et les obstacles qu'elle rencontre, la nuptialité, la propagation et la question du *sex ratio* à la naissance, la mortalité différentielle et une étude pionnière de statistique médicale ; il conclut par l'utilisation des listes de décès pour déterminer le nombre des vivants, avec des propositions très modernes en vue de procéder à la collecte des données démographiques. La présente édition se veut le témoignage d'une étape capitale de l'élaboration de la statistique démographique comme science et de ses arrière-plans philosophiques et théologiques. Elle intéressera, outre les démographes, les historiens des sciences et tous les chercheurs soucieux de ne pas oublier le terreau qui nourrit encore aujourd'hui leurs pratiques, la constitution de leurs objets et les nouvelles connaissances dont, à l'instar de Süßmilch, ils enrichissent la science de l'homme.

Richard Cantillon
Essai sur la nature du commerce en général. Réimpression de l'édition de 1952, fondée sur le texte original de 1755, avec des études et commentaires revus et augmentés. 1997, xxx+LXXIV+196 p., Puf, 190 F - 28,97 €

Il importe de mettre à nouveau cet ouvrage fondateur à la disposition des historiens, des démographes et des économistes. Le texte de l'édition de 1952 avait été modernisé afin d'assurer la fluidité de sa lecture. Il était accompagné de cinq articles liminaires, une bibliographie et un index. Un avertissement et une préface les complètent aujourd'hui.

L'*Essai* de Cantillon nous livre l'une des meilleures voies d'accès pour connaître l'histoire économique du XVIIIe siècle. À ce titre, la présente édition s'adresse notamment aux historiens de l'Économie. Économistes et démographes contemporains y trouveront de plus les éléments fondateurs des savoirs actuels. Comment déterminer le coût d'un risque financier, comment en fixer le prix ? Ces questions sont cruciales dans le monde des banques et des assurances. Notre méconnaissance invite à relire Cantillon, à méditer sa théorie de l'incertitude économique. Aujourd'hui comme hier, nous voici devant un vaste terrain de spéculations savantes et financières.

QUELQUES PUBLICATIONS

Anciennes et nouvelles minorités

Édité par J.-L. Rallu, Y. Courbage et V. Piché

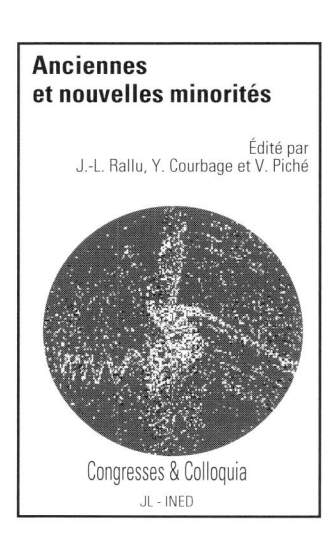

Congresses & Colloquia
JL - INED

N° 17, Édité par Jean-Louis Rallu, Youssef Courbage et Victor Piché
Old and new minorities/Anciennes et nouvelles minorités, 1997, 398 p., John Libbey, 280 F -42,69 €

Les études présentées dans cet ouvrage montrent, à travers un ensemble de situations historiques et sociales, comment des populations ont été revêtues du statut de «minorités». Qu'entend-on exactement par ce terme et quel est le statut précis de ces populations?

En France et dans les pays industrialisés, l'immigration constitue l'une des formes les plus courantes de formation des minorités, mais les auteurs montrent des situations plus complexes dans d'autres pays (Israël, Irlande du Nord, par exemple).

Les études présentées ici soulèvent le problème crucial de la discrimination et des préjugés et leurs conséquences sur les chances d'intégration des anciennes minorités ou des immigrés.

N° 3, Victor Kuami Kuagbenou et Jean-Noël Biraben
Introduction à l'étude de la mortalité par cause de décès à Paris dans la première moitié du XIXe siècle, 1998, 80 p. + CD-Rom, Puf, 120 F -18,29 €

L'objet de cette publication est d'étudier les principales maladies qui ont marqué la dernière décennie de la première moitié du XIXe siècle à partir des données statistiques de causes médicales de décès retrouvées aux Archives nationales de Paris pour la période 1838-1847. Une vérification de la qualité des sources par l'utilisation des tables types de Ledermann a montré que cette statistique ne souffre pas de lacunes trop importantes. Les recensements de population à cette époque n'étant pas trop fiables, une correction des populations de 1831, 1841 et 1851 a été nécessaire pour le calcul des taux de mortalité. Dans l'ensemble, ce travail se présente comme une bonne introduction à l'étude des causes de décès à Paris dans la première moitié du XIXe siècle et, par l'importance des données nouvelles qu'il apporte avec d'abondants et très détaillés tableaux statistiques, ouvre de nouveaux horizons à la démographie médicale historique.

L'ensemble des données retrouvées aux Archives nationales de Paris, y compris celles n'intervenant pas dans cette étude, soit environ 480 pages, est reproduit sur CD-Rom, inclus dans ce volume.

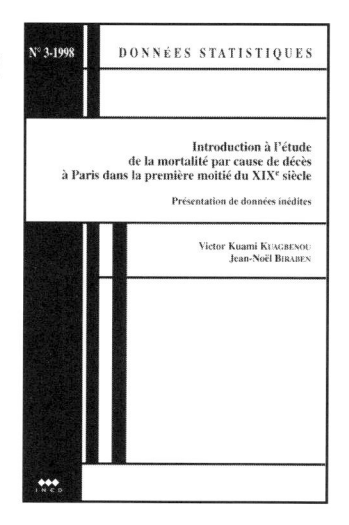

N° 3-1998   DONNÉES STATISTIQUES

Introduction à l'étude de la mortalité par cause de décès à Paris dans la première moitié du XIXe siècle

Présentation de données inédites

Victor Kuami KUAGBENOU
Jean-Noël BIRABEN

PÉRIODIQUES

L'Ined publie un bulletin mensuel (créé en 1968) : Population et Sociétés, et une revue bimestrielle (fondée en 1946) : *Population*. Depuis 1989, un numéro annuel en anglais : *Population: An English Selection*, présente une sélection d'articles parus principalement dans *Population*. Le bon de commande est en dernière page.

POPULATION

Tarifs de vente au numéro

	France, Dom, Tom	Étranger	
• Population	120 F - 18,29 €	135 F - 20,58 €	
• Le n° annuel en anglais	120 F - 18,29 €	135 F - 20,58 €	

Abonnement d'un an

	France, Dom, Tom	Étranger	Par avion
• Population	460 F - 70,13 €	510 F - 77,75 €	590 F - 89,95 €
• Avec le n° annuel en anglais	580 F - 88,42 €	645 F - 98,33 €	725 F - 110,53 €

Les numéros de Population parus de 1946 à 1955, épuisés, ont été réimprimés par KRAUS REPRINT. Les commandes devront être adressées à KRAUS REPRINT - MILLWOOD, New York 10546, USA

Tarifs au 1er janvier 2000

POPULATION ET SOCIÉTÉS

Tarifs de vente et d'abonnement

	France, Dom, Tom	Étranger
• Le numéro	8 F - 1,22 €	
• Abonnement d'un an	60 F - 9,15 €	95 F - 14,48 €
• Abonnement de deux ans	110 F - 16,77 €	170 F - 25,92 €
• Abonnement de trois ans	150 F - 22,87 €	230 F - 35,06 €

Vous pouvez consulter les bulletins sur depuis février 1995 sur le serveur de l'Ined

Tarifs au 1er janvier 2000

BON DE COMMANDE

À renvoyer aux
ÉDITIONS DE l'INED, 133, bd Davout, 75980 PARIS Cedex 20, France

Nom ....

Adresse ....

Code postal .... Localité ....

Veuillez m'adresser

. LE CATALOGUE ☐

. OUVRAGES (ajouter 10 % pour frais de port)

....
....
....

. POPULATION

.... abonnement(s) pour l'année 2000

☐ avec ***Population : An English Selection***

. POPULATION ET SOCIÉTÉS

.... abonnement(s) pour une durée de .... an(s)

à dater du ....

Ci-joint la somme de ....

☐ Par chèque, à l'ordre de l'Agent comptable de l'Ined

☐ Par virement bancaire à la RGFIN PARIS SIÈGE n° 30081 75000 00003005063 85

☐ Par carte bancaire*

Porteur : Nom, prénom ou raison sociale ....

Tél. .... Adresse ....

☐ Visa   ☐ Mastercard   ☐ Eurocard   ☐ Carte bancaire nationale CB

N° .... Date d'expiration ....

Date et signature du **titulaire de la carte**

* *Pour un minimum de 150 F — 22,87 €*